Afrodescendientes
en la independencia

Afrodescendientes en la independencia

Participación de la comunidad negra en las guerras de independencia. La historia olvidada

Oscar Maturana

www.librosenred.com

Dirección General: Marcelo Perazolo
Diseño de cubierta: Daniela Ferrán
Diagramación de interiores: Federico de Giacomi

Está prohibida la reproducción total o parcial de este libro, su tratamiento informático, la transmisión de cualquier forma o de cualquier medio, ya sea electrónico, mecánico, por fotocopia, registro u otros métodos, sin el permiso previo escrito de los titulares del Copyright.

Primera edición en español - Impresión bajo demanda

© LibrosEnRed, 2011
Una marca registrada de Amertown International S.A.

ISBN: 978-1-59754-725-3

Para encargar más copias de este libro o conocer otros libros de esta colección visite www.librosenred.com

*La comunidad negra luchó ayer
por la libertad y la independencia.
Hoy lucha por la igualdad
de oportunidades
y el respeto a los derechos humanos.*
                              Oscar Maturana

Pintor

"Réplica de angelitos negros"

Pintor, no pintes iglesias,
tampoco "angelitos negros",
¡pintor, pinta cimarrones,
que son héroes de mi pueblo!
Pintor, no pintes el Cielo,
la Tierra será tu reino,
píntame a Benkos Biohó,
a Túpac Amaru, Louverture y Pétion,
a Padilla, Piar, Infante y Rondón,
como viven en mis recuerdos.
Pintor, píntale a la historia
sus héroes indios y negros.

Oscar Maturana

Presentación

Amable lector:

Respetuosamente pongo a su consideración mi nuevo libro de historia titulado *Afrodescendientes en la independencia*, el cual narra la participación de la comunidad negra en las guerras de independencia, la conquista de la libertad y la consolidación de la democracia en todo el continente americano; desde Alaska hasta la Patagonia, pasando por Centroamérica, el Caribe y la Gran Colombia.

Lo anterior, como un aporte a la conmemoración del Bicentenario de nuestra independencia, y el Año de los Afrodescendientes, declarado por la ONU.

Dicho texto resalta el importante papel que jugaron los héroes afros, desde Benkos Biohó hasta Barack Obama, pasando por Bayano, Yanga, Barule, Nat Turner, Mackandal, Chirino, Miguel, Zumbi dos Palmares, Toussaint-Louverture, Pétion, Morelos, Romero, Padilla, Piar, Camejo, Infante, Nonato Pérez, Rondón, Silva, Falucho, Otamendi, Nieto, Marín, Obeso, Robles, Maceo, Diego Luis Córdoba, Martin Luther King, y tantos otros líderes que deben ser conocidos por nuestra comunidad, para elevar la autoestima del pueblo afro, construir memoria histórica y visibilizar nuestro pasado, proyectando un futuro mejor, a través de la Etnoeducación y la Cátedra Afrocolombiana.

Cordialmente.

Oscar Maturana
oscarematurana@gmail.com

Primera Parte

Capítulo I
De la esclavitud a los palenques

Los cimarrones, precursores de la independencia

Desde los primeros días del año 1600, se registraron fuertes combates entre los cimarrones, dirigidos por el rey Benkos Biohó, y el ejército español, en inmediaciones de la ciudad de Cartagena, cerca del Palenque de la Matuna, conocido hoy como San Basilio de Palenque; debido a que los palenqueros o cimarrones (antiguos esclavos que habían conquistado su libertad escapando hacia la selva, donde construían fortalezas o poblados denominados "palenques") luchaban por conservar la libertad que constantemente estaba amenazada por la incursión de los españoles, quienes pretendían volver a esclavizarlos como antaño lo habían hecho a sangre y fuego en su natal África.

Benkos Biohó y sus compañeros cimarrones, unas 100 personas aproximadamente, habían organizado una inteligente estrategia defensiva, estableciendo espías en los caminos y las haciendas cercanas al Palenque, quienes les informaban con antelación sobre la presencia de las autoridades españolas, para que ellos tuvieran tiempo de replegarse hacia lo más profundo y recóndito de las montañas, de modo que pudieran evitar los ataques sorpresivos del ejército español.

La lucha heroica de los cimarrones del Palenque de la Matuna contra las autoridades españolas, para conservar la libertad que se habían ganado a sangre y fuego, fue constante y permanente durante más de cien años, entre 1600 y 1700; sin embargo, las autoridades españolas radicadas en Cartagena les propusieron un armisticio consistente en concederles la libertad por la que tanto habían luchado, a cambio de no reclutar más esclavos para su causa y expedir a su favor la famosa Cédula del Perdón, a mediados del año 1612; aún en vida del fundador del Palenque y dirigente cimarrón Benkos Biohó, quien confió en la "palabra" del rey de España cumpliendo lo pactado, pero luego fue traicionado por las autoridades españolas. Sin embargo, ese acontecimiento único en su género y en su época condujo al historiador cartagenero Roberto Arrazola a escribir un libro con el sugestivo título de *Palenque, primer pueblo libre de América* (Ediciones Hernández, 1970).

Biografía de Benkos Biohó

Estatua de Benkos Biohó

Benkos Biohó, también conocido como Domingo Biohó, nació en la región de Biohó, Guinea Bissau, África Occidental, donde fue secuestrado por el traficante portugués Pedro Gómez Reynel, vendido al comerciante Juan de Palacios y revendido por este como esclavo al español Alonso del Campo en 1596, en Cartagena de Indias. Fue colocado como boga en el río Magdalena y la embarcación donde viajaba se hundió y él aprovechó para huir. Lo recapturaron, pero en 1599 escapó nuevamente y se internó en los terrenos cenagosos alejándose hacia el sudoriente de Cartagena. Organizó un ejército que logró dominar todos los Montes de María. También conformó una red de inteligencia que le daba información sobre los sucesos que acontecían en la ciudad y organizaba las fugas de más esclavos cimarrones hacia el territorio liberado, conocido como Palenque. Era llamado "rey de Arcabuco". El nombre Benkos corresponde a un lugar al oriente del río Senegal.

Como no pudo derrotar a los cimarrones, el 18 de julio de 1605, el gobernador de Cartagena, Gerónimo de Suazo y Casasola, ofreció un tratado de paz a Benkos Biohó, reconociendo la autonomía del Palenque de la Matuna y aceptando que Biohó entrara a la ciudad armado y vestido a la española, en tanto que en el Palenque se comprometían a no recibir más cimarrones ni a estimular nuevas fugas ni a usar título de rey.

La paz solo se concretó en 1612 bajo la gobernación de Diego Fernández de Velasco. El tratado fue violado por los españoles en 1619 cuando, andando descuidadamente, Benkos Biohó fue sorprendido por la guardia de la muralla y apresado: lo ahorcaron y descuartizaron el 16 de marzo de 1621. El gobernador García Girón, que ordenó la ejecución, argumentó amargamente que era peligroso el respeto que Biohó generaba en la población y que *"con embustes y encantos se lleva tras de sí a todas las naciones de Guinea que hay en la ciudad"*.

Para finales del siglo XVII, en la zona de los Montes de María había más de 600 cimarrones, bajo el mando de Domingo Padilla, que reclamaba para sí el título de capitán mientras su esposa Juana adoptaba el de virreina, y se opusieron con éxito a los intentos de soberanía de las autoridades coloniales.

La historiadora María del Carmen Borrego Plá, utilizando dos legajos del Archivo de Indias, publicó en España un estudio sobre los palenques de negros en Cartagena de Indias a fines del siglo XVII, delimitándolos en tres áreas geográficas, así: los del norte en la sierra de Luruaco, compuestos por negros criollos y conocidos con los nombres de Betancur y Matubere; los del centro en los Montes de María, con gentes de larga trayectoria cimarrona, organizadas en cuatro palenques, aunque solamente se mencionan dos de ellos, el de San Miguel y el del Arenal; los del sur en la serranía de San Lucas, entre los ríos Magdalena y Nechí, conocidos como los palenques de Norosí y Cimarrón, formados por negros criollos.

El después llamado Palenque de San Basilio fue un símbolo de independencia para los esclavos fugitivos, convirtiéndose en el primer pueblo libre de América, por Decreto Real del rey de España del año 1713. Allí se habla hasta hoy una lengua propia proveniente del portugués antiguo, incluyendo palabras de lenguas africanas. Los africanos capturados hablaban en diferentes lenguas y en el barco de traficantes, para poder comunicarse, aprendían la lengua de sus captores portugueses. Al fugarse aún no habían aprendido el castellano y llegaban al Palenque a hablar en portugués.

El Palenque de San Basilio fue declarado en el año 2005 Obra Maestra del Patrimonio Oral e Inmaterial de la Humanidad, por la Unesco. Ubicado a unos 50 kilómetros al oriente de Cartagena, sobre cerros de valor estratégico que eran usados como puestos de vigías, todavía se oyen los nombres de los palenques vecinos: Sincerín, Mahates y Gambote.

Fuente consultada: http://es.wikipedia.org/wiki/Benkos_Bioh%C3%B3

Palenque, primer pueblo libre de América

El Palenque de San Basilio (o San Basilio de Palenque) es un corregimiento del municipio de Mahates, departamento de Bolívar, Colombia; ubicado en las faldas de los Montes de María a 50 kilómetros de la ciudad de Cartagena de Indias. Tiene una población de aproximadamente 3.500 personas y limita con los municipios de Malagana, San Cayetano, San Pablo y Palenquito.

Fundado por esclavos fugados principalmente de Cartagena de Indias en el siglo XV y liderados por Benkos Biohó, el aislamiento les ha permitido mantener la mayoría de las tradiciones culturales africanas en Colombia (música, prácticas médicas, organización social, ritos fúnebres, etc.) y aún más, han desarrollado una lengua criolla, mezcla del español con las lenguas africanas originarias (el palenquero). Debido a sus características únicas en su historia, formación, cultura y lengua, el Palenque ha sido declarado por la Unesco como Patrimonio Intangible de la Humanidad y es considerado el primer pueblo libre de América.

Fuente consultada: www.es.wikipedia.org/wiki/Palenque_de_San_Basilio

Otros palenques en la historia colombiana

La lucha heroica de los cimarrones del Palenque de la Matuna se repitió a lo largo y ancho de todo el territorio de la Nueva Granada, hoy Colombia, entre los años 1600 y 1810, fecha en que se produjo el famoso "grito de independencia" en Santafé de Bogotá, proceso al cual se sumaron masivamente tanto los cimarrones como los esclavos y los libertos, atraídos por las promesas de libertad, igualdad e independencia que les hicieron los jefes del movimiento insurgente.

Los cimarrones aportaron a los ejércitos patriotas su exitosa experiencia en el combate, conocida como "el modelo cimarrón", consistente en atacar de sorpresa y luego replegarse hacia la selva, modelo que era necesario para equilibrar las escasas fuerzas cimarronas contra las inmensas fuerzas españolas; utilizando dicho modelo pudieron mantenerse con vida y resistir los cruentos combates, logrando importantes victorias frente al enemigo. Dicho modelo de lucha fue amplia y exitosamente utilizado por el Ejército Libertador, con el nombre de "guerra de guerrillas", causando desconcierto, terror y muchas bajas en las filas del ejército español, puesto que ellos esperaban combates convencionales frente a frente.

La ubicación de los principales palenques y sus dirigentes cimarrones a lo largo y ancho de la geografía nacional ha sido objeto de estudio por parte de varios historiadores comprometidos con el tema afro, quienes han hecho la siguiente descripción (relación tomada del libro *Historia del negro en Colombia*, de Ildefonso Gutiérrez Azopardo, 1980, págs. 41 y 42):

Año	Nombre	Región	Jefe
1529	La Ramada	Santa Marta	Anónimo
1550	San Miguel	Panamá	Bayano
1600	La Matuna	Cartagena	Benkos Biohó
1633	Limón	Montes de Ma.	Leonor
1693	Tabacal	Luruaco	Domingo
1693	Matudere	Sierra de M.	Fco. Arará
1694	Barranca	Sierra de M.	Pedro Mina
1694	Norosí	San Lucas	Juan Brun
1785	Cerritos	Río Otún	Prudencio

Se tiene conocimiento de otros palenques ubicados en zonas de Antioquia, Chocó, Valle, Cauca y Nariño; entre ellos, el famoso Palenque de Tadó, dirigido por el cimarrón Barule, destacado líder afro que luchaba cuerpo a cuerpo con sus compañeros de armas, ganándose el respeto y la admiración de todos los que lo conocieron, propinándole varias derrotas al enemigo, hasta que por sus méritos de guerrero invicto llegó a dirigir el Palenque.

También se registraron palenques en los Llanos Orientales, Cundinamarca, Santander, Caldas y el Tolima; circunstancia que confirma la hipótesis de que existió un plan nacional de lucha cimarrona contra la esclavitud, debido a que se descubrió que existían contactos entre los dirigentes de varios palenques, quienes probablemente se habían concertado para atacar haciendas y ciudades, matar a sus amos y liberar a los esclavos.

La lucha de los cimarrones y la construcción de palenques fueron constantes y permanentes durante toda la colonia. Entre los años 1600 y 1810, la única voz que protestaba y se oponía abiertamente a la dominación española era la de los cimarrones. Mientras los criollos reclamaban pequeñas prebendas o parte de la administración colonial, los cimarrones eran radicales, exigiendo libertad e igualdad. Por tal razón, los cimarrones abrazaron con entusiasmo las consignas del líder comunero José Antonio Galán, a finales del siglo XVIII, quien ofrecía libertad e igualdad para todos los granadinos, sin distingos de raza o condición social.

Galán ofrecía "*La tierra para el que la trabaje*", consigna demasiado revolucionaria para esa época, la cual tiene vigencia aún en la actualidad. Otra de sus consignas era "*Se acabó la esclavitud*", la cual atraía a los esclavos como un imán, ingresando estos de manera masiva a sus filas. De modo que al producirse las Capitulaciones de Zipaquirá y la posterior traición de las elites criollas a la causa comunera con la muerte del caudillo, los más perjudicados fueron los esclavos, quienes perdieron una gran oportunidad para lograr su libertad.

En Colombia, hemos reseñado la existencia de más de 40 palenques, ubicados a lo largo y ancho de todo el territorio nacional; siendo el más destacado el Palenque de la Matuna, comandado por el rey Benkos Biohó. Pero debe resaltarse el grupo de "Amazonas Negras" que pelearon contra el capitán Pedro Ordóñez de Ceballos, quien afirma en un documento del año 1694 que "guerreó contra un grupo que contaba 150 negras, que peleaban mejor que los varones, con sus dardos, macanas y lanzas" (*Líderes negros en América Latina*, Verbo Comunicaciones, 1992, pág. 20).

Posiblemente entre estas mujeres estaban las palenqueras Polonia y Leonor.

En la guerra de independencia de la Nueva Granada, hoy Colombia, participó activamente un contingente de cimarrones, esclavos y libertos, quienes conformaron la vanguardia del Ejército Patriota, iniciado por el Batallón de Milicianos Pardos y Morenos de Cartagena de Indias en 1811, donde se destacó el coronel Pedro Romero, quien lideró la insurrección popular del 11 de noviembre, desde el barrio de Getsemaní hasta la plaza principal, reivindicando la independencia absoluta de la Ciudad Heroica.

Biografía del rey Barule

Barule (o Barûle) fue un esclavo que lideró la más grande insurrección en el Chocó, Colombia. Había sido importado de Jamaica junto con un lote de esclavos rebeldes, de los que la Corona británica se quería deshacer. De acuerdo con la tradición oral y otros estudios, se presume que Barule provenía de una familia real de la costa oeste africana y, según estudios más a fondo sobre su ascendencia africana, existen varias hipótesis, pero una en especial: yoruba.

Para el año 1727, los esclavos de la hacienda Mungarrá organizan su cabildo representados por Barule y los hermanos Mina (Antonio y Mateo). Así, un día inesperado del mes de noviembre, se inició la acción de guerra por la libertad, cuando matan al esclavista y 14 españoles más.

Afrodescendientes en la independencia

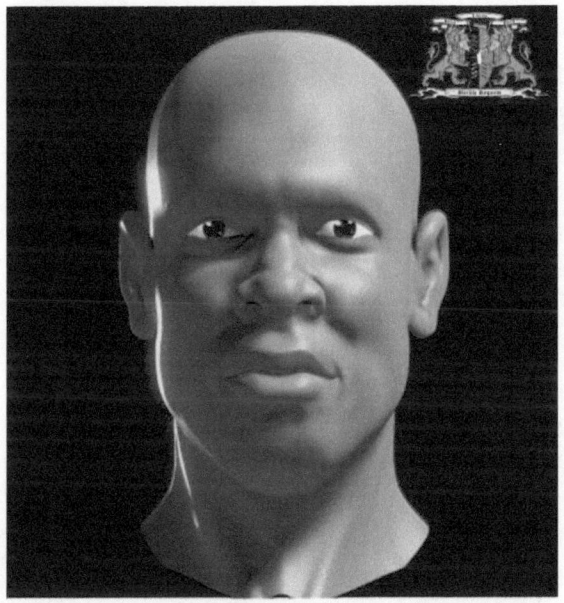

Imagen de Barule

Después de dominado el territorio por los cimarrones tadoseños, Barule es proclamado rey, y el Palenque estructuró un gobierno autoritario con una organización militar. Sobre la ascendencia africana del rey Barule existen varias hipótesis: chamba, mandinga, mina o carabalí; esto por la integración y comunicación que mantuvo con los minas y su tendencia a la rebeldía, propia de estos grupos.

El 18 de febrero de 1728, se da la guerra por la Libertad, batalla entre los cimarrones y el ejército español por la recuperación de los contornos, pero la deficiencia logística y la falta de comunicación y de experiencia entre los cimarrones originaron una desventaja, que aprovechó el ejército español para ganar la contienda. El 19 de febrero de 1728, Su Majestad el rey Barule es ejecutado junto con los hermanos Mina, por el teniente español Trespalacios Mier, después de ser delatados.

Fuente consultada: http://www.africandiaspora.barule.org/diaspora_africana_-_afroiconos.htm

Biografía de Pedro Romero

El 14 de junio de 1810, el gobernador Francisco de Montes fue depuesto, colocado preso en las instalaciones del "fijo" y luego deportado por el Cabildo de Cartagena; fue reemplazado por el teniente del rey don Blas de Soria. Es preciso resaltar el papel del pueblo cartagenero: en su narración, Manuel Ezequiel Corrales trae las siguientes afirmaciones de un testigo anónimo: "El señor Juan José Solano y el señor Pedro Romero fueron encargados en el barrio de Getsemaní de atraerse un gran número de hombres de valor y de resolución que estuvieron prontos al primer llamado de García de Toledo... el pueblo se había reunido en número muy crecido y armado a los alrededores de palacio, manifestando desde estos momentos la resolución de sostener con sus vidas y propiedades al Cabildo y sus resoluciones; ya no le embarazaba el temor... No fue, pues, el pueblo un convidado de piedra, sino un actor definitivo en los hechos acaecidos en este día; sin el apoyo popular, los criollos del Cabildo no habrían podido evitar la reacción de los militares españoles y su propia perdición; es una lástima que la historia haya soslayado el papel de tantos héroes anónimos a quienes se debe en gran y definitiva medida la independencia". Pedro Romero era un mulato nacido en la provincia de Matanzas, en la isla de Cuba, suegro, a la vez, del distinguido patriota Ignacio Muñoz (nacido en Corozal y más conocido como *el Tuerto* Muñoz), y fue traído por los españoles como fundidor de la maestranza de la Armada Real. Su casa fue una de las que ordenó derruir Pablo Morillo; una hija suya, Ana María de la Concepción, hizo vida marital con José Padilla entre 1822 y 1828; otro campeón del populacho fue Joaquín Solano.

El día que este país sea consciente, levantará un justo y gran monumento a los héroes del pueblo.

Fuente consultada: www.lablaa.org/blaavirtual/historia/.../cartagena.htm

Independencia de España

Pedro Romero sonaba como las campanas de la Catedral anunciando la independencia de España

El 11 de noviembre de 1811, el vozarrón del fundidor cubano Pedro Romero sonaba como las campanas de la Catedral, anunciando la independencia absoluta de España, luego de que una muchedumbre agitada asaltara la sala de armas situada en la Plaza de la Aduana.

Armados y resueltos, entraron a donde sesionaba la Junta de Gobierno de Cartagena. Los agitadores tenían adicionalmente el respaldo del batallón patriota Lanceros de Getsemaní, liderados por Pedro Romero, cuya estatua conmemorativa vemos hoy en la Plaza de la Trinidad en Getsemaní.

La Junta no dirimía sus diferencias y había en ella dos bandos en disputa, lo que demoraba las decisiones. Quienes penetraron en la sala se amarraron los pantalones y agraviaron de palabra a quienes se oponían a la declaratoria de independencia absoluta de España, lo que inclinó la balanza a la decisión definitoria.

En medio de improperios y actitudes amenazantes se aprobaron la declaratoria de independencia absoluta de España, el destierro de los implicados en actos contrarrevolucionarios y la convocatoria a una convención constituyente para los primeros días de 1812.

El comisionado Muñoz anunció a la muchedumbre la declaratoria de independencia absoluta. Se procedió a publicar el acta, a sonar matracas en las esquinas y a leer el bando, propagando a los cuatro vientos la firme decisión de separarse para siempre del yugo español, y de "derramar hasta la última gota de sangre antes que faltar a tan sagrado comprometimiento", signado por el pueblo enervado y radicalizado.

Al año siguiente, cuando se aprueba la Constitución del estado de Cartagena, figuran entre los signatarios dirigentes populares como Pedro Romero y Cecilio Rojas.

La voz del pueblo

Pedro Romero gritaba a voz en cuello, porque Cartagena era una ciudad de 16.361 habitantes, cuya población en más de un 60% estaba compuesta por negros, zambos, mestizos, mulatos y pardos, y había que hacerse oír y entusiasmar a las masas que querían un cambio tan profundo en el principal puerto del mar Caribe, donde bullían las ideas de libertad, igualdad y fraternidad, derivadas de la Revolución Francesa.

Hoy no se recuerdan con júbilo el coraje, la visión y la gloria de nuestros patriotas, pues la fiesta ha derivado en una celebración chambona, carente de significado donde el heroísmo no es más que un capítulo olvidado, pues vivimos en una sociedad atávica, donde los valores de antaño no tienen cabida y donde los ideales son una cartilla desaparecida del concierto local, desde aquel lejano 11 de noviembre de 1887 en que el presidente Rafael Núñez hizo estrenar, en el Teatro Variedades de Bogotá, el Himno de la República de Colombia.

El grito de Pedro Romero ya no se escucha, ni siquiera hay quien lo remede y muy pocos lo recuerdan, entre ellos el poeta Pedro Blas Romero y el abogado Antonio Laitano Leal. Así es Cartagena, una ciudad con muchos títulos y muy poca memoria, pues prefiere olvidar a los grandes y convertir en festejos vanos la conmemoración de la independencia. Ya Cartagena cumplirá, en octubre de 2011, doscientos años de independencia, pero la ciudad esclavizada por los bandidos y desfalcadores sigue sitiada por la miseria, el dolor y el abandono.

Fuente consultada: www.periodicoelsol.net/.../4596.jpg&maxsize=365

Biografía de José Prudencio Padilla

José Prudencio Padilla

José Prudencio Padilla (Riohacha, Colombia, 19 de marzo de 1784 - Bogotá, Colombia, 2 de octubre de 1828) fue un prócer de la independencia de Colombia y Venezuela.

Héroe naval durante la Campaña de Independencia liderada por Simón Bolívar, creador de la Armada Nacional y primer almirante de la Gran Colombia.

Fueron sus padres Andrés Padilla, constructor de embarcaciones menores, y Lucía López. Nació en el municipio de Camarones (Guajira). Comenzó su vida como marino en el servicio doméstico de las embarcaciones mercantes en su puerto natal y a los 14 años de edad ya figuraba como mozo de cámara en la Real Española del Nuevo Reino de Granada; el 21 de octubre de 1805, recibió su bautismo de fuego en la batalla de Trafalgar, durante la cual fue hecho prisionero por los ingleses. En 1808, tras su liberación, pasó a España, donde recibió el nombramiento de contramaestre del arsenal de Cartagena de Indias. El 11 de abril de 1811, tomó parte en el pronunciamiento del pueblo de Getsemaní, que se solidarizó con la ciudad de Cartagena en la proclamación que hizo de su independencia absoluta de Cundinamarca y, en consecuencia, con desconocimiento de la autoridad de la metrópoli.

En 1814, concurrió a la acción naval de Tolú y apresó una corbeta de guerra realista con 170 tripulantes que condujo a Panamá; aunque la apresada nave estaba mejor artillada que la que él comandaba, no pudo resistir el ataque y se rindió. En reconocimiento a esta acción, el gobierno granadino premió a Padilla con el ascenso a alférez de fragata.

En 1815, sirvió bajo las órdenes de Simón Bolívar cuando este se dirigía a Bogotá a libertar a Santa Marta; luego, sitiada Cartagena por el ejército del general Pablo Morillo, defendió sus murallas hasta que fue imposible sostenerse, y con uno de los buques republicanos, fue uno de los primeros en romper la línea de la escuadra realista que impedía la salida de los sitiados. Luego se dirigió a Jamaica, y como capitán de navío, se reunió con Bolívar en Haití para acompañarlo en la expedición que zarpó de Los Cayos de San Luis el 31 de marzo de 1816, en la victoria naval de Los Frailes (2 de mayo) y en el desembarco de Carúpano (1 de junio). Ascendido a capitán de fragata y a la comandancia en jefe de las fuerzas sutiles del Orinoco, efectuó importantes incursiones sobre la provincia de Cumaná. En 1819, participó en la Campaña de Casanare, en la que tuvo a su cargo el transporte de tropas y material de guerra. Como segundo al mando del almirante Luis Brión se halló el 12 de marzo de 1820 en la toma de Riohacha y luego en las batallas de Laguna Salada, Pueblo Viejo, Tenerife, La Barra, Ciénaga de Santa Marta y San Juan. Nombrado comandante en jefe de las fuerzas sutiles de la República, ocupó la bahía de Cartagena y apresó varios buques españoles. El 19 de abril de 1823, fue ascendido a general de brigada de la Armada colombiana. En esta oportunidad, fue investido con los cargos de comandante general del Tercer Departamento de Marina y de la Escuadra de Operaciones contra el Zulia, con la que realizó una brillante labor que culminó el 24 de julio de 1823 en la batalla naval del Lago de Maracaibo, en la que fue derrotada la escuadra española, y que derivó en la capitulación del mariscal de campo Francisco Tomás Morales el 3 de agosto siguiente.

El 24 de noviembre de 1826, recibió el ascenso a general de división. Sin embargo, a comienzos de 1828, Padilla se ve envuelto en un acto de indisciplina en el que estaban comprometidos varios oficiales en Cartagena. Reducido a prisión, fue enviado a Bogotá y encarcelado allí el 26 de mayo de 1828. Durante la noche del 25 de septiembre de 1828, en la cual se llevó a cabo el atentado contra la vida del Libertador (Conspiración Septembrina), mientras se ejecutaba el asalto al Palacio de San Carlos, algunos conjurados escalaron las paredes del edificio que le servía de cárcel y asesinaron al Coronel José Bolívar (afrodescendiente) que lo custodiaba, para liberarle y nombrarle como jefe. No se tiene registro alguno de su presunta escapatoria, pero fue juzgado por la Ley de Conspiradores, condenado a muerte y fusilado en la Plaza de la Constitución de Bogotá al poco tiempo. Los restos del almirante Padilla reposan en la Catedral Nuestra Señora de los Remedios de Riohacha, la cual fue declarada en su honor como Patrimonio Cultural de la Nación Colombiana.

En Venezuela fue creado en el estado Zulia el municipio Almirante Padilla, en su honor.

En Colombia, la Escuela Naval de Cadetes de la Armada Nacional lleva el glorioso nombre de Almirante José Prudencio Padilla, en homenaje y honor al héroe naval de la Patria.

Fuente consultada: http://es.wikipedia.org/wiki/Jos%C3%A9_Prudencio_Padilla

Biografía de José María Córdova Muñoz

José María Córdova Muñoz (Concepción, Antioquia, Colombia, 8 de septiembre de 1799 - El Santuario, Antioquia, Colombia, 17 de octubre de 1829) fue un militar que participó en la guerra de independencia de Colombia y Perú. Durante ellas sirvió en las tropas de José Antonio Páez, Simón Bolívar y Antonio José de Sucre. Antes de los 30 años ya era general en el ejército de Simón Bolívar. Es conocido como *el Héroe de Ayacucho* por su desempeño en esa batalla decisiva.

José María Córdova Muñoz

Vivió los dos primeros años en el municipio de Concepción, luego su familia pasó a vivir al municipio de San Vicente, y más adelante a Rionegro. En 1814, ya adolescente, Córdova cursó estudios en la Escuela de Ingenieros Militares de Medellín, bajo la tutela del coronel Francisco José de Caldas, del abogado José Félix de Restrepo y del militar francés Emmanuel Roergas de Serviez.

Guerra de independencia de la Gran Colombia

Marchó en la tropa del general Emmanuel Serviez hacia el sur para apoyar al ejército independentista que luchaba en el Cauca. El primer combate en que participó fue el de Río Palo en 1815, donde cumplió un destacado desempeño y el hasta entonces subteniente fue ascendido en el mismo campo de batalla a teniente efectivo. Luego de la derrota en la batalla de la Cuchilla del Tambo, en 1816, junto a un reducido número de hombres encabezados por Serviez y Francisco de Paula Santander se replegó hacia los Llanos Orientales colombianos.

Luchó en Venezuela a las órdenes de José Antonio Páez; participó en la batalla del Bajo Apure, planeada por Páez para apoderarse de la caballería del Ejército Realista. Tras la batalla, Serviez fue asesinado en noviembre de 1816, presuntamente por órdenes de Páez. Córdova, que estimaba a Serviez, intentó fugarse del campamento, pero fue arrestado y acusado de deserción. Cuando un consejo lo condenó a muerte, un grupo de oficiales encabezados por Juan Nepomuceno Moreno intercedió por él. Córdova fue perdonado y obligado a incorporarse de nuevo al ejército.

Córdova viajó a Guyana en 1817 y Simón Bolívar lo incorporó a su Estado Mayor en junio de ese año. Participó en la toma de Angostura y presenció, el 16 de octubre, el fusilamiento del general rebelde Manuel Carlos Piar. El 14 de noviembre fue ascendido a capitán de caballería y pasó a ser ayudante de campo de Carlos Soublette, jefe de Estado Mayor General. A finales de 1817, junto con el ejército del general Bolívar, viajó por el Orinoco para reunirse con Páez. Participó en la toma de Calabozo, el combate en Semen y en el Campo de Ortiz.

En 1819, como parte del ejército que Simón Bolívar logró reunir junto con las fuerzas ya organizadas de Francisco de Paula Santander (tras encontrarse en Tame, Arauca), integró el batallón cuya división era comandada por José Antonio Anzoátegui, y emprendió la Campaña Libertadora de Nueva Granada.

Inició su travesía en territorio venezolano, para adentrarse luego en la Nueva Granada (actual Colombia), atravesó la cordillera oriental por el páramo de Pisba y libró las batallas de Pantano de Vargas y Puente de Boyacá (7 de agosto de 1819).

Gobernador de la provincia de Antioquia

El batallón del general Anzoátegui, del que formaba parte Córdova, fue comisionado el 10 de agosto de 1819 para perseguir al virrey Juan Sámano. Llegado el destacamento a Honda, Córdova se separó el 20 de agosto con una tropa de 100 hombres y marchó a la provincia de Antioquia, donde Bolívar le había encomendado desalojar definitivamente los últimos reductos del Ejército Realista en la provincia y en la Costa Atlántica. Una vez que llegó a territorio antioqueño, el capitán Córdova lo organizó militar y políticamente; llamó a filas a los oficiales y soldados de la antigua República y con ayuda del capitán Carlos Robledo tomó Medellín.

Como gobernador de la provincia de Antioquia, comandó el Batallón de Cazadores de Antioquia y el 12 de febrero de 1820 derrotó en la batalla de Chorros Blancos, en jurisdicción del municipio de Yarumal, Antioquia, a los coroneles españoles Francisco Warleta y Carlos Tolrá, quienes pretendían apoderarse de Bogotá y abrir un corredor estratégico desde Cartagena hasta Quito y Lima.

Luego de la batalla, Bolívar le encomendó la toma del río Magdalena, arteria fluvial del país. Para ello, el 3 de junio de 1820 ocupó Magangué y el 20 de junio recuperó Mompós. Sin embargo, quedaba por liberar la ciudad de Cartagena y las sabanas de Corozal; para cumplir con este objetivo se planeó una acción conjunta en que participarían el coronel Mariano Montilla, el almirante Luis Brión, el entonces coronel José Prudencio Padilla y el capitán Córdova. En agosto de 1821, Padilla y José María Carreño lograron apoderarse de Santa Marta. Luego de la toma de esta ciudad, José María Córdova procedió a tomar Cartagena el 10 de octubre de 1821.

En 1822, se le encargó unirse a las tropas del general Antonio José de Sucre, acantonadas en Ecuador. Sellaron la independencia de esta nación con la célebre batalla de Pichincha. Participó en la Campaña de Pasto contra Agualongo.

El general José María Córdova tomó parte en la batalla de Ayacucho, en Perú, luchando en el Ejército Patriota de Antonio José de Sucre, más tarde Gran Mariscal de Ayacucho. La acción de Córdova fue decisiva para vencer al virrey José de la Serna, a la sazón comandante del Ejército Realista español. Esta contundente victoria condujo de inmediato a la independencia del Perú y a la creación de Bolivia.

El Héroe de Ayacucho, como lo llamarían en adelante, pronunció durante la decisiva batalla una famosa arenga que es recordada cuando se piensa en dicha contienda: "¡Soldados, armas a discreción; de frente, paso de vencedores!".

Insurrección y muerte

Tras insurreccionarse posteriormente contra la dictadura de Bolívar, en Bogotá se organizó un ejército de 800 hombres, con varios oficiales extranjeros, al mando del general de brigada Daniel Florencio O'Leary. De Cartagena salió otro contingente al mando del general Montilla y del teniente coronel Gregorio Urueta. El enfrentamiento definitivo tuvo lugar el 17 de octubre de 1829 en la planicie de El Santuario; el equilibrio de fuerzas le era desfavorable a Córdova, pues solo contaba con 300 hombres y 15 jinetes. Luego de un sangriento combate, Córdova se encontró herido e indefenso. O'Leary ordenó al teniente coronel de origen irlandés Rupert Hand que ultimara a Córdova, y el subalterno cumplió la orden, ejecutándolo a golpe de sable.

Fuente consultada: http://es.wikipedia.org/wiki/Jos%C3%A9_Mar%C3%ADa_C%C3%B3rdova

Pero la lucha de la comunidad negra por la libertad, la igualdad y la independencia no solo se presentó en Colombia, sino que se presentó a lo largo de todo el continente americano, desde el norte de los Estados Unidos hasta la Patagonia en el sur de la Argentina, destacándose los siguientes casos.

El cimarronismo en los Estados Unidos de Norteamérica

Crispus Attucks.

Fue llamado *El primero en desafiar y el primero en morir*, debido a su activa participación y su sacrificio en la Masacre de Boston, ocurrida el 5 de marzo de 1770, incidente con el cual se dio inicio a la guerra de independencia de los Estados Unidos.

Jean Baptiste Point du Sable.
Fundador del palenque o la aldea que luego se convirtió en la actual ciudad de Chicago. Ciudad de grandes contrastes, puesto que a pesar de haber sido fundada por un individuo de raza negra, llegó a convertirse en la ciudad más racista del mundo, sin embargo, en ella, y a pesar de las grandes dificultades, hicieron carrera política el alcalde Harold Washington y el senador por el estado de Illinois, y luego presidente de los Estados Unidos, Barack Obama.

La historia de Chicago en Estados Unidos se parece a la de Cartagena en Colombia, ciudad que fue liberada en dos oportunidades por patriotas negros, Pedro Romero, en 1811, y José Prudencio Padilla, en 1821; luego se convirtió en una de las ciudades más excluyentes del país contra las personas de etnia negra; sin embargo y a pesar de todo, en dicha ciudad lograron hacer carrera política el presidente Juan José Nieto y la alcaldesa Judith Pinedo, conocida como *la María Mulata*, presidenta de la Asociación de Alcaldes de Municipios con Población Afro (AMUNAFRO).

Peter Salem.
Peleó en las batallas de Bunker Hill y Yorktown, convirtiéndose en héroe nacional al dar de baja al mayor del ejército inglés John Pitcairn, en la batalla de las colinas de Bunker Hill.

El día de Navidad de 1776, al cruzar el río Delaware, George Washington contaba entre sus soldados a los negros Prince Whipple y Oliver Cromwell.

Al principio de la guerra de independencia, estaba prohibido el ingreso de negros al Ejército de los Estados Unidos, pero los ingleses sí los aceptaban; las necesidades de la guerra hicieron reflexionar a los Padres Fundadores, Washington, Jefferson y Franklin, quienes tuvieron que aceptar la dura realidad y permitir el ingreso de individuos negros al Ejército de la

Unión, con lo cual se equilibraron las fuerzas combatientes hasta lograr la victoria final el 4 de julio de 1776, hazaña que se logró con la participación de más de 5.000 soldados negros.

Paul Cuffee.

Basado en esfuerzo y sacrificio logró cosechar una gran fortuna, que le permitió formar una flota naval para su experimento del "retorno de los negros al África", construyendo Liberia en territorios de la actual república de Sierra Leona.

Gabriel Prosser.

Durante todo el año 1800, planeó una revolución en la cual participarían más de 10.000 esclavos. La insurrección fue descubierta gracias a la delación de un esclavo, pero el espíritu libertario continuó.

Denmark Vesey.

Trabajó como marinero en las islas del Caribe, donde aprendió varios idiomas y conoció los sucesos de la revolución haitiana, circunstancia que aprovechó para planear una sublevación con la participación de unos 20.000 esclavos en los Estados Unidos; revuelta que fracasó por la delación de un esclavo traidor a la causa y leal a su amo.

Nat Turner.

Siendo esclavo aprendió a leer la *Biblia* y luego se convirtió en predicador, profeta y líder de los negros, a quienes guió a una revolución contra la esclavitud, que dejó 60 muertos blancos y 120 negros.

El "ferrocarril subterráneo".

Consistió en una serie de rutas por caminos y pantanos, a través de los cuales los abolicionistas "transportaron" a miles de esclavos desde el Sur hasta el Norte de los Estados Unidos y el Canadá, garantizándoles la libertad.

El 54º Ejército de Voluntarios de Massachusetts.

Fue el primer regimiento conformado totalmente por negros para luchar en la guerra civil de los Estados Unidos, entre 1861 y 1863. Se destacó por el valor suicida de sus integrantes, quienes a sabiendas de que iban a morir en combate, pelearon sin descanso y sin recibir salario durante todo un año, en pos de la libertad personal y la de sus familiares y amigos.

Durante la guerra civil o guerra de Secesión de los Estados Unidos, ocurrida entre 1861 y 1865, participaron cerca de 200.000 soldados negros en las fuerzas militares, garantizando el triunfo de las fuerzas de la Unión. Circunstancia que llevó al presidente Abraham Lincoln a firmar la Proclama de Emancipación de los Esclavos el 1 de enero de 1863, ratificada por la 13º Enmienda de la Constitución en el año 1865.

Biografía de Crispus Attucks

Una interpretación artística de Crispus Attucks

Crispus Attucks (1723 - 5 de marzo de 1770, Boston, Massachusetts, Estados Unidos) fue un mártir y patriota estadounidense asesinado durante la Masacre de Boston. A menudo es llamado *El primer mártir de la revolución norteamericana.*

Se desconocen detalles referentes a los primeros años de su vida, pero probablemente fue un esclavo fugitivo de procedencia africana y pudo haber trabajado en la caza de ballenas. Hasta la fecha, es el único de las cinco víctimas de la Masacre que aún es recordado. En 1888 se inauguró el Monumento Crispus Attucks en el parque público Boston Common, de la ciudad homónima.

Posible ascendencia

Se conocen muy pocos hechos con certeza sobre Crispus Attucks, con excepción de su presencia en la Masacre de Boston. Dado que la esclavitud y la discriminación racial eran las condiciones prevalecientes a comienzos del siglo XIX, muy pocas descripciones detalladas o relatos de norteamericanos negros de esa era han perdurado hasta nuestros días. El nombre Crispus se menciona en algunos expedientes en el período de interés. Por ejemplo, el 2 de octubre de 1750, un anuncio colocado en la *Gaceta de Boston* decía: "*Ha escapado de su dueño William Brown de Framingham, el pasado 30 de septiembre, un hombre mulato, de unos 27 años de edad, llamado Crispus, 6 pies 2 pulgadas de alto, pelo corto ensortijado. Tenía una capa ligera de piel de castor, breeches nuevos, calzas azules de punto, y camisa de lana a cuadros. Quien lo capture y se lo entregue a su dueño recibirá una recompensa de £10, más los gastos incurridos*".

A menudo se asocia este texto con Crispus Attucks de la Masacre de Boston, aunque la asociación es completamente especulativa.

Ejecutaron a un nativo norteamericano llamado John Attucks por delito de traición en 1676 durante la guerra del rey Felipe. En el 1700, el apellido Attucks fue utilizado por algunos indios de rogación de la zona de Natick-Framingham. Este apellido puede ser un anglicanismo de la palabra en idioma wôpanââk *ahtuk* que significa "ciervo".

En épocas coloniales era usual que los indígenas y las personas negras tuvieran niños como resultado de uniones mixtas, según muestran las evidencias de registros y por el predominio actual de fenotipos africanos entre grupos tribales indios en Nueva Inglaterra y otros grupos multirraciales establecidos desde hace mucho tiempo en la zona este de Estados Unidos. Esto ha llevado a especular que Attucks podría haber tenido ascendencia africana y de nativo norteamericano.

Papel en la Masacre de Boston

Esta litografía del siglo XIX es una variación del grabado famoso de la Masacre de Boston, de Paul Revere. Realizado poco tiempo antes de la guerra civil norteamericana, la imagen acentúa a Crispus Attucks, que se había convertido en un símbolo para los abolicionistas (John Bufford después de William L. Champey, CA 1856).

En 1768, Boston fue ocupada por los soldados británicos para ayudar a controlar el creciente malestar colonial, pero este hecho solamente consiguió aumentar las tensiones con los colonos que se opusieron a la presencia de tropas. El 5 de marzo de 1770, una muchedumbre de colonos se agrupó y enfrentó a un grupo de soldados con relación a un incidente producido el día anterior, en el cual un soldado le pegó a un muchacho que lo enfrentó por no pagar una cuenta del peluquero.

Como la cólera se extendió, se hizo sonar la campana de una iglesia (como se hacía usualmente en caso de fuego u otra emergencia), con lo que la gente salió de sus hogares. En respuesta se convocó a los soldados británicos del 29º Regimiento. Los ciudadanos comenzaron a lanzar bolas de nieve a los soldados. Un grupo de hombres con Attucks se acercó a una zona próxima al edificio del gobierno (ahora conocido como "la casa vieja del Estado") armados con palos y garrotes.

La violencia pronto estalló y le pegaron a un soldado con un pedazo de madera que le fue lanzado. Algunos testigos nombraron a Attucks como la persona responsable. Otros testigos indicaron que Attucks estaba "inclinado con un palo" cuando los soldados abrieron fuego.

Mataron a cinco norteamericanos y seis fueron heridos de muerte. El documento judicial indica que Attucks fue la primera víctima y que recibió el impacto de dos balas en el pecho. El cuerpo de Attucks fue llevado al Faneuil Hall, donde permaneció hasta el 8 de marzo cuando lo enterraron junto con las otras víctimas.

Basándose en el argumento de <u>autodefensa</u>, John Adams defendió con éxito a los soldados británicos contra una acusación judicial por asesinato. Dos de los soldados fueron encontrados culpables de homicidio. Como soldados de la Corona de Inglaterra, se les dio la opción de ser ahorcados o ser "calificados" en sus pulgares. Ambos eligieron ser calificados. En su ponencia, Adams llamó a la multitud "una muchedumbre de muchachos malentretenidos, descarados, negros y mulatos, irlandeses Teagues y extranjeros Jack Tarrs".

Dos años después, Samuel Adams, primo de John Adams, le dio al incidente el nombre de "la Masacre de Boston" y ayudó a que no quedara en el olvido. El artista Henry Pelham de Boston (hermanastro del famoso retratista John Singleton Copley) pintó un cuadro sobre el acontecimiento. Paul Revere realizó una copia de la cual posteriormente se hicieron impresiones que fueron distribuidas.

Algunas copias de la impresión muestran a un hombre de piel morena con heridas en el pecho, aparentemente representando a Crispus Attucks. Otras copias no poseen ninguna diferencia en cuanto al tono de piel de las víctimas.

Los cinco asesinados fueron enterrados como héroes en el camposanto que contiene los sepulcros de John Hancock y otras figuras notables.

Folclore

Las pistas antedichas y otras evidencias circunstanciales del período han dado lugar a la especulación que, a lo largo de muchas décadas, se convierte en una historia folclórica repetida con frecuencia.

En versiones populares de su narrativa, el padre de Attucks es un negro nacido en África llamado Príncipe Yonger y su madre es una indígena norteamericana llamada Nancy Attucks, que era de la zona de Natick-Framingham, del condado de Middlesex, apenas al oeste de Boston, o de la isla de Nantucket, al sur de Cape Cod. Él se crió en la casa del coronel Buckminster, el amo de su padre, hasta que fue vendido al diácono William Brown de Framingham. No contento con su situación, se escapó y se convirtió en un fabricante de sogas, un trabajador manual y/o un ballenero. Su pelea con los soldados británicos el 5 de marzo de 1770 fue una indignación genuina por el efecto de las Actas Townshend en la economía local, como también con respecto a los incidentes que habían ocurrido con anterioridad ese día.

Fuente consultada: http://es.wikipedia.org/wiki/Crispus_Attucks

El cimarronismo y los palenques en Centroamérica

En el territorio de lo que hoy es México, se construyó el palenque llamado San Lorenzo de los Negros, dirigido por el rey Yanga en 1609.

Posteriormente, en la guerra de independencia, participaron activamente los cimarrones, los esclavos y los libertos; destacándose la figura gallarda del sacerdote José María Morelos, quien dirigió la insurrección contra España, después de la muerte de Miguel Hidalgo, ingresando por derecho propio al trío de los libertadores de México, conformado por Hidalgo, Morelos e Iturbide. También se destacaron Vicente Guerrero y Francisco de la Motosa.

Analizando el perfil social de los insurgentes de la Nueva España (México), durante el período de la insurrección popular dirigida por los sacerdotes Miguel Hidalgo y José María Morelos, podemos afirmar con seguridad que de los 80.000 soldados que participaron en la batalla de Puente Calderón, cerca de Guadalajara, en 1811, 20.000 de ellos eran afrodescendientes, como lo confirman los estudios de Eric Van Young, incluidos en su ensayo *Insurrección popular en México. 1810–1815*, compilado en *Las independencias hispanoamericanas*, págs. 315 y sigtes.).

"El papel de la gente de color en la insurrección popular ciertamente fue a menudo reconocido tanto por los observadores contemporáneos cuanto por los historiadores modernos, como cuando se refieren a 'las huestes de Hidalgo', 'la turba', 'la muchedumbre' o incluso al emplear el término de 'masas'... Una mirada más atenta al **origen étnico real** (concepto resbaladizo, indudablemente) de los insurrectos revela que los indígenas componían el 55% de los capturados y juzgados como rebeldes entre 1810 y 1815; los 'criollos' o hijos de españoles (casi exclusivamente blancos, descendientes de españoles, nacidos en México), un 25%, y las 'castas (personas de ascendencia étnica compuesta, incluyendo mestizos e individuos con alguna mezcla africana), negros, mulatos o pardos', un 20%. Estas proporciones se corresponden bastante con los mejores estimativos que tenemos del análisis étnico global de los 6,5 millones de habitantes de la Nueva España en 1810: 18% españoles, 22% castas y 60% indígenas".

Biografía del rey Yanga

Rey Yanga

Gaspar Yanga, a menudo simplemente Yanga o Nyanga, fue un líder de la rebelión auxiliar en México durante el período temprano del régimen colonial español. Supuestamente miembro de la familia real de Gabón, Yanga nació en África, en la tribu Yanga Bara, situada en la parte alta del río Nilo, en 1564. Siendo muy joven fue apresado por una tribu enemiga, que lo vendió como esclavo. Fue transportado a México, en 1579.

En la primera oportunidad escapó y se refugió en las montañas de Veracruz, donde fue el jefe de una banda de esclavos, alrededor de 1570. En esas montañas de difícil acceso, él y su gente construyeron una colonia libre pequeña donde fue proclamado rey.

Desde los palenques que dirigió, derrotó incontables veces a los españoles, a partir de 1609, cuando se inició una dura campaña militar contra los cimarrones. Precisamente, ese año Yanga fundó el poblado de San Lorenzo de los Negros.

Por más de treinta años creció, parcialmente sobreviviendo con la captura de caravanas que traían mercancías a Veracruz. No obstante, en 1609, el gobierno colonial español decidió poner fin a la comunidad.

Los españoles avanzaron en el asentamiento de Yanga y lo incendiaron. Sin embargo, la gente huyó a los alrededores, donde las dificultades del terreno impidieron a los españoles alcanzar una victoria concluyente. Incapaces de una victoria definitiva, acordaron entrar en negociaciones.

Eventualmente los términos de Yanga fueron convenidos, con la cláusula adicional de que solo los sacerdotes franciscanos atenderían a la gente, y concedieron a la familia de Yanga el derecho a gobernar en esa nueva área.

El rey Yanga fue asesinado a traición en 1612, junto a algunos de sus compañeros.

Fuentes consultadas: http://www.servicioskoinonia.org/agenda/archivo/obra.php?ncodigo=421

http://www.africandiaspora.barule.org/diaspora_africana_-_afroiconos.htm

Biografía de José María Morelos

Retrato de Morelos como Capitán General, 1812

José María Teclo Morelos Pérez y Pavón (Valladolid, Michoacán, México, 30 de septiembre de 1765 - Ecatepec, México, 22 de diciembre de 1815) fue un sacerdote y militar insurgente, que organizó y fue el artífice de la segunda etapa (1811-1815) de la guerra de independencia de México. Estudió durante los primeros años de su vida con su abuelo materno y, en 1789, entró al seminario de Valladolid, donde se graduó como sacerdote en 1795. En 1799, fue nombrado cura párroco de Carácuaro, donde permaneció hasta 1810.

Fue comisionado por Miguel Hidalgo, el 20 de octubre de 1810 en Charo (Michoacán), como jefe insurgente en el sur de México, encargado de tomar ciudades importantes y cortar la comunicación con los países de Asia Oriental, y su principal encomienda fue tomar el puerto de Acapulco, considerado estratégico para la comunicación de la Nueva España.

Desde 1811, y hasta el inicio de su declive militar en 1814, Morelos, ayudado de muchos lugartenientes, logró conquistar la mayor parte del sur del país y parte del centro, en la región del actual estado de Morelos, donde se desarrolló, entre el 9 de febrero y el 2 de mayo de 1812, su acción militar más famosa, el sitio de Cuautla, en la ciudad homónima, que lo convirtió en el principal enemigo del Ejército Realista.

También organizó el Congreso de Anáhuac, el primer cuerpo legislativo de la historia mexicana, que sesionó en Chilpancingo (actual estado de Guerrero) durante septiembre y noviembre de 1813, donde Morelos presentó sus *Sentimientos de la Nación*. El Congreso aprobó el 22 de octubre de 1814, en Apatzingán, la primera Constitución de México, aunque Morelos después declaró que *"es mala por impracticable"*.

Tras varias derrotas, fue capturado el 5 de noviembre de 1815 en Temalaca, por el coronel Manuel de la Concha, juzgado por la Inquisición y finalmente fusilado, el 22 de diciembre de 1815.

Fuente consultada: http://es.wikipedia.org/wiki/Jos%C3%A9_Mar%C3%ADa_Morelos

Biografía de Vicente Ramón Guerrero Saldaña

Vicente Ramón Guerrero Saldaña (Tixtla, Guerrero, México, 9 de agosto de 1782 – Cuilapam, Oaxaca, México, 14 de febrero de 1831) fue un político y militar, militante de la insurgencia en la etapa de resistencia de la guerra de independencia mexicana. Ocupó la presidencia de México del 1 de abril al 17 de diciembre de 1829.

Vicente Guerrero provenía de una familia de campesinos y arrieros de origen mestizo.

Vicente Ramón Guerrero Saldaña

En 1811 tuvo contacto con Hermenegildo Galeana, quien lo convenció para que se uniera al movimiento independentista, pues había sido enviado por José María Morelos para tomar Taxco. Morelos reconoció los méritos de Guerrero y le otorgó el grado de capitán, ordenándole instruirse en el manejo de las armas, fabricación de pólvora, estrategias de guerra, etcétera.

En 1812, tomó parte en la conquista de Oaxaca, y de nuevo por su demostración continua de valor fue ascendido a teniente coronel. Comisionado por Morelos para que reforzara la zona costera del sur, Vicente Guerrero conquistó Puerto Escondido, Santa Cruz de Huatulco y participó en la toma de Acapulco.

En 1814, Guerrero y su ejército escoltaron a los miembros del Congreso a Tlacotepec para darles seguridad, y después fue enviado a la mixteca como apoyo a las fuerzas insurgentes de Juan N. Rosáins y Ramón Sesma. Su táctica consistía en ataques sorpresivos y rápidos, lo cual le dio gran fama por su efectividad.

En 1815, con la aprehensión y fusilamiento de Morelos, Guerrero se replegó a la sierra del Sur. Los jefes insurgentes Rosáins y Sesma aceptaron el indulto del gobierno. El virrey Apodaca intentó coaccionar a Guerrero, valiéndose de su padre, para que también lo aceptara él, pero se negó. En 1818, Guerrero, reconocido como general en jefe del Ejército del Sur, mantenía contacto con Pedro Ascencio, en la zona de Iguala y Taxco.

A finales de 1820, el coronel Agustín Iturbide fue designado por el virrey para que pusiera fin a la insurgencia, pero Iturbide se pasó del lado insurgente y redactó el llamado Plan de Iguala (1821), integrado por una proclama de independencia y un plan para el establecimiento de un gobierno mexicano.

Cuando Iturbide se coronó emperador de México, Guerrero tomó las armas para derrocarlo. Después apoyó incondicionalmente al presidente Guadalupe Victoria y se afilió a la logia masónica yorkina. En 1829, Vicente Guerrero fue nombrado presidente constitucional pero, destituido a los pocos meses, se enemistó con Anastasio Bustamante, a quien al parecer mandó asesinar. Tras sufrir una traición, Guerrero fue fusilado en Cuilapam.

Fuente consultada: http://www.biografiasyvidas.com/biografia/g/guerrero_vicente.htm

Reseña de los negros garifunas

La historia de los garifunas comienza antes del año 1635 en la isla de St. Vincent, en el Caribe Oriental. St. Vincent estaba habitada por una tribu de indios que se llamaban a sí mismos "los arawaks". La tribu kalipuna, procedente del territorio continental sudamericano, invadió St. Vincent y conquistó a los arawaks. Los hombres arawaks fueron asesinados y los guerreros kalipuna tomaron como esposas a sus mujeres; los habitantes de la isla fueron el resultado de la unión de estas dos tribus. La palabra "garifuna", que significa "la gente que come yuca", desciende probablemente de "kalipuna". Los españoles llamaron a esta gente "caribes", que significa "caníbales", y es el origen del término "caribeño".

En el año 1635, dos buques españoles que llevaban esclavos nigerianos naufragaron en la isla de St. Vincent. Al principio, los españoles, nigerianos y kalipunas pelearon los unos contra los otros, pero con el paso del tiempo aprendieron a convivir bien y se realizaron matrimonios mixtos, creándose así los caribes negros.

Más adelante, St. Vincent fue una colonia británica y los caribes trataron de establecer un control independiente de la isla. Los franceses apoyaron a los caribes y hubo muchas batallas entre los caribes y los británicos. La batalla más grande tuvo lugar en 1795 y ambos contendientes sufrieron grandes pérdidas. En 1796, los caribes y los franceses se rindieron a los británicos. En ese momento a los británicos se les generó un problema. Los caribes eran hombres libres con la piel negra y St. Vincent estaba poblada por los esclavos de los europeos. La idea de un grupo de hombres negros libres viviendo entre ellos en la isla era tan inaceptable que los británicos decidieron deportar a los caribes. Los británicos rodearon y cazaron a los caribes, asesinando a centenares y destruyendo sus hogares y cultura. Los 4.300 sobrevivientes fueron embarcados a Balliceaux, donde la mitad de ellos murió de fiebre amarilla.

En 1797, los caribes sobrevivientes fueron fletados a la isla de Roatan, frente a la costa de Honduras. A lo largo del viaje, los españoles capturaron uno de los buques británicos llevándolo a Trujillo, donde los caribes fueron liberados. Luego, los españoles arrebataron la isla de Roatan a los británicos.

Los españoles capturaron a 1.700 caribes en la isla y los llevaron a Trujillo, donde los obreros eran muy necesitados. Los españoles no eran buenos granjeros y Trujillo sufrió consiguientemente. Por otra parte, los caribes eran muy hábiles en los cultivos, por lo que fueron a trabajar y prosperaron bastante en Trujillo. Algunos de los caribes fueron reclutados por el ejército español, donde sirvieron con distinción.

Los primeros caribes en la costa de Belice fueron traídos como leñadores por los españoles en 1802. Se asentaron en el área cercana a Stann Creek, lo que ahora es Punta Gorda. Al tiempo, Belice fue ayudada por los británicos y pasó a llamarse "la Honduras británica". Los caribes continuaron sirviendo en el ejército español con distinción, ganando medallas al valor, hasta el punto de que la fortaleza de San Felipe fue mandada por un caribe. Gradualmente, más caribes se movieron al área de Stann Creek, en "la Honduras británica".

A causa de su alineación con los españoles, los caribes se encontraron a sí mismos en el lado equivocado del mapa político, cuando Centroamérica logró la independencia de España. Esos caribes, en Trujillo, se encontraron con el nuevo país de Honduras, donde los sentimientos contra los españoles eran fuertes. Un gran número de caribes huyeron a la costa de Belice, donde ya vivían otros caribes. Es esta migración la que se celebra anualmente el día 19 de noviembre como Día del Acuerdo Garifuna, siendo la fiesta mayor en las comunidades garifunas.

Gradualmente, los caribes se esparcieron arriba y abajo por la costa de Belice. Durante el siglo XX, algunos caribes sirvieron en embarcaciones de comerciantes estadounidenses y británicas durante la Segunda Guerra Mundial, y viajaron por el mundo. Como resultado de estos viajes, ahora hay pequeñas comunidades en Los Ángeles, Nueva Orleáns y Nueva York.

La cultura garifuna es muy fuerte, con gran énfasis en la música, el baile y la historia. Tienen su propia religión, que consiste en una mezcla de catolicismo, africanismos y creencias indias. A causa de sus diferencias y de la independencia, a través de los años los garifunas han sido temidos y discriminados por los guatemaltecos y acusados de veneración al diablo, vudú, poligamia y hablar un idioma secreto.

En 1996, el Día del Acuerdo Garifuna fue especialmente importante. El gobierno de Guatemala oficialmente reconoció la importancia de la comunidad garifuna y el presidente Arzú efectuó una visita oficial a Livingston.

La cultura garifuna es un tesoro único.

Fuente consultada: http://www.mayaparadise.com/garifuns.htm

Reseña de los misquitos

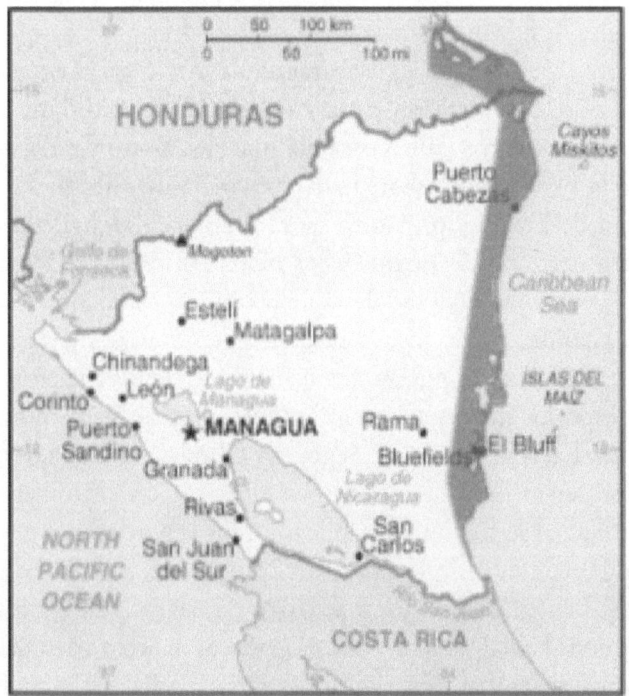

Distribución de los misquitos (en color rojo)

En Costa Rica, Nicaragua y El Salvador se destacan tres grupos: los negros coloniales, los negros criollos y los negros antillanos. También se encuentran los indomables misquitos (o miskitos), conformados por individuos indios y negros.

Los misquitos son un grupo étnico indígena de Centroamérica, caribes, de origen chibcha, dado que su lengua pertenece al grupo misumalpa, que se deriva del chibchano. Su territorio, que se extiende desde Cabo Cameron, en Honduras, hasta más al sur del Río Grande de Matagalpa, en Nicaragua, es muy inaccesible, y por consiguiente estuvieron aislados de la conquista española del área.

El origen de los misquitos como grupo étnico no está claro. Los misquitos mismos y muchos estudiosos consideran que ellos siempre han sido misquitos. Algunos autores coinciden en que el pueblo misquito surgió en el siglo XVII, de una mezcla social y biológica de bawinkas, tawahkas (sumos), africanos y europeos.

En 1711, el Obispo de Nicaragua describió así el origen de los zambos o misquitos: "En el año de 1641 se perdió un navío cargado de negros en la costa del mar del Norte y en la parte entre la boca del Río San Juan, provincia de Nicaragua, y la ciudad de Trujillo, provincia de Honduras... recogiéndose la tercera parte de los negros y los demás se retiraron y guarecieron entre las malezas de aquellas montañas ocupadas por indios caribes que, celosos y recelosos de aquellos nuevos huéspedes, les hicieron guerra entre sí muy cruda, vencieron con el tiempo los negros a los caribes, retirándose estos montaña adentro hacia las tierras de Segovia y Chontales... quienes hoy en día tienen fiera enemistad con ellos... Con las mujeres de los vencidos se fueron multiplicando los vencedores, y porque ya murieron aquellos primeros huéspedes se llaman hoy sus descendientes 'zambos', por ser hijos de negros y de indios".

Algunos hablan el misquito, parecido al dialecto bawihka del tawahka; sin embargo, sus mínimas variantes dialectales sugieren un origen más reciente del misquito; además, el dialecto de los misquitos tiene un mayor número de extranjerismos, especialmente del español y del inglés, y existe alguna muestra, aunque leve, de influencia africana. Es lo que, a veces, se llama "misquito criollo" y es el que tiene el mayor número de hablantes.

La mayoría son cristianos por los misioneros moravios (de la Hermandad de Moravia) que llegaron a la región en 1849.

La sociedad tradicional misquita está fuertemente estructurada, con una estructura política clara. Había un rey pero no tenía el poder absoluto. Este poder estaba dividido entre él, un gobernador, un general, y durante la década de 1750, un almirante. La información histórica de los reyes a menudo es difusa debido a que muchos de ellos eran semideidades, y hasta 1687 no existen registros del primer rey confirmado, Jeremy I.

Este método permitía al pueblo misquito mantener su independencia durante el mandato español y en las Provincias Unidas de Centroamérica. Aun así fueron incluidos en Honduras en 1894.

Debido a los intereses económicos de los británicos en Centroamérica (especialmente de la Honduras británica, hoy llamada Belice), los misquitos fueron capaces de adquirir armas y más armamentos modernos. Los británicos también crearon en Nicaragua un país pensado para los misquitos. Los historiadores pensaban que los misquitos buscaban ser reconocidos como británicos, y de hecho las vestimentas europeas eran comunes entre los misquitos y los británicos (incluso los reyes misquitos). Pronto, uniendo exploradores misquitos y zambos comenzaron a atacar asentamientos españoles en Honduras, algunas veces para rescatar misquitos esclavizados antes de que fuesen enviados a Europa, pero más frecuentemente para esclavizar otros indígenas (durante mucho tiempo, los misquitos se consideraban superiores a otras tribus de la región, a quienes se referían como "salvajes"), con la finalidad de venderlos a los británicos para trabajar en Jamaica. También esclavizaban a mujeres de otras tribus. Estas incursiones de pillaje siguieron mucho tiempo después del cese de hostilidades entre británicos y españoles.

Los colonos españoles comenzaron a llegar a las tierras misquitas en 1787, pero los misquitos seguían dominando la región debido a su superioridad numérica y a su experiencia militar. Los misquitos nunca se sintieron controlados por el gobierno nicaragüense, y muchos misquitos aún hoy día no se consideran nicaragüenses.

Historia

La Nación Misquita llegó a ser un Estado en algún momento antes de 1625. El primer rey del que hay registros fue Oldman (o Viejo Hombre), el hijo de un rey sin nombre de los misquitos.

El primer contacto con los británicos se produjo durante el reinado del padre del rey Oldman, que lo envió a Gran Bretaña, donde Oldman fue recibido en audiencia por el rey Carlos I.

El rey misquito y los británicos llegaron a un tratado de amistad y alianza formal en 1740, seguido del nombramiento de un superintendente residente en 1749. Se estableció un protectorado en la Nación Misquita.

El reino de los misquitos ayudó durante las guerras revolucionarias americanas atacando colonias españolas, y consiguieron numerosas victorias junto a los británicos. Aun así, tras la firma de la paz en 1783, los británicos tuvieron que ceder el control sobre la costa. El abandono británico terminó a finales de junio de 1787, aunque se siguió manteniendo un protectorado no oficial sobre el reino, a menudo protegiendo los intereses de los misquitos frente a las agresiones españolas.

A partir de mediados del siglo XIX, el interés de los británicos por la región comenzó a languidecer. El Estado misquito desapareció en 1894, año en que fue ocupado por Nicaragua. Fue restablecido por los británicos en julio de ese mismo año, pero recuperado por Nicaragua en agosto.

Fuente consultada: http://es.wikipedia.org/wiki/Misquito

Biografía de Juan Santamaría

Juan Santamaría es reconocido oficialmente como héroe de la República de Costa Rica, quemó el Mesón de Guerra en Rivas, Nicaragua, donde se encontraban los filibusteros comandados por el estadounidense William Walker y le dio la victoria a Costa Rica, al rendirse el territorio que planeaban ocupar.

Nació en Alajuela, Costa Rica, el 29 de agosto de 1831. Era hijo extramatrimonial de Manuela Santamaría, también conocida como Manuela Gallego o Manuela Carvajal. En algunos textos se le atribuyen dos hermanos llamados Joaquina y Rufino, pero la petición de pensión de su madre dice con claridad que Juan era su único hijo.

Participación en la campaña contra los filibusteros

Estatua de Juan Santamaría, Alajuela, Costa Rica

En 1853, en Nicaragua se estaba dando una guerra civil, debido a que los liberales del bando democrático se habían alzado en armas contra el gobierno del presidente Fruto Chamorro Pérez, cuyos partidarios formaban el bando legitimista que se hace fuerte en la ciudad de Granada.

Los democráticos cuya plaza fuerte era la ciudad de León, por intermedio de Francisco Castellón Sanabria y Máximo Jerez Tellería, contratan a los llamados "filibusteros del sur" de los Estados Unidos de América bajo el mando de William Walker, quien mediante el beneplácito de traidores, más que por maniobras políticas y la fuerza de las armas, se hace con el control del gobierno, declarándose presidente de Nicaragua para utilizarla como base para la conquista de las otras naciones de América Central, con el fin de formar un imperio de esclavos para la Confederación del Sur.

El jefe de Estado de Costa Rica en ese entonces, Juan Rafael Mora Porras, llamó a la población en general a tomar las armas y marchar al norte, a Nicaragua, a luchar contra el invasor extranjero. Santamaría era tambor en el Cuartel de Alajuela y en esa calidad marchó con el ejército costarricense. Las tropas le llamaban *el Erizo* por la forma en que tenía su cabello.

Después de eliminar un pequeño grupo de soldados de Walker en la batalla de Santa Rosa, las tropas costarricenses siguieron su ruta hacia el norte y llegaron a la ciudad de Rivas,

Nicaragua, el 8 de abril de 1856. Allí se produjo, el 11 de abril, la primera batalla de Rivas.

El combate fue feroz. Los costarricenses no eran capaces de hacer que los hombres de Walker salieran del llamado Mesón de Guerra, la casa que utilizaban como centro de comando, y desde donde ellos tenían una posición de ataque ventajosa.

Según la historia secular, el 11 de abril de 1856, el general José María Cañas, salvadoreño, sugirió que uno de los soldados avanzara hacia el Mesón con una antorcha y la incendiara. Luis Pacheco Bertora (cartaginés) y Joaquín Rosales lo intentaron, sin éxito. Juan Santamaría se ofreció, con la condición de que, en caso de que muriera, algún otro soldado se hiciera cargo de su madre. Entonces tomó la antorcha, avanzó y fue mortalmente herido por el enemigo. Antes de morir, logró prender fuego al Mesón y así contribuyó a la victoria costarricense en Rivas. Teorías del pasado, actualmente refutadas, señalaban, sin embargo, que Juan Santamaría murió poco después de la batalla, víctima de la epidemia del cólera *morbus*, pues así lo indicaba el libro de defunciones que llevaba el presbítero Francisco Calvo, uno de los capellanes del ejército costarricense. Actualmente, estudios rigurosos de dicho libro y otros documentos de la época revelan que al menos hubo cuatro soldados de idéntico nombre enlistados en las filas costarricenses, por lo que la veracidad de los testimonios oculares no riñe con los precarios registros históricos de la época.

Reconocimiento y recuerdo

El reconocimiento de los méritos de Juan Santamaría como héroe de la Campaña Nacional 1856-1857 surgió en 1885, casi treinta años después de su hazaña, cuando su memoria fue en cierto modo excavada de un pasado indiferente y se le glorificó al punto de convertirlo en el héroe nacional de Costa Rica.

En 1980, el entonces presidente de Costa Rica, Rodrigo Carazo, gestionó con su vecino presidente Daniel Ortega para hacer efectiva la repatriación de los restos mortales de Juan Santamaría para ser enterrado en un proyectado panteón a su nombre en Costa Rica. Los sandinistas les entregaron un cofre que contenía los restos de ese héroe, pero para su sorpresa, los médicos forenses descubrieron que los supuestos restos no eran de Juan Santamaría ni de algún ser humano, sino de un ciervo muerto, según su informe de investigación para verificar la autenticidad. El gobierno costarricense no tuvo más remedio que devolverlos a Nicaragua alegando que no eran de su héroe, a pesar de la protesta del gobierno nicaragüense, que se defendió diciendo que eran de Juan Santamaría, quien en realidad estaba enterrado en algún punto de Nicaragua, que realmente nadie a ciencia exacta sabía. Actualmente, es honrado con una estatua de bronce en un parque de Alajuela, la cual lleva su nombre y donde también hay placas con los nombres de muchos otros soldados muertos durante la campaña. El museo histórico de Alajuela lleva su nombre, y también se denomina así el aeropuerto ubicado en Alajuela.

Otra estatua igual a la del parque de Alajuela se encuentra en la Asamblea Legislativa de Costa Rica. Ambas estatuas fueron ordenadas por el gobierno y colocadas en 1891.

Fuente consultada: http://es.wikipedia.org/wiki/Juan_Santamar%C3%ADa

Biografía del rey Bayano

Rey Bayano

En Panamá se construyó un gran palenque dirigido por el rey Bayano. Además, debe destacarse la valiosa participación de la comunidad negra en la guerra de independencia y en la construcción del canal interoceánico, sin cuya intervención hubiese resultado imposible terminarlo.

Bayano (líder cimarrón) fue un negro africano hecho esclavo por los portugueses y vendido a los esclavistas españoles para trabajar en América. Fue traído al Istmo de Panamá en el siglo XVI. Los primeros esclavos negros datan del año 1513, cuando a las costas de Tierra Firme y el Caribe arriban pequeños grupos de negros procedentes de España. Vasco Núñez de Balboa encontró algunos de ellos entre los despojos de la expedición de Diego de Nicuesa; empero, algunos historiadores contemporáneos suponen que había población negra en América antes de la venida de los españoles.

Ese mercado humano se convirtió en un provechoso negocio, y a partir del reinado de Carlos V empezó a legalizarse, como consecuencia de los lamentos de fray Bartolomé de las Casas. Así se legalizó el más inhumano y el más oprobioso capítulo de la historia de la colonización, bajo el ingenuo pretexto de liberar a los indígenas de la crueldad de sus amos.

Sometidos a la esclavitud y desde el inicio demostraron resistencia a la servidumbre que se les imputa por la fuerza, sobre todo por el maltrato que recibían. En el año 1527, víctimas de la desesperación, se alzaron por primera vez los negros en Panamá, pero fueron brutalmente sometidos, tras sangrienta lucha.

Desde esta fecha se aumentó la crueldad contra ellos y fue así como en el año 1549 tuvo lugar el más organizado movimiento para su liberación. Citamos a la Dra. Elsa Mercado en su obra *El hombre y la tierra en Panamá (siglo XVI)*: "Empujados por la condición miserable a que se les sometió en la tierra a que habían sido replantados, trataron de evadir la esclavitud, y al desertar de los trabajos a que se veían sometidos, buscaron refugio en las selvas; al grupo primitivo poco después se sumaron 300 negros, conducidos en un barco que fue sorprendido por una tempestad frente a las costas de San Blas, y que al lograr escapar fueron auxiliados por los cimarrones, nombre que se les dio a los negros alzados. Constituido así un grupo bastante numeroso, nombraron por jefe a uno de ellos llamado Bayano, con el título de rey". Bayano el esclavo africano empezó pronto a convertirse en una leyenda por sus hazañas. Simultáneamente con el levantamiento de Bayano, se escapó del Archipiélago de las Perlas un nuevo grupo, esta vez al mando de un negro natural de las Islas, nombrado Felipillo.

En Jamaica y las Antillas se destaca el jefe cimarrón Cudjoe, quien lideró varias revueltas de esclavos hasta lograr un tratado de paz en 1739. Igualmente participó en la lucha destacándose por su valor su hermana *la Reina Nanny*.

Fuente consultada: bdigital.binal.ac.pa/BIOVIC/Captura/upload/Bayano.doc

El cimarronismo y la independencia de Haití

En Haití, la lucha contra la esclavitud la inició un cimarrón llamado Mackandal, a quien le atribuían poderes mágicos de brujo o hechicero; logró ganar la simpatía y la adhesión de muchos esclavos a su causa, poniendo en jaque al poder colonial. Esa lucha fue seguida después por la sublevación de otro cimarrón llamado Bouckman y el liberto Vincent Ogé, quienes le dieron mayor cobertura a la insurrección, logrando cubrir gran parte de la isla de Haití. Pero aunque las tres rebeliones fueron sofocadas por las autoridades colonialistas francesas, la semilla de la libertad estaba sembrada en suelo fértil próxima a germinar.

Haití es un caso especial. Esa pequeña isla, colonia y despensa francesa durante varios siglos, conquistó a sangre y fuego su independencia y su libertad absoluta, venciendo al ejército más poderoso del mundo, el imperio de Napoleón Bonaparte, quien envió a su cuñado el general Leclerc, al mando de un ejército de 20.000 hombres para dominar la insurrección organizada y dirigida por un ex esclavo llamado Toussaint-Louverture, a partir del año 1790, quien basó su revolución inspirado en las consignas de la Revolución Francesa de 1789: *"Libertad, igualdad y fraternidad"*.

Louverture logró la primera independencia en 1796, convirtiéndose en gobernador vitalicio de la isla, con el consentimiento de las autoridades francesas, gozando de un ambiente de paz y prosperidad. Pero en 1802, el ego del emperador Napoleón no permitió que un antiguo esclavo negro gobernara la isla más próspera en ultramar, así que ordenó la reconquista, planeando un armisticio donde Toussaint fue engañado, apresado y enviado a una prisión francesa en París, donde murió. Pero fue sucedido por los generales Jean-Jacques Dessalines, Henri Christophe y Alexandre Pétion, quienes continuaron la revolución hasta lograr la independencia absoluta de Francia y la libertad de los esclavos a partir del 1 de enero de 1804.

Este acontecimiento sin par en la historia se convierte en faro que ilumina a la dirigencia de todas las colonias latinoamericanas, quienes vieron a partir de Haití la posibilidad real de lograr su propia independencia; circunstancia por la cual podemos decir, sin temor a equivocarnos, que la independencia de Haití, o la Rebelión de los Esclavos, fue una de las causas, antecedentes o factores externos de nuestra independencia.

Es de público conocimiento que el presidente Alexandre Pétion ayudó con soldados, armas, municiones, barcos y dinero en efectivo a Simón Bolívar, cuando este arribó a dicha isla desterrado, pobre y abandonado, para que reiniciara la Campaña Libertadora de la Gran Colombia, con el compromiso solemne de que liberaría a los esclavos en todos los territorios liberados, compromiso que Bolívar solo cumplió parcialmente.

Conviene recordar que Haití fue el primer país latinoamericano en lograr su independencia absoluta y la libertad de los esclavos, en el año 1804. Sin embargo, debido al bloqueo comercial al que fue sometido por parte de las potencias europeas y los nacientes Estados americanos, sumado a las dictaduras y a los desastres naturales que ha sufrido a lo largo de toda su historia republicana, tales como huracanes, inundaciones y terremotos, Haití ha pasado de ser la colonia más próspera que tuvo Francia en ultramar a convertirse en el país más pobre del hemisferio occidental; requiriendo la solidaridad internacional para su subsistencia, tal como ocurrió con el devastador terremoto ocurrido el 12 de enero de 2010, fecha en la cual la naturaleza se ensañó contra el sufrido pueblo haitiano, destruyendo el 80% de su capital, Puerto Príncipe, y matando a más de 200.000 habitantes. Como si lo anterior fuera poco, luego sobrevino una epidemia de cólera, que mató a más de 2.000 personas. Estamos seguros de que el heroico pueblo haitiano renacerá de sus cenizas como el ave fénix y volverá a conquistar la libertad, la igualdad y la fraternidad por las cuales lucharon sus héroes en las guerras de independencia.

Biografía de François Toussaint-Louverture

François Toussaint-Louverture

Toussaint-Louverture a caballo

François Dominique Toussaint-Louverture (La Española, 20 de mayo de 1743 – Fuerte de Joux, La Cluse-et-Mijoux, cerca de Pontarlier, Francia, 7 de abril de 1803) fue un político y militar, el más importante entre los dirigentes de la revolución haitiana. Llegó a ser gobernador de Saint Domingue, que era el nombre dado por los franceses a Haití. Su legado es haber sentado las bases para la erradicación definitiva de la esclavitud en Haití y posteriormente, a consecuencia de ello, en el mundo entero.

Orígenes y juventud

Su abuelo, Gaou-Guinou, nació en la región africana de Dahomey (actual Benín), al parecer en el seno de la familia real Arada. Deportado a La Española, su padre, Hippolyte Gaou, fue vendido como esclavo al gerente de la hacienda del conde de Bréda en la plantación en la que nació Toussaint (de ahí su nombre completo Toussaint Bréda), en la provincia del norte, cerca de Cap-Français. Su dueño, Baillon de Libertat, era relativamente humanitario, y animó a Toussaint para que aprendiera a leer y a escribir, e hizo de él su chofer y contramaestre en la hacienda.

A pesar de su escasa estatura que le valió el mote de Fatras-Bâton, llegó a ser un jinete reputado y un gran conocedor de las plantas medicinales.

Se casó con una mujer libre llamada Suzanne con la que tuvo dos hijos: Isaac y Placide. Toussaint fue liberado en 1776, a los 33 años. Según indican los archivos coloniales, alquiló una granja de café de unas 15 hectáreas, con 13 esclavos.

El rebelde aliado con España

La Revolución Francesa tuvo una gran repercusión en la parte francesa de la isla La Española. En un primer momento, los grandes terratenientes blancos vieron la posibilidad de independizarse y los pequeños, la de lograr la igualdad con los grandes. Los esclavos y los pequeños propietarios negros, por su parte, esperaban adquirir un estatus similar al de los pequeños terratenientes blancos.

En agosto de 1791, los esclavos de la llanura del norte de la parte francesa de La Española, capitaneados por Bouckman, el jamaiquino, se rebelaron tras la ceremonia de Bois-Caïman. Toussaint Bréda se convirtió en el edecán de Georges Biassou, comandante de los esclavos que se refugiaron en la parte española de la isla y se aliaron con estos en 1793 para expulsar a los franceses esclavistas. Toussaint fue instruido en el terreno militar por los españoles. Dirigiendo una tropa de más de 3.000 soldados, consiguió en pocos meses algunas victorias. Fue entonces cuando se le apodó *l'Ouverture* (*el Iniciador*) y se convirtió en general del ejército del rey de España.

El 29 de agosto de 1793, Toussaint hizo pública su proclamación, en la que se presentaba como el líder de los negros: "Hermanos y amigos. Soy Toussaint-Louverture; quizás el conocimiento de mi nombre haya llegado hasta vosotros. He iniciado la venganza de mi raza. Quiero que la libertad y la igualdad reinen en Santo Domingo. Trabajo para que existan. Uníos, hermanos, y luchad conmigo por la misma causa. Arrancad de raíz conmigo el árbol de la esclavitud. Vuestro muy humilde y muy obediente servidor, Toussaint-Louverture, general de los ejércitos del rey, para el bien público".

Sin embargo, su rápida fama despertó la desconfianza de sus jefes Jean-François y Biassou, que planearon un complot del que escapó, pero en el que murió su hermano pequeño Jean-Pierre. La poca atención prestada por los españoles le convenció de que estos pretendían desestabilizar a los franceses, pero no pretendían abolir la esclavitud.

Los comisarios de la República Francesa, Léger-Félicité Sonthonax y Étienne Polverel, habían llegado a La Española en septiembre de 1792 para hacer valer los derechos de la gente de color. La parte francesa de la isla estaba invadida por la

Marina británica y por las tropas españolas, a las que se habían unido numerosos monárquicos franceses blancos. El 29 de agosto de 1793, el mismo día de la proclamación de Toussaint, Sonthonax liberó a todos los esclavos para que estos se unieran a la revolución.

El 16 de Pluvioso del año II (4 de febrero de 1794), un grupo de delegados haitianos entre los que estaba Jean-Baptiste Belley, liberto y diputado negro del departamento del norte de la parte francesa de La Española, ganó la votación y la Asamblea Constituyente ratificaba esta decisión y abolía la esclavitud en todos los territorios de la República Francesa.

General de la República

Por medio del general en jefe Étienne Lavaux, los comisarios intentaron convencer a Toussaint-Louverture de que se uniera a la República. Pero hubo que esperar hasta el 5 de mayo de 1794 para que abandonara a sus aliados españoles, quienes no pretendían abolir la esclavitud. El ejército que estaba a su mando, en el que había soldados negros, mulatos e incluso algunos blancos, atacó a sus antiguos aliados y les arrebató una decena de ciudades. En un año, rechazó a los españoles hasta la frontera oriental de la isla y consiguió derrotar a sus antiguos jefes, que habían permanecido leales a España. En julio de 1795, la Convención le ascendió al rango de general de brigada. En marzo de 1796, salvó a Lavaux, con problemas por su severidad tras una rebelión de mulatos en Cap-Français. Como recompensa, este lo nombró teniente general de la colonia. El Directorio le ascendió a general de división en agosto de 1796.

El camino hacia el poder absoluto

Pero el talento de Louverture no era exclusivamente militar. Por donde pasaba confirmaba la emancipación de los esclavos. Trataba de que las plantaciones se volvieran a poner en marcha, e invitaba a los colonos, incluso a aquellos que habían luchado contra la República, a que volvieran, a pesar de las opiniones contrarias de las autoridades francesas. Sin embargo, la lucha contra los británicos resultó más complicada. Toussaint no pudo echarlos ni del norte ni del oeste. En el sur, el general mulato André Rigaud lograba contenerlos, pero no era capaz de rechazarlos.

El regreso de Sonthonax como comisario civil en mayo de 1796 hizo planear sombras sobre las ambiciones de Toussaint-Louverture de convertirse en el único dirigente. Consiguió que Lavaux y Sonthonax fueran elegidos en septiembre de 1796 diputados ante el Directorio para que de ese modo volvieran a la metrópoli: el primero en octubre de ese año, el segundo en agosto de 1797. Pero para tranquilizar a Francia, envió a sus dos hijos a estudiar a París.

Gracias a las armas llegadas con la comisión de 1796, Louverture contaba con un ejército de 51.000 soldados (entre ellos, 3.000 blancos). Reemprendió la lucha contra los británicos y tuvo diversas victorias, aunque ninguna de ellas fue decisiva. Cansados por esa resistencia y con poco que ganar en esa guerra, los británicos decidieron negociar. Louverture consiguió apartar de las negociaciones al último comisario civil Julien Raimond y al último general en jefe, Hédouville, llegado en marzo de 1798. Para deshacerse de Hédouville, Louverture alertó a los negros del norte, que el 16 de octubre de 1798 se rebelaron contra el general, quien había ordenado el desarme de los negros, lo que obligó a Hédouville a reembarcarse precipitadamente hacia Francia junto a numerosos blancos. El 31 de agosto de 1798, los británicos dejaban la isla La Española.

Una vez libre de los controles franceses, Toussaint se volvió contra el jefe de los mulatos, Rigaud. Aprovechó un incidente y le provocó, con lo que Rigaud inició las hostilidades en junio de 1799. Toussaint, secundado por Jean-Jacques Dessalines y Henri Christophe, derrotó a las tropas de su enemigo tras una sangrienta guerra.

Deseoso de restablecer la economía del país, publicó el 12 de octubre de 1800 un reglamento de cultivos que obligaba a los negros a trabajos forzados en las plantaciones, por lo que hubo bastante descontento.

A finales de octubre, los negros del norte se rebelaron y llegaron incluso a degollar a los blancos. En pocos días, Toussaint dispersó a los rebeldes y ordenó fusilar a 13 cabecillas, entre los que estaba su propio sobrino, el general Moise. Para conseguir el apoyo de los blancos volvió a llamar a los huidos y decretó que el catolicismo pasara a ser la religión oficial.

Tratando de unificar la isla, se dirigió hacia la parte española y la conquistó en un mes, en enero de 1801.

A tenor de los términos del Tratado de Basilea que ponía fin al conflicto franco-español, pasó a dominio francés toda La Española. El 9 de mayo de 1801, proclamó una constitución autonomista que le concedía plenos poderes perpetuos.

La caída

Napoleón Bonaparte, cuyo poder en Francia era cada vez mayor, deseaba restablecer el dominio de los colonos franceses para conseguir recuperar la pujanza de la industria azucarera. Envió a La Española un ejército de 25.000 soldados al mando de su cuñado, el general Leclerc, en diciembre de 1801, para recordar a Toussaint-Louverture su promesa de resarcir a los colonos y para, oficiosamente, restablecer la esclavitud. Pero Toussaint no se dejó engañar fácilmente. Se replegó hacia posiciones más seguras, a la vez que seguía una política de tierra quemada ante la llegada de las tropas francesas hasta finales de enero de 1802. Leclerc derrotó primero a las tropas de Dessalines y luego a las de Christophe. Leclerc había traído de Francia a los hijos de Toussaint, y se los envió en signo de buena voluntad. El 2 de mayo de 1802, Toussaint ofreció su capitulación a cambio de quedar libre y de que sus tropas se integraran en el ejército francés.

Pero Leclerc no aceptó estos términos. Por medio de una treta capturó a Toussaint-Louverture el 7 de junio de 1802, y lo envió a Francia junto a su familia. Al ser embarcado, predijo: "Al derrocarme, solo se ha abatido el tronco del árbol de la libertad de los negros. Pero este volverá a brotar de sus raíces, porque son muchas y muy profundas".

Fue encarcelado en el Fort de Joux, en las montañas del Jura, la región más fría de Francia. Murió allí el 7 de abril de 1803 a causa de una enfermedad y la falta de asistencia médica.

Los franceses no consiguieron restablecer la esclavitud en Saint Domingue. Gracias al poderío militar construido en tiempos de Toussaint-Louverture, los negros derrotaron a los franceses en la batalla de Vertières en 1803. El 1 de enero de 1804, su nuevo líder, Jean-Jacques Dessalines, proclamó la independencia absoluta del país, al que bautizó con su nombre aborigen de Haití, que significa "tierra montañosa".

Fuente consultada: http://es.wikipedia.org/wiki/Archivo:Toussaint_Louverture.jpg

Biografía de Jean-Jacques Dessalines

Jean-Jacques Dessalines

Jean-Jacques Dessalines (20 de septiembre de 1758, Grande-Rivière-du-Nord – 17 de octubre de 1806) fue un líder de la revolución haitiana que proclamó la independencia del país el 1 de enero de 1804 y fue su primer gobernante. En 1805, se proclama emperador con el nombre de Jacques I.

Antiguo esclavo, participó en las revueltas de los esclavos de la colonia francesa de Saint Dominique. Al servicio de Toussaint-Louverture alcanzó el grado de general y cuando este fue depuesto por las tropas francesas enviadas por Napoleón para reconquistar la isla, fue nombrado al frente de las tropas del sur. Sin embargo, luego de que Toussaint fuera detenido y enviado a Francia, y con el arribo de noticias del restablecimiento de la esclavitud en otras colonias francesas, Dessalines organizó en octubre de 1802 un amotinamiento contra las fuerzas francesas a las que enfrentó en sangrienta lucha. Finalmente, venció a los franceses en la batalla de Vertières en 1803 y los expulsó de la isla.

En su gobierno intentó restablecer la economía de las plantaciones mediante un sistema de trabajo forzoso. Fue traicionado y asesinado en 1806 por sus colaboradores, Alexandre Pétion y Henri Christophe, quienes se dividieron el país.

El Himno Nacional de Haití, *La Dessalinienne*, se denomina así en su honor.

Fuente consultada: http://es.wikipedia.org/wiki/Jean-Jacques_Dessalines

Biografía de Henri Christophe

Henri Christophe

Henri Christophe (Isla de San Cristóbal, 6 de octubre de 1767 - Puerto Príncipe, 8 de octubre de 1820) fue un esclavo liberado que participó en la lucha haitiana por la independencia y se autoproclamó rey de la mitad septentrional del país que se conoció como el Reino de Haití (1811-1820). Christophe fue llevado a Santo Domingo, donde trabajó en el restaurante de un hotel y consiguió la libertad. Se dice que luchó durante la guerra de la independencia de los Estados Unidos, en el asedio a Savannah. Contrajo nupcias con María Luisa Coidavid, que le dio cuatro hijos: Víctor Enrique, Fernando, Athenais y Amatista.

Christophe destacó en la rebelión de 1791, ascendiendo al rango de general en 1802. En 1806, participó en el golpe de Estado contra Jacobo I y tomó el control del norte del país. Su principal enemigo era su cómplice en la conspiración Alexandre Pétion, quien erigió a la región meridional en república separada, bajo su presidencia. Henri se autoproclamó presidente del Estado de Haití en 1807, junto con Pétion, este como presidente de la República de Haití en oposición al sur. En 1811, convirtió el Estado de Haití en reino y se proclamó rey, gobernando con el nombre de Enrique I (o Henri I) de Haití.

Se hizo construir 6 castillos, 8 palacios y la sólida Fortaleza Laferrière, aún considerada como una de las maravillas de la época.

Se rodeó de una elaborada nobleza haitiana de su propia creación, que consistía en 4 príncipes, 8 duques, 22 condes, 37 barones y 14 caballeros. Esto motivó burlas en Europa, donde la expresión "nobleza haitiana" se volvió sinónimo de una aristocracia improvisada creada por un gobierno advenedizo.

A pesar de sus esfuerzos por impulsar la educación y establecer un sistema legal, el Código Henri, Enrique I fue un impopular monarca autocrático cuyo reino estaba en constante conflicto con el sur. Hacia el final de su reinado, el sentimiento público se encontraba tajantemente en contra de lo que se percibía como su política feudal, propuesta para desarrollar el país.

El rey Enrique, enfermo e indeciso, decidió suicidarse disparándose una bala de oro, antes que enfrentarse a la posibilidad de un golpe de Estado. En la rebelión que siguió, su hijo adolescente, el delfín Víctor Enrique, fue linchado por los sublevados, y con él se extinguió la dinastía Christophe, ya que Enrique I había impuesto la ley sálica, que no permitía a las mujeres ascender al trono o transmitir derechos a sus descendientes. Su viuda, la reina María Luisa, y sus dos hijas, las princesas Athenais y Amatista, lograron huir del país y se establecieron en Italia, donde murieron, siendo enterradas en Pisa.

La historia de Enrique I sirvió de argumento de *La Tragédie du Roi Christophe*, una obra teatral de 1963 escrita por el martiniqués Aimé Césaire, y también, en gran medida, para la novela del cubano Alejo Carpentier *El reino de este mundo* (1949). Su figura está presente en *El emperador Jones*, del estadounidense Eugene O'Neill. Por su parte, el cronista de viajes, corresponsal y antropólogo John W. Vandercook le dedica su libro *El rey de Haití* (versión española en Ediciones Rialp, Madrid, 1955).

Fuente consultada: es.wikipedia.org/wiki/Henri_Christophe

Biografía de Alexandre Pétion

Alexandre Pétion

Anne Alexandre Sabès Pétion (Puerto Príncipe, Haití, 1770 – Ídem, 1818) fue un militar y político que, en 1791, participó en la revuelta negra contra los colonizadores, pero, por desacuerdos con François Toussaint-Louverture, emigró a Francia, desde donde regresó a Haití con la expedición de Charles-Victoire-Emmanuel Leclerc en 1801. Luchó contra Toussaint-Louverture y Jean-Jacques Dessalines, pero en 1802 se pasó al bando insurrecto.

Nombrado primer presidente de la República en 1807, en 1816 obtuvo el cargo a perpetuidad y promulgó una constitución.

Nació en Puerto Príncipe, hijo de Úrsula, una mujer negra, y de Pascal Sabès, un colono francés. En 1788, fue enviado a Francia para estudiar en la Academia Militar de París. Adoptó el seudónimo de Pétion en honor de Pétion de Villeneuve, que fue miembro de la Convención y de la Sociedad de los Amigos de los Negros. De vuelta a su isla natal, participó en la campaña de expulsión de los británicos y de los españoles (1798-1799).

Toma partido por André Rigaud, líder de la gente de color libre, con Toussaint-Louverture durante la guerra de los Cuchillos que empezó en junio de 1799. Desde noviembre, la facción mulata se encuentra acorralada en el puerto estratégicamente importante de Jacmel, en la costa meridional. Pétion encabeza la defensa, y Jean-Jacques Dessalines dirige el asalto. La caída de Jacmel en marzo de 1800 pone fin a la revuelta y Pétion, junto con otros dirigentes de color, se exilia a Francia.

En febrero de 1802, Pétion vuelve a Santo Domingo con Jean-Pierre Boyer, Rigaud y una armada de 12.000 franceses a las órdenes del general Leclerc, cuñado de Napoleón Bonaparte. Después de la traición de Toussaint llevada a cabo contra Francia, Pétion se incorpora a las fuerzas nacionalistas en octubre de 1802 (con motivo de la conferencia secreta de Arcahaie) y da su apoyo a Dessalines. El general Clairveaux es el adjunto principal de Pétion en esos momentos. La fuerza expedicionaria es derrotada el 17 de octubre de 1803 y Haití se convierte en una República independiente el 1 de enero de 1804. Los jefes del ejército designan a Dessalines como gobernador general vitalicio, y el 2 de septiembre de 1804 se proclama el Imperio y se corona emperador el 6 de octubre de 1804.

Pétion se encuentra entre los que proponen el asesinato del emperador en octubre de 1806 y, seguidamente, reivindica la democracia liberal contra Henri Christophe. Christophe, elegido presidente, rompe con el Senado controlado por Pétion, y Haití se divide en dos Estados. El Senado, que no reconoce a Christophe como presidente, elige como tal a Pétion. El 27 de enero de 1807, el Senado despojó de todos sus cargos a Christophe y, alegando que este no había jurado la presidencia de la República, procedió a elegir primer presidente de la República a Pétion. Una guerra ridícula se desarrollará luego hasta 1810. Christophe controlará el norte (feudo tradicional de las facciones negras radicales), en tanto que Pétion lo hará en el sur.

Conociendo la aspiración de los campesinos (antiguos esclavos) por convertirse en propietarios, Pétion decide repartir las plantaciones entre los antiguos colonos y el pueblo. Esta acción provoca el reconocimiento del pueblo, que le bautiza como *Papá Bon-Kè* (Papá Buen Corazón). Sin embargo, la economía haitiana, basada en la exportación del azúcar y del café, está a punto de convertirse en una autarquía y en una agricultura de mera subsistencia.

En 1815, el líder haitiano convoca a Bolívar, que se encontraba refugiado en Jamaica, deprimido y al borde del suicidio. Pétion le ofrece al futuro Libertador armas, barcos y soldados para retomar la lucha por la independencia americana. El haitiano planteó a Bolívar –y así se lo hizo firmar– que a cambio de este apoyo los revolucionarios sudamericanos debían decretar la abolición de la esclavitud en América. Bolívar asumió el compromiso y partió al continente con soldados seleccionados por el propio Pétion. Ya triunfante, y antes del encuentro con San Martín, dijo: "*Perdida Venezuela y la Nueva Granada, la isla de Haití me recibió con hospitalidad: el magnánimo presidente Alexandre Pétion me prestó su protección y bajo sus auspicios formé una expedición de 300 hombres comparables en valor, patriotismo y virtud a los compañeros de Leonidas…*".

Luego de vencer a los ejércitos colonialistas de Inglaterra, España y Francia, el Haití de Alexandre Pétion se convirtió en refugio de muchos de los patriotas latinoamericanos que debían asilarse, producto de sus ideas libertarias. Recibieron cálido hospedaje, entre otros, Francisco de Miranda, Simón Bolívar y Manuel Dorrego.

Funda el Liceo Pétion en Puerto Príncipe. En principio partidario de la democracia constitucional, Pétion encontrará engorrosas las prohibiciones que le impone el Senado. En 1816, se proclama presidente vitalicio y elabora, para la República haitiana, una constitución modelo, estableciendo las bases para el reconocimiento y la independencia de Haití. Pero las constantes conspiraciones contra él y contra el gobierno le llevan, en 1818, a disolver el Senado y gobernar como dictador.

Pétion muere de fiebre amarilla en 1818, y le sucede su protegido Boyer.

Fuente consultada: http://es.wikipedia.org/wiki/Alexandre_P%C3%A9tion

Haití, Alexandre Pétion y Simón Bolívar

Por Ramón Palacio Better

Enterado de las cualidades humanas del presidente de Haití Alexandre Pétion, de su amor por la libertad y de la cordial hospitalidad que acordaba a los patriotas neogranadinos y venezolanos desde 1814, el Libertador, abandonando su duro exilio de Jamaica, se dirigió también a Haití donde llegó el 24 de diciembre de 1815. Antes de su salida de Kingston escribió a Pétion (19/12/1815) para anunciarle su próxima llegada. Terminaba su carta con estas palabras: "Espero, señor Presidente, que la afinidad de nuestros sentimientos en defensa de los derechos de nuestra Patria común me granjeara por parte de V.E. los efectos de su inagotable benevolencia hacia todos aquellos que nunca recurrieron a ella en vano...". Después de su primera entrevista con Pétion, el 2 de enero de 1816, en Puerto Príncipe, el Libertador escribe a Barion diciéndole: "Acabo de hacerle una visita que me ha sido tan agradable cuanto V.E. puede imaginar. El Presidente me ha parecido como a todos, muy bien. Su fisonomía anuncia su carácter y este es tan benévolo como conocido. Yo espero mucho de su amor por la libertad y la justicia". No fue una vana espera porque todos los sueños del Libertador fueron colmados y se convirtieron en realidad. Gozó de la protección y generosidad de Pétion y demás autoridades del país, desde su llegada a Los Cayos hasta la salida de su primera y heroica expedición, el 31 de marzo de 1816.

Todo lo que solicitó para organizar su empresa, todo lo obtuvo del ilustre haitiano; más de 6.000 fusiles con sus bayonetas, municiones, víveres, una imprenta completa, el flete de algunas goletas y una importante suma de dinero. Además, Pétion permitió que ciudadanos haitianos se alistaran en la expedición. A pesar de la grave situación interna y externa que confrontaba la República, la guerra continuaba contra el reino de Christophe y los franceses no habían perdido la esperanza de reconquistar por la fuerza su añorada colonia. Pétion no vaciló ni un momento en prestar toda su ayuda necesaria al Libertador para el triunfo de la libertad de Venezuela. Como lo dice Lecuna, *"Pétion fue el único gobernante en el mundo que ayudó en aquel momento a la revolución hispanoamericana"*.

Pétion, además de su ayuda material, impuso la jefatura del Libertador a sus compatriotas refugiados divididos por rencillas personales. Por intermedio de su representante en Los Cayos, el general Ignace Marion, reconcilió a varios grandes patriotas enemistados en aquel momento.

Él fue el alma de la expedición de Los Cayos como lo será de la de Jacmel, así como el renacimiento del glorioso Ejército de Venezuela dispersado en Cartagena y en las Antillas: allí estaban Mariño, Piar, Bermúdez, Valdés, MacGregor, Soublette, Anzoátegui, Briceño-Méndez, Salom, Brión, Freites, Diego Ibarra, los Landaeta, Ambrosio Plaza, José Francisco Piñango, Pedro León Torres y casi 300 heroicos militares más que iban a cubrir de gloria los pendones de la libertad. Bolívar, ante tal derroche de generosidad, no sabía ya cómo agradecer a su benefactor. Inmensa es su gratitud. Trata de traducirla en sus cartas dirigidas al grande haitiano y escritas en una prosa francesa magnífica que parece más bien salida de la pluma de uno de los grandes maestros del romanticismo francés del siglo XIX. "V.E. es el padre de todos los verdaderos republicanos" (21/1/1816). "Mi reconocimiento no tiene límites por las bondades con que me ha colmado... V.E. es el primero de los bienhechores de la Tierra. Un día la América proclamará a V.E. su Libertador" (29/1/1816). En la misma carta, se preocupa por la salud de Pétion, le anuncia que le envía algunas botellas de específicos contra el reumatismo y agrega: "Si estuvieran llenas de los sentimientos de mi corazón, no le darían la salud, sino la inmortalidad que le espera". Días más tarde, le dice: "Estoy abrumado por sus generosos favores. En todo se muestra V.E. magnánimo e indulgente... En mi proclama a los habitantes de Venezuela y en los decretos que debo expedir para la libertad de los esclavos, no sé si me será permitido expresar los sentimientos de mi corazón hacia V.E. y dejar a la posteridad un monumento irrecusable de vuestra filantropía. No sé si debiera nombrarlo como el autor de nuestra libertad" (8/2/1816). "Llevando conmigo los votos de V.E. y colmado de sus favores, estoy seguro de vencer. La América llena de reconocimiento conservará eternamente el recuerdo de V.E." (4/3/1816). Y desde Carúpano: "Permítame, señor Presidente, expresarle todo mi reconocimiento por el interés que ha tomado nuestro país y los beneficios con que nos favoreció y que no olvidaremos jamás" (10/6/1816). En Puerto Príncipe de nuevo, le escribe: "V.E. está destinado a hacer olvidar la memoria de Washington". Pero sería demasiado largo seguir con esas citas. Toda la correspondencia del Libertador está llena de los sentimientos de gratitud que conservó hasta su muerte para con Pétion y Haití.

Pero fue después de la muerte de Pétion cuando Bolívar lo nombrara públicamente en un acto oficial y destacara el papel importante desempeñado por el presidente haitiano en la liberación de Venezuela. Lo hizo el 22 de octubre de 1818 en Angostura: "Perdida Venezuela y la Nueva Granada todavía me atreví a pensar en expulsar a sus tiranos. La isla de Haití me recibió con hospitalidad: el magnánimo presidente Pétion me prestó su protección y bajo sus auspicios formé una expedición de 300 hombres comparables en valor, patriotismo y virtud a los compañeros de Leonidas". La generosidad de Pétion no se limitó a los numerosos refugiados que se encontraban en Haití. Su visión genial de una América de hombres libres y sin distingos de raza lo llevó a pensar en otros venezolanos y neogranadinos, en aquellos de piel oscura que, aunque nacidos en América y después de la declaración de independencia de Venezuela, seguían siendo propiedad de otros seres y gemían todavía en la esclavitud.

Planteó abiertamente el problema al Libertador, de quien tuvo inmediatamente el mejor respaldo; la liberación de los esclavos en las comarcas que sus armas iban a independizar. Era el único precio que pedía el magnánimo haitiano por los servicios prestados a la causa de los patriotas. Y apenas desembarcó el Libertador en Carúpano y luego en Ocumare de la Costa, cumplió con su promesa a Pétion: proclamó la abolición de la esclavitud.

Pero donde más se puede apreciar la grandeza de alma y filantropía de Pétion es cuando el Libertador vencido en Ocumare y rechazado en Güiria por sus compañeros de armas, vuelve a Haití, abatido y calumniado. Escribe a Pétion desde el puerto haitiano de Jacmel una larga relación de todos los sucesos ocurridos desde la salida de su primera expedición. La termina pidiéndole una vez más, con acento conmovedor, protección y ayuda: "Confío en que V.E. no me abandonará al destino que me abruma. V.E. es suficientemente magnánimo para continuar sus generosidades hacia mi Patria... Aguardo aquí la respuesta de V.E. como el último decreto de mi existencia política".

Fuente consultada: http://ictinos.blog.com.es/2010/02/05/haiti-alejandro-petion-y-simon-bolivar-7946911/

En la isla de Cuba

En la tierra de Maceo y de Martí, la comunidad negra fue alma, vida y nervio de su independencia, debido a su elevado número; puesto que la población negra conformaba más del 60% de la población total de la isla. Inicialmente, los esclavos lucharon arduamente contra las oprobiosas e inhumanas condiciones de la esclavitud, en las plantaciones de caña de azúcar; luego, cuando fueron comprando su libertad, los libertos participaron en la guerra de independencia conformando el Batallón de Milicianos Pardos y Morenos, donde se destacaron José Antonio Aponte y, más tarde, el prócer negro Antonio Maceo. Finalmente, en la revolución de 1959, entre miles de soldados negros, sobresale el nombre glorioso de Juan Almeida, comandante revolucionario que peleó al lado de los hermanos Castro, Fidel y Raúl, de Ernesto *el Che* Guevara y de Camilo Cienfuegos; llegando a ocupar la vicepresidencia del Consejo de Estado de Cuba.

Conspiración de Aponte

Fue un movimiento abolicionista dirigido por José Antonio Aponte, que se produjo en Cuba entre 1811 y 1812.

Debido al aumento del uso de la esclavitud dentro de la sociedad cubana de principios del siglo XlX, buscaba obtener el lugar dejado por Haití como mayor productor de azúcar del mundo; en la Isla se organizaron una serie de intentos conspirativos para abolir la esclavitud, destacándose dentro de ellos el de 1795, donde se descubrió en Bayamo la primera conspiración abolicionista encabezada por el liberto Nicolás Morales, quien al ser denunciado huyó y se ocultó en Yareyal, próximo a Holguín.

En el año 1808, la invasión napoleónica a España y la llegada a Cuba de falsas noticias sobre el tema de la esclavitud motivaron a una resolución cada vez más arriesgada por parte de los criollos a favor del abolicionismo. Es entonces que en 1811, en La Habana, se estructuró una nueva conspiración abolicionista encabezada por el liberto José Antonio Aponte y sus redes se expandieron hasta Sancti Spíritus, Trinidad, Camagüey, Bayamo, Holguín y Santiago de Cuba.

La persona que unió la conspiración occidental a la parte oriental del país fue Hilario Herrera, un valiente mulato dominicano de profunda conciencia antiesclavista y un excelente organizador clandestino. El 11 de marzo de 1812, cuando ya había explotado la conspiración en Camagüey, Bayamo denunció la existencia de un grupo conspirador en Holguín. Como resultado de la indagatoria se prendieron más de 50 personas y en el juicio sumario se condenó a la horca a su líder local, el esclavo de origen congo Juan Nepomuceno, y a cadena perpetua a sus compañeros Federico, Antonio, Miguel y Manuel.

Fuente consultada: http://es.wikipedia.org/wiki/Conspiraci%C3%B3n_de_Aponte

Biografía de Antonio Maceo

El general Antonio Maceo y Grajales (Santiago de Cuba, 14 de junio de 1845 - Punta Brava, 7 de diciembre de 1896) fue el segundo jefe militar del Ejército Libertador. Conocido como *el Titán de Bronce*, Maceo fue uno de los líderes independentistas más destacados de la segunda mitad del siglo XIX en América Latina.

Padres

General Antonio Maceo en uniforme

El mulato (mestizo) venezolano Marcos Maceo viajó a Santiago de Cuba desde Venezuela en 1823, después de que varios de sus compañeros se exiliaran desde América del Sur. Se casó con Mariana Grajales, una morena liberta (así se llamaba a los afrocubanos que habían obtenido la libertad de una manera u otra), de padres dominicanos, y con la cual tuvo varios hijos, además de contribuir a la crianza de otros hijos de su esposo anterior. José Antonio Maceo y Grajales, conocido como Antonio Maceo, nació el 14 de junio de 1845, en una zona rural de Santiago de Cuba. Aunque su padre le enseñó la destreza en el manejo de las armas y habilidades en la administración de propiedades, además de educarle en un código de honor inflexible, fue su madre, Mariana Grajales, quien le inculcó una férrea disciplina, al punto de ocasionarle una pasajera tartamudez en su infancia y que superaría en la adolescencia. Esta disciplina sería fundamental en la forja de su carácter y se vería reflejada en sus actos como líder militar.

Mariana Grajales, ante el altar familiar, conminó a su esposo y sus seis hijos a luchar por la independencia de Cuba o morir en el intento, lanzándose ella misma a la "manigua redentora" para apoyar desde la retaguardia las acciones de los mambises, como se conocía a los independentistas cubanos. Casi todos sus hijos, además de su esposo, caerían en la lucha por la independencia de Cuba.

El Titán de Bronce

Antonio Maceo heredó de su padre las cualidades de líder militar, aunque no fue este el único campo en el que se destacó, pues también fue buen negociante y administrador de las fincas que tuvo.

Su carrera militar con el Ejército Libertador cubano comenzó cuando su padre, junto a él y varios de sus hermanos, se unió al alzamiento de Carlos Manuel de Céspedes como soldado. Por su valentía en el combate, sus habilidades estratégicas y su ejemplar disciplina ascendió con rapidez en la escala militar, a pesar de las tendencias racistas y clasistas de varios de los propios patriotas, cuyo origen era francamente burgués o aristocrático.

El origen humilde de Maceo y el color de su piel demoraron el ascenso a mayor general del excepcional mambí, aunque ya los grados de coronel y brigadier general los había alcanzado con rapidez. Los hombres a su mando comenzaron a llamarle *el Titán de Bronce* por su excepcional vigor físico y resistencia a las heridas de bala y arma blanca. Se recuperó de las más de 25 heridas de guerra y parecía que ninguna de ellas afectaba su valor cuando entraba en combate.

Reconoció especialmente como jefe y maestro al gran estratega dominicano Máximo Gómez, quien con el correr de los años se convertiría en el general en jefe del Ejército Libertador de Cuba. El uso del machete como arma de guerra por parte de Gómez, como sustituto más cómodo del sable español y por la escasez de armas de fuego y municiones de los mambises, fue adoptado por Maceo y sus tropas, en las que cargaba en la caballería como uno más.

Antonio Maceo rechazó con energía las sediciones militares de Lagunas de Varona y Santa Rita, que minaron la unidad de las tropas independentistas y favorecieron el clima regionalista de la región de Las Villas, a cuyos campos se negó a acudir el mayor general Vicente García (conocido como *el León de Las*

Tunas), lo que a la larga impidió la invasión de la revolución al occidente del país. Las intenciones divisionistas y los propósitos imprecisos y oscuros del general Vicente García fueron rechazados de plano por Maceo cuando *el León de Las Tunas*, ansioso de protagonismo pero sin objetivos claros en su conducta, buscó su apoyo para el establecimiento de un nuevo gobierno revolucionario.

Las divisiones, el regionalismo y la indisciplina contribuyeron a evitar la invasión al occidente y propiciaron un languidecimiento de la revolución, de lo cual se aprovechó el general español Arsenio Martínez Campos, militar de honor que ofreció garantías de paz, amnistía para los revolucionarios y reformas legales a cambio del cese de las hostilidades, que para 1878 cumplían diez años. Al mismo tiempo, el gobierno español de Cuba seguía concentrando fuerzas para cercar a las huestes mambisas, cada vez más escasas.

Antonio Maceo fue uno de los líderes cubanos que rechazó la firma del Pacto del Zanjón, que puso fin a la guerra de los Diez Años. Él y algunos otros mambises (soldados independentistas) se reunieron con el mariscal Arsenio Martínez Campos el 15 de marzo de 1878 para discutir los términos de la paz, pero Maceo protestó estos términos porque no cumplían con ninguno de los objetivos de los independentistas: ni la abolición de la esclavitud ni la independencia de Cuba. El único beneficio era la amnistía para los que habían luchado y la manumisión para los negros que habían peleado en el Ejército Libertador. Maceo no reconoció este tratado y no se acogió a la amnistía. Este encuentro, considerado una de las páginas más dignas de la historia de Cuba, fue reconocido como "la Protesta de Baraguá".

Como detalle anecdótico puede añadirse que a sus oídos llegaron tímidas propuestas de hacer una encerrona al general español, de reconocidas aptitudes militares y diplomáticas, pero las rechazó con tal energía que los "comunicadores" de la idea prácticamente huyeron de su campamento.

Luego de respetar el tiempo de tregua para la entrevista (unos pocos días), Maceo reinició las hostilidades. Para salvar su vida, el gobierno de la República de Cuba le encomendó entonces la tarea de recaudar fondos, armas y soldados para una supuesta expedición armada, pero su gestión fue prácticamente nula, por el desaliento creado incluso entre los emigrados a causa de la Paz del Zanjón.

Más tarde, Maceo y Calixto García planearon en Nueva York una invasión a Cuba que dio inicio a la también fracasada guerra Chiquita en 1879, en la cual no peleó directamente por haber sido enviado Calixto García delante como jefe principal, con vistas a evitar la exacerbación de los prejuicios raciales que actuaban contra Maceo, fundamentalmente a causa de la propaganda española, que lo acusaba de buscar una guerra de razas, calumnias que rechazó con indignación en repetidas ocasiones.

Luego de cortas estadías en Haití (donde se le persiguió y se le trató de asesinar por gestiones de los consulados españoles allí radicados) y Jamaica, finalmente se radicó en Costa Rica, en la provincia de Guanacaste, donde el presidente de esa Nación le asignó labores de organización militar y una pequeña finca para residir. Allí fue contactado por José Martí, *el Apóstol Cubano*, para iniciar la guerra del 95, llamada por él "la guerra necesaria".

Maceo, escarmentado de lo inadecuado de poner impedimentos leguleyos civiles a las acciones militares en condiciones de guerra, tuvo un breve pero intenso intercambio epistolar con Martí en el que advertía de esos males que habían dañado la Revolución de Yara (1868-1878), pero Martí le informó de su fórmula de "... el ejército, libre, pero el país, como país y con toda su dignidad representado" y le convenció de las amplias probabilidades de éxito si la contienda se preparaba cuidadosamente. Como condición demandó que la jefatura militar máxima estuviese en manos de Máximo Gómez, lo cual fue aprobado sin reservas por el delegado del ya constituido Partido Revolucionario Cubano. En Costa Rica enfrentó revólver en mano otra intentona de asesinarle a la salida de un teatro, que terminó fatalmente para uno de sus agresores.

En 1895, junto a Flor Crombet y otros oficiales de menor rango, Maceo desembarcó en las inmediaciones de Baracoa (extremo oriental de Cuba) y, luego de rechazar un intento español de capturarle o matarle, se internó en las montañas de esa región. Luego de muchas vicisitudes, logró reunir un pequeño contingente de hombres, que rápidamente creció con los grupos ya alzados en armas en la región de Santiago de Cuba. En la finca de La Mejorana, Maceo se entrevistó con Gómez y Martí, en lo que evidentemente fue una reunión desafortunada por los fuertes desacuerdos entre Martí y él respecto de la constitución de un gobierno civil, por la que Maceo no se pronunciaba a favor.

Poco después, el héroe nacional de Cuba (Martí) caería en combate en Dos Ríos (confluencia de los ríos Contramaestre y Cauto).

Partiendo de Mangos de Baraguá (lugar de la histórica protesta ante Martínez Campos), Maceo y Gómez, al mando de dos largas columnas mambisas, llevaron brillantemente la hazaña de la invasión militar del occidente de Cuba, llegando Maceo a Mantua a finales de 1896. Esta proeza estratégica la hicieron Maceo y Gómez luchando contra fuerzas numéricamente muy superiores (en ocasiones les quintuplicaban). Utilizando alternadamente tácticas de guerrillas y combates abiertos, agotaron al ejército español, que no pudo contener la invasión a pesar de las dos sólidas trochas militares construidas para ello y la superioridad abrumadora en hombres y técnica militar. Las ansias de independencia y la crueldad de la oficialidad española hicieron que los habitantes rurales del occidente respondieran con un entusiasta apoyo económico y en hombres para las tropas independentistas. Esto provocó la puesta en vigor del plan del capitán general español, Valeriano Weyler, para la reconcentración. En estos campos de concentración, muy anticipados a los instituidos por los nazis en Europa, perdió la vida casi un tercio de la población rural del país.

Al contrario de lo esperado por Weyler, la reconcentración engrosó rápidamente las filas de los mambises, prefiriendo muchos campesinos la muerte en combate a la muerte por hambre. En 1896, luego de reunirse con Gómez en La Habana, cruzando la Trocha de Mariel-Majana por la bahía del Mariel, retornó a tierras de Pinar del Río, donde sostuvo cruentos combates contra tropas numéricamente muy superiores, mandadas por generales españoles famosos por sus éxitos militares en África y las Filipinas, y con artillería y las armas más modernas de infantería. Después de diezmar las tropas españolas enviadas contra él, volvió a cruzar la Trocha militar con vistas a marchar hacia Las Villas o Camagüey, donde planeaba reunirse con Gómez para planificar el curso ulterior de la guerra, y con el gobierno para disminuir las diferencias entre el gobierno de Cuba en armas (presidido por Salvador Cisneros Betancourt) y los altos mandos militares del Ejército Libertador, relacionadas con estos aspectos: los nombramientos de mandos militares intermedios, el reconocimiento de la beligerancia por las potencias extranjeras y la aceptación o no de ayuda militar directa. La posición de Maceo, en esos momentos, era aceptar la ayuda económica y alijos de armas por parte de potencias europeas y aun de los Estados Unidos, pero se oponía enérgicamente a la ayuda militar directa por parte de los norteamericanos.

Muerte

Sus planes de reunión con Gómez y el gobierno en armas no llegaron a cumplirse. En las cercanías de Punta Brava, finca de San Pedro, Maceo avanzaba solamente acompañado de su escolta personal (dos hombres), el médico de su Estado Mayor, el brigadier general José Miró Argenter y una pequeña tropa de no más de 20 hombres. Cuando intentaban cortar una cerca para continuar la marcha, fueron detectados por una fuerte columna española, que abrió un intenso fuego. Al lograr cortar una parte de la cerca y decir "¡Esto va bien!", Maceo fue alcanzado por dos disparos: uno en el torso, no grave, y otro que luego de quebrarle la mandíbula le penetró en el cráneo. Sus compañeros no pudieron transportarle por intensificarse el fuego y junto a él quedó solamente el teniente Francisco Gómez Toro (Panchito), hijo de Máximo Gómez, quien voluntariamente enfrentó a la columna española para proteger el cadáver del general. Luego de ser herido de bala varias veces, los españoles lo remataron salvajemente a machetazos, dejando los dos cuerpos abandonados, sin saber la identidad de los caídos.

Los cadáveres de Maceo y Panchito fueron recogidos al día siguiente por el coronel habanero Aranguren, quien al saber lo ocurrido se dirigió de inmediato al lugar. Luego fueron enterrados en secreto en la finca de dos hermanos que juraron guardar el secreto hasta que Cuba fuese libre e independiente y pudieran llevarse a cabo los honores militares correspondientes.

Actualmente, los restos mortales de Antonio Maceo y Grajales y de Francisco Gómez Toro descansan en el Monumento del Cacahual, cercano a los límites de la antigua finca de San Pedro, y es lugar de peregrinación de los cubanos. Es ya una tradición que las graduaciones de las academias militares cubanas se realicen junto al Cacahual.

Antonio Maceo no solamente fue una figura clave en el movimiento independentista cubano de la segunda mitad del siglo XIX, además de un genial estratega militar. Su pensamiento libertario, basado en el honor y la virtud, marcó el pensamiento de la generación que le siguió, junto al pensamiento vasto y abarcador de José Martí, y puede decirse que continúa viviendo entre lo mejor de la juventud cubana. Siendo masón, en su epistolario se puede leer más de una vez su credo basado en "Dios, la Razón y la Virtud".

De filiación política democrática, expresó muchas veces su simpatía por la forma de gobierno republicana, pero hizo hincapié en buscar la fórmula para la "libertad, igualdad y fraternidad", aludiendo a los tres principios básicos de la Revolución Francesa y definiendo la búsqueda de la justicia social. Cuando se le intentó reclutar para la causa anexionista, respondió a un interlocutor: "Creo, joven, que esa sería la única forma en que mi espada estaría al lado de la de los españoles…", y previendo las ansias de expansión de los Estados Unidos (daba por sentado que Cuba alcanzaría la independencia), expresó su frase más conocida, en una carta a un patriota y amigo: "El que intente apoderarse de Cuba, recogerá el polvo de su suelo anegado en sangre, si no perece en la lucha".

Biografía de Juan Almeida

Juan Almeida

Juan Almeida Bosque (La Habana, Cuba, 17 de febrero de 1927 – Ídem, 11 de septiembre de 2009) fue un destacado político, militar y compositor.

Está considerado como la tercera figura más relevante del poder cubano después de Fidel Castro y su hermano Raúl Castro. Integrante de la lucha contra la dictadura de Fulgencio Batista, comenzó su actividad revolucionaria en 1952, participando en el asalto al Cuartel Moncada en 1953.

Destacó en las luchas revolucionarias después del desembarco del *Granma*. Tras el triunfo de la Revolución el 1 de enero de 1959, Almeida tuvo numerosas responsabilidades.

Formó parte del Buró Político del Comité Central del Partido desde su fundación en 1965, siendo ratificado en todos los congresos. Fue elegido diputado para la Asamblea Nacional y vicepresidente del Consejo de Estado, desde la primera legislatura del Parlamento cubano del nuevo período que se abrió tras el 1 de enero de 1959. Fue comandante de la Revolución y presidente de la Asociación de Combatientes de la Revolución Cubana. En su faceta de compositor y escritor, fue autor de más de 300 canciones y una docena de libros.

Labor revolucionaria inicial

Juan Almeida participó en la lucha por el golpe de Estado del 10 de marzo de 1952, donde conoció a Fidel Castro, al cual siguió posteriormente en el asalto al Cuartel Moncada el 26 de julio de 1953. Fue condenado a prisión a consecuencia de este asalto por un período de diez años; en 1955, fue amnistiado junto a sus compañeros. Expedicionario del yate *Granma* en 1956, el 27 de febrero de 1958 fue ascendido a comandante del Ejército Rebelde y pasó a dirigir la columna Santiago de Cuba.

Del III Frente Oriental hacia el triunfo de la Revolución

En marzo de 1958, Almeida dirigió el III Frente Oriental Dr. Mario Muñoz Monroy, el cual inicialmente adoptó el nombre de III Frente de Operaciones en la Sierra Maestra.

Tras el triunfo de la Revolución (1959), pasó a ocupar cargos en las Fuerzas Armadas Revolucionarias (FAR).

Figura política en el gobierno revolucionario

El 29 de marzo de 1962, Juan Almeida fue vocal del Tribunal Revolucionario presidido por el comandante

Augusto Martínez Sánchez, que se encargó de enjuiciar en juicio sumarísimo a los participantes de la invasión de Bahía de Cochinos el 17 de abril de 1961.

Este tribunal lo integraban, además, los comandantes Guillermo García Frías, Sergio del Valle y Manuel Piñeiro.

Fue elegido miembro del Comité Central del Partido Comunista de Cuba y de su Buró Político en octubre de 1965. Fue diputado a la Asamblea Nacional del Poder Popular desde la primera legislatura y vicepresidente del Consejo de Estado de Cuba.

Asimismo, Almeida fue presidente de la Asociación de Combatientes de la República de Cuba, junto a su responsabilidad como presidente de la Dirección Nacional de la ACRC (Asociación de Combatientes de la Revolución Cubana). La ACRC es la organización que rige el trabajo de los veteranos de las guerras y de los militares de avanzada edad que se comprometen con los principios del Estado cubano.

Trayectoria artística

Su legado va más allá de la lucha revolucionaria, pues incursionó en el arte como escritor y como compositor musical. Además, compuso más de 300 canciones, de las cuales se han hecho varias producciones discográficas; dos de sus canciones más populares son "La Lupe" y "Dame un traguito".

Entre sus obras literarias, se cuentan: *Presidio*; *Exilio*; *Desembarco*; *La Sierra*; *Por las faldas del Turquino*; *Contra el agua y el viento* (Premio Casa de las Américas, 1985); *La única ciudadana*; *El general en jefe Máximo Gómez*; *¡Atención! ¡Recuento!*; *La Sierra Maestra y más allá*; *Algo nuevo en el desierto*; y *La aurora de los héroes*.

Fallecimiento

El día 11 de septiembre de 2009 a las once y treinta de la noche, hora cubana, Juan Almeida Bosque falleció debido a un paro

cardiorrespiratorio, a la edad de 82 años. Sus restos mortales fueron sepultados en el mausoleo del III Frente Oriental, en Santiago, junto a otros combatientes de la Revolución Cubana.
Fuente consultada: http://es.wikipedia.org/wiki/Archivo:Juan_Almeida_Bosque.jpg

El cimarronismo y la independencia de Venezuela

En Venezuela se destacó el Palenque de Barquisimeto, comandado por el famoso rey Miguel, quien lo dirigió y lo defendió durante muchos años, hasta que, atacado por sorpresa, prefirió morir en combate antes que rendirse.

La rebelión del Negro *Miguel*

Acaudillada por *el Negro* Miguel en 1533 en las minas de Buría y su región, es considerada como la primera rebelión de negros en la historia de Venezuela. Durante el gobierno de Juan de Villegas Maldonado, a mediados del siglo XVI, se intensificó la necesidad de adquirir mano de obra esclava, tras el descubrimiento, por parte de Damián del Barrio, de una importante veta de oro en las márgenes del río Buría, cerca de la ciudad de Nueva Segovia de Barquisimeto, fundada en 1552 por Villegas. El descubrimiento de estas minas causó una gran conmoción en la población de la ciudad de El Tocuyo (fundada en 1545), pues revivió la idea del antiguo y enigmático Dorado. En tal sentido, muchos vecinos, motivados con la posibilidad de enriquecerse, organizaron y llevaron sus esclavos, mineros o agricultores, hacia la nueva veta. A fines de 1552, 80 esclavos negros fueron trasladados a la ciudad de Nueva Segovia de Barquisimeto, para dedicarlos al trabajo en las minas, surgiendo así el Real de Minas de San Felipe de Buría (cerca de Nirgua, en el actual estado Yaracuy).

Entre los esclavos que llegaron al Real de Minas de San Felipe de Buría, figuraba uno oriundo de San Juan Puerto Rico, el cual se distinguía por su rebeldía y arrojo, *el Negro* Miguel, quien era propiedad de Pedro del Barrio, hijo de Damián del Barrio. Dado su carácter indomable, en 1553 Miguel huyó con unos compañeros a las montañas, desde donde preparó un ataque al Real de Minas, resultando muertos varios mineros en medio de la oscuridad de la noche. A partir de este exitoso asalto, *el Negro* Miguel se hizo fuerte en las montañas y su fama crecía día a día, siendo seguido por indios y negros levantiscos a los cuales consideró como parte de su reino, pues él mismo se nombró rey y a su mujer, Guiomar, la hizo coronar como reina. Asimismo, su pequeño fue reconocido por todos como su heredero. También nombró obispo a uno de sus compañeros y conformó una comunidad a semejanza de los pueblos de los españoles, con sus autoridades y empleados.

Con el tiempo, *el Negro* Miguel y sus seguidores se convirtieron en un azote para la región, y su presencia comenzó a trastornar las tareas de explotación de las minas.

En ocasión de un ataque del *Negro* Miguel a la recién fundada ciudad de Nueva Segovia de Barquisimeto, esta fue defendida valerosamente por sus pobladores capitaneados por Diego García Paredes y Diego Fernández de Serpa, junto a un refuerzo que llegó de la ciudad de El Tocuyo, dirigido por Diego de Losada y Diego de Ortega. En definitiva, el asalto del *Negro* Miguel, quien fue asesinado en Barquisimeto, fue rechazado, y sus seguidores fueron perseguidos y nuevamente reducidos a la esclavitud.

Según el testimonio del capitán Diego de Ortega, uno de los jefes de las fuerzas de El Tocuyo, fue García Paredes el que mató al rey Miguel.

Fuente consultada: http://www.venezuelatuya.com/historia/negro_miguel.htm

En Ecuador

Se registra la rebelión de los negros en la costa de Esmeraldas, formando la República de los Zambos de Esmeraldas, la cual se extendía desde la bahía de Caráquez hasta Buenaventura.

Con posterioridad, participaron activamente en la guerra de independencia al lado de los generales Bolívar, San Martín, Sucre, Otamendi y Juan José Flores. Coronaron con broche de oro el triunfo del Ejército Patriota sobre el realista en la gloriosa batalla de Junín.

Finalmente se encuentran en las Montoneras Alfaristas, en la revolución liberal del año 1895 y en la revolución de Concha, entre 1912 y 1916, donde se levantaron para vengar "la sangre de los Alfaro".

Sin embargo, existe un caso paradigmático, y este es el del héroe nacional Alonso de Illescas, quien nació libre en Cabo Verde, África, fue esclavizado y llevado a España, donde aprendió el idioma y las costumbres de los blancos, y luego fue trasladado al Nuevo Mundo a la edad de 25 años, logrando liberarse del barco del mercader Alonso de Illescas, quien lo llevaba para Lima, con otro grupo de esclavos.

Con su valor militar y su habilidad diplomática, logró ganarse el respeto y la simpatía de los indios y de los negros de la región de Esmeraldas, conservando su dignidad y su tierra en absoluta libertad frente a los españoles que lo asediaban de modo permanente. Finalmente, "rehusó el tan ambicionado honor de ser el gobernador de la provincia de Esmeraldas, por considerar la libertad de los negros y de los indios como lo más valioso. Supo transmitir a su hijo y a su descendencia su espíritu y su anhelo de autonomía y libertad".

Dos biografías de Alonso de Illescas

Alonso de Illescas

El Congreso Nacional del Ecuador emitió en la ciudad de Quito la Ley Especial de la Institucionalización del Día Nacional del Negro y Reconocimiento como Héroe Nacional a Alonso de Illescas, el 2 de octubre de 1997.

¿Por qué Alonso de Illescas fue declarado héroe nacional?

Alonso de Illescas fue un estratega (persona que conocía como hacer la guerra de guerrillas). Rechazó a muchas expediciones militares en contra de los negros y los indios esmeraldeños, derrotando uno tras otro a los capitanes españoles. Estos acometían a la empresa, con el afán de buscar las esmeraldas, el oro, la madera, la tierra, y también para evitar que los negros se aliaran con los piratas ingleses y causaran daños a los intereses españoles.

Alonso fue también "diplomático", ya que si por un lado luchaba contra los españoles, por el otro sabía convertirlos en amigos, ayudando a los numerosos náufragos que encontraba en las playas a recuperarse de salud y luego les facilitaba la salida a Portoviejo, Quito o Guayaquil.

Cuando se encontró con el sacerdote Miguel Cabello de Balboa en la desembocadura del río Atacames, construyó la primera capilla provisoria en la playa. Oró e invocó la misericordia de Dios y también a Nuestra Señora de Guadalupe. Subrayamos que a la invitación hecha por Balboa a Alonso de acercarse a los sacramentos, contestó: "Mientras estoy ocupado en la redención de esa gente, prefiero esperar". Rechazó así la gran mentira del conquistador "Por Dios y por el rey". Comprendió que Dios es Dios de libertad, Dios de la vida, que va más allá de los imperios humanos, de las iglesias, para conseguir la instauración en Cristo de único Reino de paz, justicia y hermandad.

También fue un verdadero gobernante. Nunca se dejó sobornar. Rechazó el título de gobernador, que el presidente de la Real Audiencia le ofreció por escrito y le hizo llegar a sus manos, por intermedio del sacerdote Miguel Cabello de Balboa.

Es de notar que muchos capitanes perdieron toda su hacienda para lograr el título de gobernador de las Esmeraldas. Y este negro cimarrón, huido de la esclavitud, que según la ley merecía castigos, se permitió rechazar el indulto real y la gran oportunidad de ser gobernador por cuenta del rey.

Fue un formador de líderes, empezando por su hijo Alonso Sebastián de Illescas y su nieto Jerónimo. De modo que fueron amantes de la justicia y de la libertad, manteniendo su territorio libre del dominio español.

Alonso fue un defensor de la autonomía y la libertad del pueblo negro e indígena. De hecho, aunque Esmeraldas ha sido la primera provincia pisada por los españoles, gracias a la alianza de indígenas y negros, nunca lograron someterla totalmente.

Todavía a mediados del siglo XVIII, Pedro Vicente Maldonado se quejaba porque los negros y los mulatos no pagaban tributo a nadie, y sugería emplearlos en la defensa de la costa de los piratas holandeses.

Fuente consultada: la información de esta biografía se debe a los materiales proporcionados por el Centro Cultural Afroecuatoriano.

Alonso de Illescas nació alrededor de 1528, en África, en la región de Cabo Verde, actual Senegal. A la edad de 10 años aproximadamente, fue capturado por los negreros y llevado como esclavo a España. Fue bautizado y confirmado en Sevilla con el nombre de Enrique. Más tarde, tomó el nombre de su amo, el mercader Alonso de Illescas.

Tuvo la oportunidad de aprender la lengua de los dominadores, su forma de vivir, educar a los hijos, guerrear y hasta los entretenimientos. Se volvió hábil en el uso de las armas y también en instrumentos musicales propios de las grandes familias de la época.

Alrededor de los 25 años aproximadamente, fue traído a América por la familia de los Illescas, quienes lograron constituir una especie de empresa comercial entre Sevilla y Lima. En octubre de 1553, navegando desde Panamá hacia Lima, el barco del mercader Alonso de Illescas tuvo muchas dificultades por las corrientes y el tiempo adverso, y además se quedó sin provisiones.

Pasado el cabo de San Francisco, a la altura de la ensenada de Portete, en la provincia de Esmeraldas, estando en tierra los esclavos (17 negros y 6 negras), debido a los fuertes vientos, el barco golpeado por las olas fue empujado hacia los arrecifes donde encalló. Esto ayudó para que los negros huyeran al interior de la selva. Los españoles intentaron salvar algunas cosas, pero con poco éxito. De allí se marcharon a Portoviejo para salvar sus vidas.

A la muerte de Antón, después de superar algunas rivalidades internas, Alonso de Illescas fue reconocido como nuevo líder.

Cuenta Miguel Cabello de Balboa que, en una ocasión, los negros habían invitado a un gran banquete al cacique Chilianduli con sus indios, en el pueblo de Dobe. Sorpresivamente, en el ápice de la fiesta matan a 500 indios, imponiéndose definitivamente como "señores absolutos".

Realizaban correrías en una vasta área llegando hasta Portoviejo e infundiendo miedo a los españoles, que inútilmente en múltiples ocasiones intentaron someterlos.

Alonso supo ganarse la amistad de los indígenas, realizando oportunas alianzas, en particular con la tribu de los niguas. Para los indígenas no hubo otro remedio que pactar y aceptar a los recién llegados. Pero consiguieron que los apoyaran en la lucha contra las tribus enemigas, sobre todo la de los temidos campaces. Como señal de alianza les concedieron sus mujeres, surgiendo así una nueva raza en América, "los zambos de Esmeraldas". Más tarde, en 1599, el pintor Andrés Sánchez Gallque, por orden del oidor Juan del Barrio, pintó a los "caciques negros de Esmeraldas" y envió el gran retrato al rey de España, Felipe II.

Alonso era ladino, valiente al guerrear, conocía muy bien la lengua española y aprendió muy pronto las lenguas locales. Con los españoles mantuvo una relación que podríamos definir de odio y amor, para poder conservar su autonomía y al mismo tiempo aprovechar su amistad.

Estableció su pueblo en la cabecera del río Atacames, que se llamaría San Martín de la Campaces, en la desembocadura del cual se realizó el encuentro histórico con el presbítero Miguel Cabello de Balboa, en el mes de septiembre de 1577.

Alonso de Illescas le preguntó al sacerdote qué hacía en su tierra. Este contestó que le llevaba el perdón del rey y el nombramiento de gobernador de las Esmeraldas. Alonso tomó en sus manos el nombramiento. Agradeció, pero añadió que antes de aceptar, tenía que hablar con su gente.

De hecho, se marchó con su comitiva. Más tarde, hizo otra visita con toda su gente, prometiendo una tercera, que no se realizó, porque apareció un barco en la bahía, procedente de Portoviejo, causando desconfianza. Pensaron que sería otra traición de los españoles. Los negros no se presentaron más.

Cuando los compañeros de Miguel Cabello de Balboa volvieron a subir al río Atacames, encontraron balsas destrozadas y plantas arrancadas, señal evidente de que se habían roto las relaciones y que podía haber peligro.

El presbítero Miguel Cabello de Balboa, junto con sus compañeros, decidió emprender el camino por la costa, hasta la bahía de Caráquez, siempre vigilado de lejos por los indios de Alonso. Allá tuvieron ayuda para seguir hasta Portoviejo, luego Guayaquil y finalmente llegaron a Quito, el 10 de febrero de 1578.

Los negros quedaron libres en su nueva tierra y supieron rechazar todo intento de sometimiento de parte de los españoles.

Miguel Cabello de Balboa reconoció abiertamente que Alonso de Illescas era un hombre con cualidades superiores. Escribió al rey manifestándole que no era tan fácil sojuzgar a un hombre que estaba bien preparado y que sabía defenderse en todos los campos.

Alonso se casó con una hija del cacique Chilianduli y tuvo otras mujeres. Educó a sus hijos como en las familias españolas, les enseñó el uso de las armas e incluso a fabricarlas. Entre los hijos de Alonso recordamos a Enrique, Alonso Sebastián y Baltasar. Entre las hijas recordamos a Justa, que en una de las entradas del capitán Andrés Contero fue apresada, hecha esclava, enviada a Guayaquil y casada con un esclavo del mismo capitán. Otra hija se llamaba María y se casó con Gonzalo de Ávila, con quien tuvo una hija llamada Magdalena.

Fuente consultada: http://afros.wordpress.com/historia/personajes-afroecuatorianos-historicos/

Biografía de Juan Otamendi

Militar de raza negra, patriota y prócer de la independencia, Juan Otamendi nació allá por el año 1798. Sobre sus padres no se tiene ninguna información concreta, aunque hay quien sostiene que fue hijo de un clérigo en una negra esclava. "Creemos que su madre desempeñaba el servicio doméstico en casa del clérigo Otamendi, cuyo apellido llevó posterior-

Juan Otamendi

mente, porque su condición de mulato le venía por la sangre de su amo" (Piedad y Alfredo Costales, *Otamendi: el centauro de ébano*, pág. 64).

Había nacido esclavo en los Llanos de Venezuela, a orillas del río Guárico, donde vivió hasta los 10 años de edad. Por esa época, un señor llamado Mateo Rubio le compró la libertad y lo envió a la Plaza Mayor de los ejércitos de la independencia.

Por el año 1817, ya se había convertido en un poderoso mulato de gran estatura y músculos de acero. Había sentido en carne propia el dominio de la Corona española sobre los hombres de América y visto desangrarse a su Patria en los campos de batalla. Entonces se alistó en las fuerzas de Bolívar como soldado de línea y participó en todas las batallas, que a la postre culminaron con la independencia de Venezuela.

Poco a poco, en diferentes campañas logró destacarse por su bravura, lealtad y patriotismo, y en cada una de ellas obtuvo merecidos ascensos.

En 1824, cumpliendo órdenes de Bolívar, pasó por Guayaquil con destino al Perú, donde participó en las batallas de Junín y Ayacucho. Tres años más tarde, lucía ya las insignias de capitán, y en 1829, bajo las órdenes del general Juan José Flores, tuvo destacada y valiente participación en la batalla de Tarqui.

Instaurada la República del Ecuador en el año 1830, el general Flores lo llamó a su servicio personal y en muy poco tiempo se convirtió en su brazo derecho.

Implacable con el enemigo jurado, Otamendi no desperdiciaba ocasión ni medios para destrozarlo totalmente. Era un jefe astuto, vigilante, de gran inventiva y, por lo general, invencible allí donde se presentaba personalmente en la batalla.

Bravo, valiente y sanguinario, persiguió y castigó cruelmente a quienes intentaron desestabilizar al gobierno floreano. En 1834, lucía ya el grado de general cuando tuvo importante participación –junto al general Flores– en la sangrienta batalla de Miñarica, en la que al mando de un grupo de caballería acabó con 900 de los 2.000 soldados que formaban el ejército del gobierno presidido por el Dr. José Félix Valdivieso.

Posteriormente conspiró con el general Urbina para derrocar a Vicente Rocafuerte, pero el movimiento subversivo fue descubierto y Juan Otamendi fue desterrado al Perú, donde permaneció hasta 1837, cuando se radicó en la región de Macará, donde no había un poblado sino un grupo de casas desperdigadas y desordenadas. "En ese conjunto de varias casucas, esparcidas aquí y allá, rodeadas de oberales, con su chacra delante y su corral atrás, había elementos para formar un pueblo: si algo faltaba era una voluntad con suficiente predominio sobre los demás, que abreviase la pesada acción del tiempo. Otamendi llegó, pues, en la época precisa. Hombre de brazo fuerte y voluntad de hierro, valiente y diestro en el manejo de las armas, con el influjo que le prestaba su alta posición militar, asomó tan oportunamente que ni buscado de propósito se le habría hallado mejor… Pocos de los habitantes por la violencia; de buen grado los más, todos comenzaron a construir nuevas viviendas en el sitio designado por Otamendi, el cual había trazado el plano de una regular población" (Manuel E. Rengel, *Luzmila*, pág. 45).

Puede decirse entonces que, por ese año, el general Juan Otamendi fundó el pueblo de Macará.

"La lanza de Miñarica encuentra la paz en Macará y el general demostró allí su inmensa creatividad, civilizándose a sí mismo y civilizando a los demás. El pueblo, como hoy lo conocemos, fue la semilla generosa que dejó su mano y es el bravo soldado de la independencia el que da a Macará un sitio en la organización territorial de la provincia de Loja, aun estando en la raya misma del ambicioso país del sur, con el que ha cruzado lanzas en Tarqui" (P. y A. Costales, ob. cit., pág. 159).

Descansaba plácidamente, retirado al dulce calor del hogar en compañía de su esposa –doña Ángela Naranjo–, cuando en 1839 el general Flores, al asumir la presidencia de la República por segunda vez, lo llamó nuevamente a su lado, y tal como lo había hecho anteriormente, acudió presuroso para servir a la Patria y al general Flores durante seis agitados años. Llegó entonces 1845, y al estallar la Revolución Marcista defendió una vez más al gobierno con su notable y valerosa participación en el combate de La Elvira, donde fue gravemente herido.

A pesar de sus heridas, logró derrotar dos veces a las fuerzas revolucionarias comandadas por los generales Antonio Elizalde y Fernando Ayarza, hasta que finalmente –considerando que la revolución estaba costando demasiadas vidas ecuatorianas– Flores prefirió acabar con el derramamiento de sangre y el 18 de junio de 1845 firmó el Tratado de La Virginia, por medio del cual puso fin a quince años de gobierno.

Acogiéndose al Tratado de La Virginia y luego de que Flores abandonó el país, Otamendi se retiró voluntariamente al exilio, y junto con su esposa se trasladó a una propiedad cercana a Alausí buscando, en ese agradable lugar, recuperarse de las heridas recibidas en los combates de La Elvira.

Muy poco tiempo duró su descanso: a finales de diciembre de 1845, cuando aún no se había recuperado totalmente, fue apresado por sus enemigos y llevado a Quito por la vía de Alausí. Se escribió entonces una de esas páginas de canibalismo que adornan sangrientamente nuestra historia. Desviándose de la ruta, sus captores llegaron hasta el río Yaguachi, donde lo ataron y pusieron en el interior de una canoa, que fue empujada río adentro y, desde la orilla, mientras se encontraba atado e indefenso, sus verdugos lo acribillaron a balazos.

Con las últimas fuerzas que le quedaban, el valiente militar se irguió arrogante y los increpó al grito de: "Miserables, no se mata así a un general, a un valiente soldado de la independencia…".

"Igual que Venezuela, tanto o más le debe el Ecuador a este héroe, tan injustamente calumniado y criticado. Fue juntamente con Flores uno de los pocos que trazó los cimientos de la Patria que nacía con el abono de su propia sangre, y firma la primera adhesión al estado de Quito. No fue de aquellos que aman a la Patria con palabras o lirismos; hombre sencillo y humilde, por su condición de mulato, supo ganarse un puesto de honor gracias a sus propios méritos. Los grados militares los fue consiguiendo sucesivamente, pagando previamente un precio de sangre en el campo de batalla, no por fuerza del tinglado burocrático… Si algún pecado tuvo en su vida pública fue amparar, proteger y consolidar el militarismo en el territorio ecuatoriano" (P. y A. Costales, ob. cit., pág. 75).

Fuente consultada: http://www.enciclopediadelecuador.com/temasOpt.php?Ind=1606&Let=

En el Perú

En este país, se registra el fenómeno del cimarronismo y los palenques desde el año 1500, pero existe una rebelión muy famosa ocurrida en Chincha, en el año 1789. Existe además registro del caso del príncipe Bonifacio, quien fue hecho prisionero por los españoles en su natal África y trasladado al Perú en el año 1600. Cuenta la historia que cuando los otros esclavos reconocieron a su príncipe, se reunieron con el marqués manifestándole que no era posible que su príncipe trabajara conjuntamente con ellos, razón por la cual se ofrecían para trabajar una hora más por él, propuesta que fue aceptada. Luego, le construyeron una casa grande para que él y su familia vivieran cómodamente.

Años más tarde, se tuvo conocimiento de que el padre de dicho príncipe había muerto en el Congo, y desde allí le remitieron la corona, el cetro, la copa y demás indumentarias propias de la realeza. El rey Bonifacio Pinedo falleció octogenario en la región de Mururata.

Cuando se produjeron las rebeliones indígenas lideradas por los caciques Túpac Amaru y Túpac Catari, los cimarrones y los esclavos participaron activamente en dichas contiendas, con la esperanza de lograr la anhelada libertad. Se recuerda el caso de Antonio Oblitas, quien se destacó como lugarteniente de Túpac Amaru, el gran líder inca, así como los comandantes José Rayo y León Escobar, *el Negro* León.

Mención especial requieren José Gil de Castro, *el Mulato* Gil, capitán de milicias en Trujillo (Perú) y en Chile, pintor excelente, quien registró los episodios más importantes de la independencia, y *el Negro* Guadalupe, otro de los pilares indiscutibles de la independencia peruana.

Durante el proceso de independencia, los cimarrones, esclavos y libertos se incorporaron y lucharon heroicamente en los ejércitos de Bolívar, San Martín y Sucre, en las batallas de Junín, Pichincha y Ayacucho, logrando la emancipación definitiva del Perú y Bolivia, con lo cual se completaron la independencia sudamericana y la conformación de la Gran Colombia.

Biografía de Bonifacio Pinedo

Fue un monarca y el último esclavo rey afroboliviano y afroamericano. Posiblemente durante el reinado de su comunidad, una de las pocas monarquías que ha sobrevivido dentro de la cultura ancestral y tradicional africana, nacido en las regiones tropicales de los Yungas de Bolivia. Además, es abuelo del rey actual, Julio Pinedo.

Según la historia y los miembros más antiguos de la comunidad afroboliviana, Bonifacio Pinedo fue descendiente directo de la nobleza africana de una tribu originaria del Congo, antes del colonialismo francés y belga; aunque, en la época colonial, su dinastía fue llevada a estas tierras del Nuevo Mundo por los conquistadores españoles como esclavos.

Por ello, Julio, su nieto y único sobreviviente de ese linaje, es ahora reconocido como "rey afroboliviano" no solo por su pueblo, sino también por el gobierno departamental de La Paz.

Fuente consultada: http://es.wikipedia.org/wiki/Bonifacio_Pinedo

Biografía de José Gil de Castro

José Gil de Castro y Morales (Perú, 1 de septiembre de 1785 – Ídem, 1845) fue un destacado pintor peruano, considerado un artista de transición entre la colonia y la república.

Según Joaquín Ugarte, José Gil de Castro nace en 1785 y muere en 1841, basándose en el certificado de bautismo y la partida de matrimonio: "… nacimiento en la ciudad de Lima el día 1 de septiembre de 1785, el pintor José Gil de Castro se consagró en nuestra sociedad americana… solo se tienen noticias sin confirmación documental de que en 1841, cuando tenía 56 años, se produjo silenciosamente su partida de este mundo…".

Primeros años y formación

Está registrado su bautismo en los archivos de la Parroquia El Sagrario de Lima, la más antigua de la ciudad, y que era hijo de don José Mariano Carvajal Castro y María Leocadia Morales, libre.

Al ser conocido José Gil de Castro y Morales también como *el Mulato* Gil de Castro, eso indujo a sus biógrafos a pensar que se apellidaba Gil. Fue un hombre inteligente y con afán de superación, pues además de pintor, era ingeniero, cosmógrafo y topógrafo, por lo cual fue admirado por sus contemporáneos. Siendo joven vivió en Trujillo, por lo que algunos historiadores sindican a pintores contemporáneos como José del Pozo y Julián Jayo como sus maestros, datos que no se han podido confirmar.

En cuanto a su formación artística, se tejen muchas versiones: que fue un pintor autodidacta o que perteneció a la Academia de Dibujo y Pintura (cátedra de San Fernando), fundada por el virrey Abascal en 1808 y cuya dirección fue encomendada al pintor quiteño Javier Cortés, o que quizá fue discípulo de algún pintor de renombre como José del Pozo o Julián Jayo.

Viajes al extranjero

Ausente del Perú desde 1805, residió en Chile, pasó a la Argentina en 1811, se alistó en el Ejército Libertador, y con este hizo su entrada a Chile en 1814. Allí fue oficialmente nombrado cartógrafo, topógrafo y capitán del Cuerpo de Ingenieros, cosmógrafo y proto-autografista del director supremo Bernardo O'Higgins, y se le concedió ser miembro de la Legión de Mérito, título solo conferido a personas muy estimables. Gil de Castro, por su labor retratística, tuvo la posibilidad de viajar a Chile y Argentina, realizando importantes encargos en estos países.

Matrimonio

Casado en Santiago de Chile un 8 de junio de 1817, allí consta el nombre de su padre, como Mariano Castro. Vivió en Santiago de Chile, al oeste del cerro Huelén, en el actual barrio Lastarria. Su casa nucleó la famosa Plaza Mulato Gil de Castro.

Obras

Las principales características de sus obras son: la simetría de sus composiciones, el hieratismo y la simplificación de sus personajes, el detallismo y la fidelidad de los accesorios, el tratamiento peculiar en los rostros y manos, el manejo del claroscuro y colores satinados; sus cuadros contienen elementos descriptivos empleando textos, es decir, las cartelas, y, por último, hay un marcado acartonamiento de las figuras y una gran penetración psicológica en los rostros.

Una de sus obras más resaltantes es el retrato de José Olaya, ya que es la única obra de Gil de Castro que retrata no a un miembro de la elite cultural, o político o religioso, sino a un mestizo proveniente de la clase popular, como era el caso de Olaya, quien era un pescador que sirvió a las fuerzas patriotas y en cuya labor perdió la vida, convirtiéndose en héroe y mártir de la independencia. Gil de Castro al retratarlo lo ennoblece, poniéndolo al mismo nivel que virreyes y criollos aristócratas. En su novela *Cosa mentale*, el escritor chileno Antonio Gil recrea, en forma fragmentaria y fantasmal, la existencia de este pintor.

Gil de Castro hizo algunos retratos de los héroes chilenos más emblemáticos, como O'Higgins.

Hoy en día, en Chile hay una calle en su honor.

Fuente consultada: http://es.wikipedia.org/wiki/Jos%C3%A9_Gil_de_Castro

Biografía de Túpac Amaru II

José Gabriel Condorcanqui Noguera (Tinta, Perú, 19 de marzo de 1738 - Cuzco, Perú, 18 de mayo de 1781), mayormente conocido como Túpac Amaru II, fue un caudillo líder de la mayor rebelión indígena anticolonial que se dio en América durante el siglo XVIII; usó indistintamente los dos nombres.

Cacique de Surimana, Tungasuca y Pampamarca, era adinerado, dedicado al comercio. Se trataba de un personaje de origen mestizo en el que confluía la sangre del sapa inca Túpac Amaru y la de los criollos. De hecho, durante una gran parte de su vida, habiendo sido criado hasta los 12 años

Túpac Amaru II

por el sacerdote criollo Antonio López de Sosa y luego en el Colegio San Francisco de Borja, mostró preferencia por lo criollo, llegando a dominar el latín y utilizando refinadas vestimentas hispanas, aunque posteriormente vestiría como un noble inca y sería excomulgado de la Iglesia Católica.

Encabezó el mayor movimiento de corte indigenista e independentista en el Virreinato del Perú. Fue el primero en pedir la libertad de toda América de cualquier dependencia, tanto de España como de su monarca, implicando esto no solo la mera separación política, sino la eliminación de diversas formas de explotación indígena (mita minera, reparto de mercancías, obrajes), así como de los corregimientos, alcabalas y aduanas (10 de noviembre de 1780). Además, decretó la abolición de la esclavitud negra por primera vez en América (16 de noviembre de 1780). Su movimiento constituyó un "parteaguas", debido al cual las autoridades coloniales eliminaron a la clase indígena noble y acrecentaron la represión contra lo andino, por el temor de que algo así volviera a repetirse.

En Perú ha sido reconocido como el fundador de la identidad nacional peruana. Fue una figura capital para el régimen velasquista (1968-1975) y desde entonces ha permanecido en el imaginario popular reivindicado.

Riqueza

José Gabriel Condorcanqui realizó sus estudios con los jesuitas del Colegio San Francisco de Borja o Colegio de Caciques del

Cuzco. Dominaba el quechua, el castellano y el latín, estando entre sus lecturas los *Comentarios Reales* de Garcilaso de la Vega, las *Siete Partidas* de Alfonso el Sabio, las *Sagradas Escrituras*, el drama nativo *Apu Ollantay*, así como posterior y clandestinamente textos de Voltaire y Rousseau (en aquella época, censurados).

El 25 de mayo de 1758, contrajo matrimonio con Micaela Bastidas, y seis años después fue nombrado cacique de los territorios que le correspondían por elemental herencia. Condorcanqui fijó su residencia en la ciudad del Cuzco, desde donde viajaba constantemente para controlar el funcionamiento de sus tierras.

Debido a sus prósperas actividades económicas, Condorcanqui empezó a sufrir la presión de las autoridades españolas, en especial por presión de los arrieros argentinos que intentaban tener el monopolio del tránsito de mineral por el Alto Perú. Las autoridades españolas sometieron a Condorcanqui al pago de prebendas.

Vivía la situación típica de los curacas: tenía que mediar entre el corregidor y los indígenas a su cargo. Sin embargo, se vio afectado —como el resto de la población— por el establecimiento de aduanas y el alza de las alcabalas. Realizó reclamos sobre estos temas, pidiendo también que los indígenas fueran liberados del trabajo obligatorio en las minas, reclamos dirigidos por las vías regulares a las autoridades coloniales en Tinta, Cuzco y después en Lima, obteniendo negativas o indiferencia. Además, buscó que se le reconozca su linaje real inca, siguiendo por años un proceso judicial en la Audiencia de Lima, que finalmente fue rechazado.

Todo esto desencadenó la primera fase de la rebelión.

Sublevación: rebelión de Túpac Amaru II

En 1780, se inició el movimiento militar contra la dominación española por parte de José Gabriel Condorcanqui, quien adoptó el nombre de Túpac Amaru II, en honor de su antepasado. Al comienzo, el movimiento reconoció la autoridad de la Corona, ya que Túpac Amaru afirmó que su intención no era ir en contra del rey sino en contra del "mal gobierno" de los corregidores. Más tarde, la rebelión se radicalizó, llegando a convertirse en un movimiento independentista.

Con el apoyo de otros curacas, mestizos y algunos criollos, la rebelión se extendió. Entre sus ofrecimientos se hallaba la abolición tanto del reparto como de la alcabala, la aduana y la mita de Potosí.

La convocatoria de Túpac Amaru II buscó integrar a indígenas, criollos, mestizos y negros en un frente anticolonial, pero no pudo evitar que la masificación del movimiento convirtiera el accionar en una lucha racial contra españoles y criollos (en general, en la zona cuzqueña los criollos no tenían en su actuar antagonismos con los españoles, siendo como mucho contrarios a las reformas borbónicas pero fieles a la Corona en los demás aspectos).

Su movimiento tuvo dos fases:
- Primera fase o fase tupacamarista, donde destaca la hegemonía de José Gabriel Túpac Amaru y que es continuada tras su muerte por su primo Diego Cristóbal Túpac Amaru.
- Segunda fase o fase tupacatarista, donde destaca el protagonismo de Julián Apaza Túpac Catari.

Juzgamiento y ejecución

Intento de descuartizamiento

El 18 de mayo de 1781, en la Plaza de Armas del Cuzco, Túpac Amaru II fue obligado, tal y como señalaba la sentencia, a presenciar la ejecución de toda su familia. Ante su presencia ejecutaron a sus aliados y amigos, su esposa y sus dos hijos, en ese orden. Luego, le cortaron la lengua. En los días anteriores, había sido torturado con el objetivo de arrancarle información acerca de sus compañeros de rebelión, infructuosamente.

Se le intentó descuartizar vivo atando cada una de sus extremidades a sendos caballos, también de manera infructuosa, por lo que finalmente se optó por decapitarlo y posteriormente despedazarlo. Los científicos que han estudiado este tema concluyeron que por la contextura física de Túpac Amaru II era imposible despedazarlo de esa forma; sin embargo, se le dislocaron brazos y piernas junto con la pelvis. Aunque Amaru hubiera sobrevivido a ese intento de descuartizarlo, hubiera quedado prácticamente inválido. Su cabeza fue colocada en una lanza exhibida en Cuzco y Tinta, sus brazos en Tungasuca y Carabaya, y sus piernas en Levitaca y Santa Rosa (actual provincia de Chumbivilcas). A pesar de la ejecución de Túpac Amaru II y su familia, el gobierno virreinal no logró sofocar la rebelión, que continuó acaudillada por su primo Diego Cristóbal Túpac Amaru, al tiempo que se extendía por el Alto Perú y la región de Jujuy.

Reconocimiento

La fama de Túpac Amaru II se extendió a tal punto que los indígenas sublevados en el llano de Casanare, en la región de Nueva Granada, lo proclamaron "rey de América".

Movimientos posteriores invocaron el nombre de Túpac Amaru II para obtener el apoyo de los indígenas, caso entre otros de Felipe Velasco Túpac Amaru Inca o Felipe Velasco Túpac Inca Yupanqui, quien pretendió levantarse en Huarochirí en 1783.

Existe una coincidencia de objetivos del movimiento de Túpac y la Conspiración de los Tres Antonios descubierta en

Chile el 1 de enero de 1781, en pleno desarrollo de la insurrección. Probablemente, los conspiradores se animaron a actuar gracias a las noticias de los avances de Túpac Amaru II en el Virreinato del Perú.

La rebelión de Túpac Amaru II marcó el inicio de la etapa emancipadora de la historia del Perú, cuando este país se decide por su independencia luego de casi tres siglos de ser colonia española. Por su parte, Condorcanqui es considerado un precursor de la independencia del Perú. Incluso, actualmente su nombre y su figura son acogidos ampliamente por los movimientos indígenas andinos, así como por los movimientos de izquierda política.

Siglo XX

En Perú, el gobierno del general Juan Velasco Alvarado acogió la efigie estilizada de Túpac Amaru II como símbolo del gobierno revolucionario de las Fuerzas Armadas que él encabezaba. En su honor, renombró uno de los salones principales del Palacio de Gobierno. En otro sentido, su nombre también fue utilizado por el Movimiento Revolucionario Túpac Amaru o MRTA, grupo guerrillero que operó en Perú desde 1985 hasta 1997. El MRTA se dio a conocer internacionalmente, por la crisis de los rehenes de la Embajada de Japón durante el gobierno de Alberto Fujimori.

En Uruguay, los Tupamaros –también conocidos como Movimiento de Liberación Nacional o por sus siglas MLN-T– fueron un grupo insurgente que estuvo activo entre las décadas de 1960 y 1970, que se denominó como tal por la admiración y respeto que según sus militantes sentían por Túpac Amaru II.

Inspirándose en ellos, el Movimiento Tupamaro de Venezuela desarrolló acciones armadas entre 1992 y 1998, para después integrarse a la política formal.

En Estados Unidos, el famoso rapero 2pac (1971-1996) tuvo como nombre de nacimiento el de Túpac Amaru Shakur debido a la admiración que su madre Afeni Shakur (activista de la organización afroestadounidense Pantera Negra) tenía por Túpac Amaru II.

El cimarronismo en el Brasil

En Brasil, se constituyó la República de Palmares, al mando de Zumbi. Héroe de la Patria y líder de los negros del citado Quilombo dos Palmares, durante su mandato que ejerció con valentía y habilidad, llegó a acoger cerca de 20.000 esclavos convertidos en cimarrones.

En 1693, fue atacado por más de 6.000 soldados mercenarios y el palenque fue destruido, pero Zumbi logró escapar. Sin embargo, dos años más tarde, prefirió morir combatiendo, antes que ser esclavizado.

Para los negros de Brasil y del resto del continente americano, Zumbi no murió. Él está allí, animando las luchas de ayer, de hoy y de mañana, buscando la libertad, la igualdad y la solidaridad para su pueblo.

Biografía de Zumbi dos Palmares

Zumbi (Alagoas, Brasil, 1655 - 20 de noviembre de 1695) fue el último de los líderes del Quilombo dos Palmares.

La palabra *zumbi*, o *zambi*, proviene del africano quimbundo *nzumbi*, y significa, *grosso modo*, "duende".

Historia

El Quilombo dos Palmares, localizado en la actual región de União dos Palmares, Alagoas, era una comunidad autosustentable, un reino (o república, según algunos) formado por esclavos negros que habían escapado de las *fazendas* brasileñas. Ocupaba un área similar al tamaño de Portugal y se situaba

Busto de Zumbi dos Palmares en Brasilia, con la leyenda "El líder negro de todas las razas"

en el por entonces interior de Bahía, actualmente estado de Alagoas. En aquel momento, su población alcanzaba las 30.000 personas.

Zumbi nació libre en Palmares, Pernambuco, en 1655, pero fue capturado y entregado a un misionero portugués cuando tenía aproximadamente 6 años. Bautizado Francisco, Zumbi recibió los sacramentos, aprendió el portugués y el latín, y ayudaba diariamente en la celebración de la misa. A pesar de las tentativas de "civilizarlo", Zumbi escapó en 1670, y a sus 15 años, regresó a su lugar de origen. Zumbi se volvió conocido por su destreza y astucia en la lucha, y ya era un estratega militar respetable cuando pasó los 20 años de edad.

En 1678, el gobernador de la Capitanía de Pernambuco, cansado del largo conflicto con el Quilombo dos Palmares, se aproximó al líder de Palmares, Ganga Zumba, con una oferta de paz. Fue ofrecida la libertad de todos los esclavos que habían huido si a cambio se ponía el Quilombo bajo la autoridad de la Corona portuguesa; la propuesta fue aceptada. Pero Zumbi miraba a los portugueses con desconfianza. Rechazó la libertad para las personas del Quilombo mientras otros negros continuaran siendo esclavizados. Rechazó también la propuesta del gobernador y desafió el liderazgo de Ganga Zumba. Prometiendo continuar la resistencia contra la opresión portuguesa, Zumbi se convirtió en el nuevo líder del Quilombo dos Palmares.

Quince años después de que Zumbi asumió el liderazgo, el *bandeirante* paulista Domingos Jorge Velho fue llamado para organizar la invasión del Quilombo. El 6 de febrero de 1694, la capital de Palmares, Macaco, fue destruida y Zumbi fue herido.

A pesar de haber sobrevivido, sufrió la traición de su compañero, el ex esclavo Antonio Soares.

Zumbi es sorprendido por el capitán Furtado de Mendonça en su reducto (probablemente, la Serra Dois Irmãos).

Apuñalado, resiste, pero es matado con 20 guerreros casi dos años después de la batalla, el 20 de noviembre de 1695.

Su cabeza fue cortada, salada y llevada al gobernador de Pernambuco, Caetano Melo e Castro. En Recife, fue expuesta en la plaza pública, buscando desmentir la creencia popular sobre la inmortalidad de Zumbi.

El 14 de marzo de 1696, Melo e Castro le escribió al rey: *"Determiné que pusiesen su cabeza en un poste en el lugar más público de esta plaza, para satisfacer a los ofendidos y justamente quejosos, y atemorizar a los negros que supersticiosamente juzgaban a Zumbi como inmortal, para que entendiesen que esta empresa acababa del todo con los Palmares".*

Zumbi es hoy, para la población brasileña, un símbolo de resistencia. En 1995, la fecha de su muerte fue adoptada como Día de la Conciencia Negra en algunas partes de Brasil.

Es también uno de los nombres más importantes de la *capoeira*.

Cronología

- Alrededor de 1600: Negros escapados del trabajo esclavo en los ingenios de azúcar, en los actuales territorios de Pernambuco y Alagoas, fundan en la Serra da Barriga el Quilombo dos Palmares. Los quilombos eran pueblos de resistencia, seguían los moldes organizacionales de la República y recibían esclavos escapados de la opresión y la tiranía. Para muchos, era la tierra prometida, un lugar para huir y resguardarse de la esclavitud.

La población de Palmares en poco tiempo ya contaba con más de 3.000 habitantes. Las principales funciones de los quilombos eran la subsistencia y la protección de sus habitantes, y recibían constantes ataques de ejércitos y milicias.

- 1630: Comienzan las invasiones holandesas al nordeste brasileño, lo que desorganiza la producción azucarera y facilita las fugas de los esclavos. En 1644, hubo una gran tentativa holandesa de aniquilar el Quilombo dos Palmares, que como en las anteriores embestidas portuguesas, fue repelida por las defensas de los *quilombolas*.
- 1654: Los portugueses expulsan a los holandeses del nordeste brasileño.
- 1655: Nace Zumbi, en uno de los *mocambos* de Palmares, nieto de la princesa Aqualtune.
- Aproximadamente en 1662 (fecha no confirmada): Aún siendo niño, Zumbi es apresado por soldados portugueses y llevado a Porto Calvo, donde es entregado al padre jesuita Antonio Melo, quien lo bautizó con el nombre de Francisco. Pasó a ayudar en las misas y a estudiar portugués y latín.
- 1670: Zumbi a los 15 años de edad huye y regresa a Palmares; en este mismo año de 1670, Ganga Zumba, hijo de la princesa Aqualtune, tío de Zumbi, asume el mando del Quilombo, por entonces con más de 30.000 habitantes.
- 1675: En la lucha contra los soldados portugueses comandados por el sargento Manuel Lopes, Zumbi demuestra ser un gran guerrero y organizador militar. Ese año, la tropa portuguesa comandada por Lopes, después de una sangrienta batalla, ocupa un *mocambo* con más de 1.000 *choupanas*. Después de una retirada de cinco meses, los negros contraatacan, entre ellos

Zumbi, con apenas 20 años de edad, y luego de un combate feroz, Manuel Lopes es obligado a retirarse a Recife. Palmares se extendía entonces desde la orilla izquierda del río São Francisco hasta el cabo de Santo Agostinho y tenía más de 200 kilómetros de extensión; era una república con una red de 11 *mocambos*, que se asemejaban a las ciudades amuralladas medievales de Europa, pero en vez de piedras se usaban empalizadas de madera. El principal *mocambo*, fundado por el primer grupo de esclavos forajidos, quedaba en la Serra da Barriga y llevaba el nombre de Cerca do Macaco; tenía dos calles espaciosas con unas 1.500 *choupanas* y unos 8.000 habitantes. Amaro, otro *mocambo*, tenía 5.000. Y había otros, como Sucupira, Tabocas, Zumbi, Osenga, Acotirene, Danbrapanga, Sabalangá y Andalaquituche.

- 1678: Pedro de Almeida, gobernador de la Capitanía de Pernambuco, estaba más interesado en la sumisión de Palmares que en su destrucción. Luego de innumerables ataques con la destrucción e incendios de *mocambos*, estos eran reconstruidos, hecho por el cual pasaron a ser económicamente poco atractivos, los habitantes de los *mocambos* extraían aceite de nuez de palma, y sus vestimentas eran hechas de cortezas de algunos árboles; producían manteca de coco, plantaban maíz, mandioca, legumbres, porotos y caña, y comercializaban sus productos con pequeñas poblaciones vecinas, de blancos y mestizos. El gobernador propone la paz al jefe Ganga Zumba. Ganga Zumba acepta, pero Zumbi no lo apoya, no admite que unos negros sean liberados y otros continuaran siendo esclavos. Por otra parte, los habitantes del Quilombo tenían sus propias costumbres y creencias, a las cuales tendrían que renunciar al menos en parte.

- 1680: Zumbi asume el lugar de Ganga Zumba en Palmares y comanda la resistencia contra las tropas portuguesas.
- 1694: Domingos Jorge Velho y Vieira de Melo comandan el ataque final contra la Cerca do Macaco, principal *mocambo* de Palmares y donde Zumbi nació, cercada con tres empalizadas, cada una defendida por más de 200 hombres armados; luego de noventa y cuatro años de resistencia, sucumbió ante el ejército portugués, y aunque estaba herido, Zumbi consigue huir.
- 1695 (20 de noviembre): Zumbi, traicionado y denunciado por su antiguo compañero Antonio Soares, fue localizado, atrapado y degollado a los 40 años de edad. Así se convirtió en leyenda y fue ampliamente reivindicado por los abolicionistas como un héroe y mártir.

Tributo

Actualmente, el día 20 de noviembre es celebrado en algunas regiones de Brasil como Día de la Conciencia Negra. El día tiene un significado especial para los afrobrasileños, que reverencian a Zumbi como un héroe que luchó por la libertad y se convirtió en sinónimo de ella. Hilda Dias dos Santos incentivó la creación del Memorial Zumbi dos Palmares.
Fuente consultada: http://es.wikipedia.org/wiki/Zumbi_dos_Palmares

El cimarronismo y la independencia en el sur de América

En el Cono Sur (Argentina, Uruguay, Paraguay y Chile), los negros también llegaron con los conquistadores. Se recuerda el caso de Juan Valiente, quien fue uno de los 150 negros que acompañaron a Diego de Almagro en su difícil expedición a Chile en el año 1535. Luego se unió a la expedición de Pedro de Valdivia, como soldado libre, "con armas y caballos propios"; por sus servicios, recibió tierras y otros privilegios.

Biografía de Juan Valiente

Juan Valiente (¿1505?, África Occidental - Tucapel, Chile, 1553) fue un conquistador negro español.

Al igual que otros conquistadores negros como Juan Garrido y Sebastián Toral en México, o Juan Bardales en Honduras y Panamá, o Juan García en Perú y Juan Beltrán en Chile, que fue encomendero y capitán del fuerte de Villarrica, Valiente había nacido con otro nombre en África Occidental hacia 1505 y llegó como esclavo a México, donde hacia 1530 fue comprado por un español llamado Alonso Valiente, quien lo bautizó y lo llevó a trabajar a su casa, en Puebla.

Juan se cansó de esta vida doméstica y en 1533 convenció a su amo de que lo dejara ir para buscar nuevas oportunidades como conquistador por un período de cuatro años, al cabo del cual regresaría con las ganancias obtenidas. Firmaron un acuerdo y Juan llegó a Guatemala a tiempo para unirse a la expedición de Pedro de Alvarado que se dirigía a Perú. Allí fue donde se unió a la compañía de Diego de Almagro y puso rumbo hacia el sur. Llegó por primera vez a Chile junto a Almagro y participó luego en la compañía de Pedro de Valdivia.

Valiente contribuyó a fundar Santiago de Chile en 1546 y fue premiado con una hacienda en las afueras de la ciudad. Cuatro años más tarde, recibió una encomienda y alcanzó a formar una familia con Juana de Valdivia, con seguridad una ex esclava negra del gobernador.

En Chile, Valiente consiguió cierta fortuna y pudo vivir en libertad, pero a miles de kilómetros de allí Alonso Valiente no había olvidado la inversión que le significaba ser propietario de un conquistador. Le concedió un nuevo plazo y, más tarde, en 1541, envió a un nieto suyo para que lo recobrara o negociara con su esclavo un buen precio para manumitirlo. Sin embargo, Juan nunca olvidó su condición de esclavo y comisionó a un oficial real en 1550 para comprar su libertad, pero este terminó escapándose con los fondos.

Alonso Valiente insistió en recuperar su inversión, pero entonces ya era muy tarde, pues el cuerpo de Juan Valiente descansaba en la Araucanía, donde cayó junto con las huestes de Pedro de Valdivia en la batalla de Tucapel.

Fuente consultada: http://es.wikipedia.org/wiki/Juan_Valiente

Otros casos en el Cono Sur

En Uruguay, se dieron conspiraciones como la de Montevideo en 1803, la cual logró pacificarse con un tratado favorable a los negros.

En Paraguay, en el año 1525, se registra el caso de un mulato que perteneció al séquito de Alejo García. En 1740, don Rafael de la Moneda funda el pueblo de Pardos Libres de la Emboscada. Y en el año 1821, el dictador Francia acoge a los compañeros negros de Artigas, les da tierra y utensilios de labranza. Pero solamente en el artículo 25 de la Constitución de 1870 se ratifica la supresión de la esclavitud en Paraguay.

En Argentina, se registra el caso del *Negro* Falucho, soldado y mártir, quien siendo muy joven ingresó al Batallón de Pardos y Morenos en el Ejército del Norte. Más tarde, formó parte de las tropas que se incorporaron al ejército del general José San Martín, permaneciendo en ellas por catorce años, donde combatió por la causa de la libertad. Finalmente se encontró entre dos fuegos, los realistas que le exigían honrar la bandera española y los patriotas que le gritaban "¡Revolucionario!", a lo que él respondió: "Malo es ser revolucionario, pero peor es ser traidor". Fue arrestado y fusilado por sus antiguos camaradas el 7 de febrero de 1824, pero antes lanzó su grito inolvidable, "¡*Viva Buenos Aires!*", grito que encierra toda la devoción a su

Patria y toda la dignidad del hombre negro (*Líderes negros en América Latina*, Verbo Comunicaciones, 1992, pág. 29).

Biografía del *Negro* Falucho

Monumento al soldado Falucho

Cuenta Bartolomé Mitre, en su obra Historia de San Martín y de la emancipación sudamericana, que cuando la fortaleza argentina en El Callao, Perú, se sublevó y el fuerte quedó en manos enemigas, un soldado de esa guarnición se negó a enarbolar la bandera española. Se llamaba Antonio Ruiz, alias el Negro Falucho. Sus últimas palabras antes de ser fusilado por los realistas fueron: "Malo es ser revolucionario, pero peor es ser traidor".

Soldado argentino nacido hacia fines del siglo XVIII, su verdadero nombre era Antonio Ruiz. Fue uno de los soldados que se incorporó al Ejército Patriota que luchó por la independencia de América. Se hallaba de servicio en el Alto Perú, cuando se produjo un motín realista en el puerto de El Callao. *El Negro* Falucho fue fusilado en 1824 por los españoles al negarse a rendir honores a la bandera enemiga.

El soldado Falucho

La noche del 4 al 5 de febrero de 1824, se sublevó la guarnición patriota de El Callao, la cual estaba compuesta por los restos del Ejército de los Andes; que eran el Regimiento Río de la Plata, los batallones 2º y 5º de Buenos Aires, y los artilleros de Chile, a los que se les unieron dos escuadrones amotinados del Regimiento de Granaderos a Caballo.

Estos pobres soldados se sublevaban porque les debían cinco meses de paga, a lo que se agregó que el día anterior se habían abonado los sueldos de los jefes y oficiales; el deseo de regresar a la Patria, ya sea Buenos Aires o Chile, y la repugnancia de tener que embarcarse hacia el norte para engrosar el ejército de Bolívar dieron comienzo al motín. Fue encabezado por Dámaso Moyano y Francisco Oliva, ambos sargentos del Regimiento del Río de la Plata; la tropa se entregó a los excesos. Al ver la indisciplina reinante, el mulato Moyano aceptó la sugerencia de Oliva de consultar al coronel realista José María Casariego, que estaba prisionero y alojado allí; este vio el partido que podía sacar de la situación y aconsejó reemplazar a los jefes patriotas por los españoles.

Los peruanos no se decidían a pagar los sueldos atrasados; Casariego los convenció de que se unan a las filas realistas donde serían recompensados, mientras que en las patriotas recibirían castigo. En medio de este desorden, se desenlaza la admirable historia de Falucho. En esto vamos a seguir el relato de Mitre que él publicó por primera vez el 14 de mayo de 1857 en el periódico *Los Debates*.

La noche del 6 de febrero hacía guardia en el Torreón del Rey Felipe *el Negro* Falucho, que pertenecía al Regimiento del Río de la Plata. A Falucho, este era su nombre de guerra, se lo conocía por su valentía y por su patriotismo; era porteño y amaba a su ciudad. Como muchos en caso igual, había sido envuelto en la sublevación, que hasta aquel entonces no tenía más carácter que un motín de cuartel. "Mientras que aquel oscuro centinela", cuenta Mitre, "velaba en el alto torreón del castillo, donde se elevaba el asta-bandera, en que hacía pocas horas flameaba el pabellón argentino, Casariego decidía a los sublevados a enarbolar el estandarte español en la oscuridad de la noche, antes de que se arrepintiesen de su resolución". En ese momento se presentan ante *el Negro* Falucho los soldados con el estandarte español, contra el cual combatía desde hacía catorce años. Falucho no lo podía creer, y sintiéndose totalmente humillado, se arrojó al suelo y lloró amargamente. Los soldados, con órdenes de subir el pabellón español, ordenaron a Falucho que presente el arma al pabellón del rey que se iba a enarbolar. Falucho contestó con melancolía recogiendo el fusil que había dejado caer: "Yo no puedo hacer honores a la bandera contra la que he peleado siempre", a lo que le gritaron: "¡Revolucionario! ¡Revolucionario!".

Según Mitre, Falucho les contestó: "'¡Malo es ser revolucionario, pero peor es ser traidor!'... y tomando su fusil por el cañón, lo hizo pedazos contra el asta de la bandera, entregándose nuevamente al más acerbo dolor. Los ejecutores de la traición, apoderándose inmediatamente de Falucho, le dicen que iba a morir y haciéndolo arrodillar en la muralla que daba frente al mar, cuatro tiradores le abocaron a quemarropa sus armas al pecho y a la cabeza. En aquel momento brilló el fuego de cuatro fusiles, se oyó su detonación; resonó un grito de '¡Viva Buenos Aires!', y luego entre una nube de humo se oyó el ruido sordo de un cuerpo que caía al suelo".

Escribió Mitre que Falucho había nacido en Buenos Aires y su verdadero nombre era Antonio Ruiz. La historia de Falucho fue publicada nuevamente por Mitre en el periódico *La Nación* del 6, 7, 8 y 9 de abril de 1875. Años después, aparece la obra *Historia de San Martín y de la emancipación americana*. Con respecto a Falucho, Mitre escribió lo siguiente: "La bandera española fue enarbolada en el Torreón Independencia, con una salva general de los castillos (7 de febrero). Un negro, soldado del Regimiento del Río de la Plata, nacido en Buenos Aires, llamado Antonio Ruiz (por sobrenombre Falucho), que se resistió a hacerle honores, fue fusilado al pie de la bandera española. Murió gritando: '¡Viva Buenos Aires!'".

Bartolomé Mitre tomó como base de la historia de Falucho testimonios verbales del general Enrique Martínez, jefe de la División de los Andes; el testimonio de los coroneles Pedro

José Díaz (a cuyo cuerpo pertenecía Falucho) y Pedro Luna; y el testimonio escrito del coronel Juan Espinosa. Mitre diría a continuación que hubo dos negros Falucho, aduciendo que este sería un apodo genérico que se daba a los héroes desconocidos de raza negra. Desde la primera publicación de Mitre se levantaron críticos y detractores. En 1899, Manuel J. Mantilla escribió en su libro *Los negros argentinos* que se decía que hubo dos Faluchos, el fusilado, del que dan testimonio Martínez, Díaz y Espinosa, y otro más que vivía en Lima en 1830, según carta del general Miller a San Martín del 20 de agosto de ese año. Miller lo nombraba diciendo que "el morenito Falucho, que era de la compañía de cazadores del número 8 y tomó una bandera en Maipú", le mandaba saludos a San Martín. Lo que indica que Falucho había uno solo, y era muy bien conocido; pertenecía al Batallón 8º. Lo atestigua, además de Miller, el general Tomás Guido.

Según el historiador Mantilla, en una lista de fines de 1819, había un cabo segundo Antonio Ruiz en la compañía del capitán Manuel Díaz. Mientras que en la de Pedro José Díaz no había ningún Antonio Ruiz. Muchos autores afirman que la muerte heroica de Falucho fue un invento de Mitre. A la luz de todos los testimonio existentes, lo único que se sabe con seguridad es que murió heroicamente, en El Callao, un soldado negro que no quiso rendir homenaje a la bandera realista. Pero ciertamente este soldado no era Falucho. Falucho fue un soldado negro en el Batallón 8º del Ejército de los Andes que posiblemente fuera el cabo segundo Antonio Ruiz. Este soldado era bien conocido por San Martín y Guido, y vivía en Lima en 1830.

Fuentes consultadas: la investigación y elaboración de la biografía de Falucho pertenece a Martín A. Cagliani, estudiante de Historia y Antropología en la Facultad de Filosofía y Letras de la Universidad de Buenos Aires.
http://club.telepolis.com/arteafricano/PERSONAJES.htm

Los olvidados de la revolución

Los esclavos negros, los pardos y los hombres libres de color participaron activamente en una serie de combates patrióticos que desembocaron en las luchas por la independencia a partir de 1810. La primera actuación de relieve fue bajo las órdenes del capitán general don Pedro Cevallos, en la toma de Colonia de Sacramento, contra Portugal, episodio con el cual fue inaugurado el Virreinato del Río de la Plata. Asimismo, las invasiones inglesas en 1806 y 1807, y las luchas por la independencia principalmente como soldados del Ejército de los Andes. Los diferentes ejemplos son reveladores del patriotismo de estos hombres, posteriormente olvidados por la historia oficial. Sin embargo, y a pesar del heroísmo de muchos de estos soldados, la integración social a la Patria fue difícil a partir de los años 1820, y la abolición de la esclavitud no fue promulgada por la revolución.

Los soldados de la libertad

A partir de 1813, y dada la ofensiva realista en todo el sur de América, el gobierno facilitó el rescate de esclavos, en primer lugar los de los españoles, para aumentar el número de soldados. Los amos se negaron por lo general a entregar a sus siervos, ocultando parte de ellos a las autoridades, hecho que fue denunciado por los mismos esclavos. Los ciudadanos patriotas hacen donativos de esclavos; en algunos casos, se separan de los más insumisos o de los borrachos. Con la progresión de la guerra, muchos esclavos huyen de sus amos para alistarse en el ejército. Después de cinco años de leales servicios, los esclavos podían ganar la libertad. El director supremo decreta una leva de todos los esclavos de edad de 16 a 30 años que pertenecen a europeos españoles residentes en estas provincias. "Al concluir el exercicio de la guerra quedarían libres" (AGN X-32-10-1, fol. 160; AGN X-43-6-7; ver también Klachko Rotman, ob. cit., fol. 123).

Los vagos y ociosos constituyen también futuros soldados, y en abril de 1814 el gobierno pide que "se recojan y apliquen al servicio militar para reemplazar la grande falta que tienen los regimientos de músicos y tambores. Asimismo, y habiéndose decretado por el director supremo la formación de dos compañías veteranas de pardos y morenos libres con destino al Regimiento de Infantería, sírvase V.S. prevenir… a quienes manden las partidas del celo de la ciudad para que se aprehenda todo individuo de esta clase y se le destine a completar la fuerza dicha, bien entendido que son exceptuados los que fueran dueños de tiendas o talleres públicos, siempre que por sí lo manejen" (AGN X-43-6-9, Policía, Libertos).

En 1817, 406 esclavos son rescatados para integrar el Batallón de Cazadores. La lista de los nuevos reclutas indica que, a pesar de que la ley impedía que se alistaran los jóvenes menores de 16 años, varios niños formaron parte del dicho Batallón, como Miguel Pestana, de 10 años de edad, o Antonio Moslera, de solo 8.

El rescate costó poco dinero y los chiquillos fueron considerados "aptos para el servicio de las armas". Es probable que hayan figurado como "tambores", aunque nada lo precisa.

A pesar de las reticencias de los amos que, por lo general, se opusieron a los rescates, los esclavos y los pardos libres constituyeron un contingente importante de los regimientos patriotas de infantería. Los Batallones de Cazadores 7º y 8º (este último compuesto de libertos) del Ejército de los Andes participaron en los combates de Chacabuco, Cancha Rayada y Maipú. Los que sobrevivieron formaron en el Perú el Regimiento del Río de la Plata.

La revolución tuvo sus héroes negros, entre los cuales el más célebre fue Antonio Ruiz o Falucho, veterano de Chacabuco y Maipú, que se negó en Lima a saludar la bandera realista y fue fusilado por su cuerpo; los soldados se habían rebelado porque no recibían sueldo. La leyenda cuenta que murió al grito de "¡Viva Buenos Aires!". En la expedición de San Martín para auxiliar a Manuel Belgrano, después de la derrota de Ayohuma (1813), había 800 libertos integrados en el Batallón 7º (Marcos Estrada, *Argentinos de origen africano*, Eudeba, Buenos Aires, 1979, págs. 79-84).

Otros nombres de patriotas negros fueron salvados del olvido. Todos no eran criollos, pues también los hubo "bozales", como Andrés Ibáñez, del 8º Batallón de Cazadores, que había nacido en África y había sido vendido a la edad de 15 años. Obtuvo el grado de capitán y ganó cinco medallas. Después de las guerras de independencia se instaló en Buenos Aires y abrió una pulpería. Manuel Macedonio Barbarín, de nacionalidad calivali, había llegado a Buenos Aires a fines del siglo XVIII. Como muchos otros esclavos, peleó en la defensa armada de la ciudad y en 1810 obtuvo el grado de capitán de milicias. Posteriormente, Barbarín combatió en favor de la independencia y cuando murió en 1836, la *Gaceta Mercantil* publicó una "Canción fúnebre a la sensible muerte del benemérito teniente coronel don Manuel Barbarín" para deplorar "la pérdida funesta e irreparable de un militar valiente y memorable" (Klachko Rotman, ob. cit., págs. 288 y 289).

Por decreto del 3 de noviembre de 1821, se pone un término al rescate de esclavos para el ejército. Entre 1813 y 1818, 2.074 esclavos se convierten en libertos. Estos constituyen los contingentes más importantes si se tiene en cuenta que en la batalla de Sipe Sipe, cerca de Cochabamba (noviembre de 1815), los dos batallones de negros y de mulatos libres fueron prácticamente aniquilados. Las consecuencias demográficas de las guerras de independencia explican en parte la paulatina desaparición de la gente de color de Buenos Aires. Sin embargo, para estos hombres de baja condición social, las armas fueron indudablemente una vía de promoción social. En lo que respecta a la integración de la gente de color a la nueva Nación, esta fue paulatina y difícil. El temor de las elites a la plebe explica que, al finalizar las guerras de independencia, los negros, mulatos y pardos se encontraran divididos en numerosas sociedades africanas (grupos de ayuda mutua unidos por vínculos culturales y religiosos), controladas por la Policía. El desarrollo tardío de decenas de asociaciones rivales fue una manera política de diluir la identidad popular de los descendientes de africanos en una serie de rasgos "étnicos". Pero esta es una historia que retomaremos en otra ocasión.

Fuente consultada: http://nuevomundo.revues.org/58416

SANTAFÉ DE BOGOTÁ, 20 DE JULIO - 15 DE AGOSTO DE 1810

De esta manera, luchando por la libertad y por la independencia, puesto que "para ser libre, hay que ser independiente", se encontraba la comunidad negra, al producirse el "grito de independencia" el 20 de julio de 1810, en Santafé de Bogotá, capital de la Nueva Granada, hoy República de Colombia.

"La fecha 20 de julio de 1810 es conocida por todos los colombianos por ser la que se identifica como el Día de la Independencia Nacional. Lo que indica la historia es que ese día ocurrió en Santafé, la capital del Virreinato de Nueva Granada, una revuelta en la que participaron prácticamente todos los habitantes de la ciudad, y que tuvo como resultado la destitución de las autoridades españolas, representadas en el virrey Amar y Borbón; además se instituyó una Junta de Gobierno, acción que venía siendo solicitada al virrey desde hacía un tiempo por varios patriotas criollos y sobre la cual siempre se tenía una negativa a la petición. Dicha Junta no pretendía gobernar solamente en Santafé, se proclamó como Junta Suprema de todo el Virreinato de Nueva Granada, no solo de Santafé, y convocó diputados representantes de todas las provincias del Virreinato.

La instauración de la Junta pretendía ser una solución a la crisis de gobierno que enfrentaba España por la invasión de Napoleón; de esta manera, las colonias aseguraban su autonomía frente a una posible invasión francesa. Cuando se instaló la Junta no se buscaba la independencia de España; de hecho, el virrey Amar y Borbón fue su presidente, y en el acta que se redactó y firmó en la madrugada del 21 de julio de 1810 se jura lealtad al entonces rey de España, Fernando VII. La idea de independencia absoluta comenzó a rondar después en la mente de algunos de los criollos que lideraban el movimiento independentista, y el acta que proclama la independencia de España se firma el 26 de julio de 1810; en ella se desconocía la autoridad del Consejo de Regencia sobre el Virreinato de Nueva Granada; por esa razón, cuando entró a Santafé el 1 de agosto, Antonio Villavicencio no fue recibido en calidad de enviado del gobierno español.

Dentro de los sucesos importantes ocurridos en Santafé entre los meses de julio y agosto de 1810, se cuenta la prisión que se decidió dar al virrey Amar y a su esposa el 25 de julio. El virrey fue conducido al Tribunal de Cuentas donde en medio de una serie de beneficios continuaba su trato como personaje importante, mientras la virreina, en las mismas condiciones, era conducida al Convento de Santa Gertrudis. La prisión con trato preferencial duraría hasta el 13 de agosto, cuando a petición de los habitantes de la ciudad, el virrey y su esposa son trasladados a la Cárcel de la Corte y la Cárcel del Divorcio, respectivamente.

En el tránsito entre uno y otro lugar de reclusión, la virreina es agredida físicamente por un grupo de mujeres a las que no valió la custodia que llevaba por parte de miembros de la Junta Suprema.

Ante la agresión, la Junta decide apoyar a un grupo de habitantes de Santafé que deciden excarcelar a los virreyes y sacarlos a escondidas de la ciudad rumbo a Cartagena, donde debían embarcarse de regreso a España.

Pero no solo entre el 20 y el 26 de julio la ciudad de Santafé estuvo inmersa en un movimiento transformador por parte de sus habitantes; ese era el inicio de una serie de acontecimientos y batallas que serían necesarios para consolidar la independencia y que se prolongarían hasta el año 1824. Fueron importantes y necesarios sucesos como la batalla de Puente de Boyacá el 7 de agosto de 1819; el ocurrido el 10 de octubre de 1821, cuando los españoles entregan Cartagena a los patriotas después de haber estado la ciudad sitiada por varios meses; la batalla del Lago de Maracaibo, ocurrida el 24 julio de 1823, y finalmente la batalla de Ayacucho, ocurrida el 9 de diciembre de 1924, en la cual pelearon en su mayoría soldados colombianos comprometidos con expulsar definitivamente el Imperio español de suelo americano".

Fuente consultada: www.bicentenarioindependencia.gov.co - Alta Consejería para el Bicentenario de la Independencia

Epílogo

Proclamada la independencia y expulsado el virrey Amar y Borbón de Santafé, los dirigentes criollos se dividieron en dos bandos irreconciliables, dirigidos por Antonio Nariño y Camilo Torres, quienes se enfrascaron en discusiones bizantinas por formar una república centralista o federalista, respectivamente; sin tener en cuenta la realidad económica y social del pueblo granadino que los apoyaba y que les exigía reformas urgentes que mejoraran la crítica situación por la que atravesaban; dicho período se conoce en nuestra historia con el despectivo nombre de "la Patria boba".

Capítulo II
De los palenques a la independencia

Los anhelos de libertad, igualdad e independencia estaban presentes en las mentes de las "masas populares" o el "pueblo soberano" de la Nueva Granada a principios del siglo XIX; de modo que los indios, los negros, los mestizos, los mulatos y los zambos, es decir, "las castas" o "el pueblo", expresaban públicamente su inconformidad contra el despotismo del gobierno español, bajo el lema de "Viva el rey y muera el mal gobierno".

Los acontecimientos ocurridos en España y Portugal, con la invasión francesa en 1808, las abdicaciones de Bayona y la prisión de Fernando VII –quien tuvo que renunciar a su reinado y su corona en favor del emperador Napoleón Bonaparte, quien la cedió a su hermano mayor José Bonaparte, convirtiéndose este, de la noche a la mañana, en José I, rey de España y de las Indias, es decir, de toda la América Hispana–, agravaron el descontento popular y agilizaron la lucha por la independencia que ardía en las mentes de las clases populares, el pueblo soberano o las castas, como generalmente se les llamaba a quienes carecían de linaje, fortuna o apellidos famosos.

Los criollos ricos aprovecharon el descontento popular para exigir mayor participación en la Junta de Gobierno, así como un trato igualitario en las Cortes de España, pero cuando estos privilegios les fueron negados, se sumaron al clamor popular y lograron liderar el movimiento de masas que ya se encontraba maduro y solo necesitaba una chispa, un incidente cualquiera, para encender la hoguera de la revolución; ese incidente se presentó con el famoso Florero de Llorente, el día 20 de julio de 1810.

El Florero de Llorente

La historia, a través de su uso público, construye imágenes, mitos y narraciones del pasado utilizando una iconografía y una narrativa histórica para conocimiento de todos. Para tal fin se sirve de monumentos, bustos, textos escolares de historia, himnos, museos, festividades patrias, etcétera. La construcción de la historia de la independencia indica que el español José González Llorente, luego de negarse a prestar un florero que le había sido solicitado para arreglar la mesa con la que agasajarían al comisionado regio y criollo Antonio Villavicencio, había exclamado la frase "Me cago en Villavicencio y todos los americanos", siendo este insulto a un criollo y la negativa del préstamo la causa del pleito que dio origen al movimiento independentista del 20 de julio en Santafé de Bogotá.

De esta manera, el discurso histórico acerca del origen de nuestra independencia y la construcción de la Patria se construyó alrededor de un objeto histórico que ha servido de testimonio material del suceso y a través del que se evoca el recuerdo de este, convirtiéndose Colombia en "la Patria del florero".

Hoy, cuando muchos estudios históricos han aclarado la manera en que se fue fraguando la idea de nuestra independencia, el Florero de Llorente solo aparece en algunos como el detonante para iniciar las acciones de aquel memorable 20 de julio. De este histórico objeto reposa en el Museo Casa del Florero una parte a la que se le han realizado investigaciones que han hecho suponer que no era un florero, sino parte de un objeto más grande como un centro de mesa debido al tamaño de la loza. Esta pieza de estilo barroco es de loza blanca y posee un follaje verde que simula hojas; también tiene el sello real de Carlos III de Borbón, lo que hace pensar que este fue elaborado en el siglo XVIII en una fábrica del rey Carlos III llamada El Buen Retiro, dedicada a fabricar piezas para la realeza. En su composición, este objeto tiene vidrio con óxidos de plomo, esmaltes de cobre, pan de oro, polvo de oro y oro coloidal en la corona y otras partes de la pieza, lo que ratifica que en su momento fue un objeto que le daba un gran estatus a quien lo adquiriera.

La procedencia de este objeto y la manera en que siendo una pieza tan costosa llegó a manos de Llorente es una de las tantas incógnitas que existen alrededor de la pieza. Tampoco se sabe dónde lo tenía Llorente y cómo se rompió, se supone que fue durante el altercado con los Morales. Sin embargo, es extraño que siendo un objeto tan valioso, González Llorente no hiciera referencia a ese daño durante sus declaraciones.

No es clara tampoco la manera en que transitó de la tienda de Llorente a diferentes casas bogotanas hasta llegar a la del pintor Epifanio Garay, quien lo donó al Museo Nacional de Colombia en 1882. Lo que sí es claro es el hálito de dudas alrededor de su originalidad; prueba de ello es que en el catálogo del Museo Nacional del año 1886, don Fidel Pombo escribe esto en una leyenda: "La base o loza fina con las armas de España en relieve, doradas, que se dice fue el florero histórico que el 20 de julio de 1810 dio origen a la disputa entre el español Llorente y el americano Morales que causó la asonada de ese día y el principio de la guerra de nuestra independencia".

Ese "que se dice" dejaba abierta al público la posibilidad de creer o no que fuese esta pieza la que realmente originó la independencia.

Sea cierta o no la historia, y original o no el florero que reposa en el Museo Casa del Florero, este seguirá siendo parte de la tradición y de la historia que se ha construido acerca de la independencia y de aquel 20 de julio de 1810.

Fuente consultada: http://www.bicentenarioindependencia.gov.co/contexto/florero/florerodellorente.asp

Oscar Maturana

Participación de las minorías de color en la historia colombiana

"En 1810, los notables de los cabildos convocaron al pueblo para legitimar la deposición de los gobernantes locales y la erección de juntas, pero no dudaron acerca de que ellos fueran los llamados a dirigirlo" (Margarita Garrido, *Nueva Granada entre el orden colonial y el republicano: lenguajes e imaginarios sociales y políticos. Las independencias hispanoamericanas*, 2009, pág. 100).

"Siguiendo la costumbre colonial de juntarse en las plazas para hacer exigencias a los gobernantes, especialmente para reclamar lo que se creía justo, ya fuera la deposición de una autoridad, la derogación de un gravamen o el control del alto precio de un bien, los vecinos y moradores de villas y ciudades, convocados por los cabildos o por sus líderes, irrumpieron en los escenarios a mediados de 1810 y pusieron en suspenso los gobiernos provinciales coloniales. En Cartagena, el 14 de junio (1810), el Cabildo y el pueblo depusieron al gobernador Francisco de Montes, el 2 de julio el pueblo de Mompox expulsó al comandante Vicente Talledo, al otro día (3 de julio de 1810) el Cabildo de Cali, con el apoyo del pueblo, declaró su autonomía con respecto al gobernador Miguel Tacón de Popayán; el 4 de julio, en Pamplona, la multitud asaltó en plena plaza pública al gobernador Juan Bastús y Falla despojándolo de su bastón y haciéndose cargo del gobierno; en El Socorro, el 10 de julio el Cabildo y el pueblo depusieron al gobernador José Valdés. En todos estos lugares se formaron juntas antes de la del 20 de julio en Santafé. Luego vendrían a granel: las de Mompox, Santa Fe de Antioquia y Neiva en agosto, Nóvita (Chocó) en septiembre y Tunja en octubre" (M. Garrido, ob. cit., págs. 97 y 98).

"En los albores del siglo XIX, chapetones y criollos eran una minoría en comparación con indios, mestizos, pardos y negros. En algunas regiones, esa minoría era ínfima y se reducía a los dueños o capataces de minas y haciendas. Si la independencia proclamada se había de conquistar en el campo de batalla, no podían ser, en aquel momento, ni españoles ni criollos los reclutas y soldados que conformarían esos ejércitos. Tendrían que acudir a las castas, al pueblo (a los indios y los negros), y así lo hicieron" (I. Gutiérrez Azopardo, ob. cit., pág. 75).

"Libertad, tierras y botín fueron promesas más eficaces que las ideas de independencia y república ofrecidas por los patriotas. Desarrollando actividad prodigiosa, Tomás Boves recorría todas las aldeas vecinas, formaba batallones, decretaba la libertad de los esclavos y, por primera vez en América, daba a las gentes de color altos cargos en la oficialidad...

A la lucha de razas y castas desatada por los caudillos españoles, que había hecho de la guerra de emancipación una guerra civil entre americanos, Bolívar contestaba con el Decreto de Guerra a Muerte, firmado en Trujillo el 15 de julio de 1813, destinado a transformar la lucha en una mortal contienda entre españoles y americanos. Para atraer a su causa a la gran masa de esclavos y libertos les ofreció la 'libertad absoluta'. Esta nueva actitud política adoptada por Bolívar quedó reforzada durante su estadía en Haití en las negociaciones realizadas con Alexandre Pétion, quien a cambio del apoyo que prestaría con sus hombres, armas y pertrechos a la causa de la independencia, había exigido la promesa de abolir la esclavitud de los territorios emancipados...

Poniendo en práctica las nuevas consignas, el mestizo Páez, el mulato Infante y el negro Rojas, caudillos de casta, consiguieron en el Llano que los que antes habían apoyado a las fuerzas realistas se volvieran a favor de los ejércitos libertadores. A estas masas de color se unieron los soldados negros haitianos llamados 'franceses' y los negros ingleses sacados de islas inglesas del Caribe...

Bolívar fue, efectivamente, proclamando la emancipación de los esclavos a medida que ganaba territorio, al menos en un principio: 2/6, 6/7 y 31/12 de 1816. Simultáneamente declaraba alistados en sus ejércitos a los libertos de más de 14 años de edad, so pena de retorno a la esclavitud; lo cual no deja de contradecir el abolicionismo institucional implícito en su compromiso...

Tal debía de ser el color dominante en aquellas tropas, que el general español Pablo Morillo calificaría la avanzada bolivariana de 'guerra de negros contra blancos'.

Manumisiones colectivas e incorporación masiva de los 'nuevos ciudadanos' a la infantería de línea continuarán siendo proclamadas por Bolívar a título personal en todas sus campañas, en pugna y, a menudo, en contradicción con su propio Congreso, y con algunos de sus generales. De ruinosas para la economía y de antipolíticas por la hostilidad suscitada entre los propietarios de esclavos serán tachadas estas medidas por el general Santander, en los años siguientes" (I. Gutiérrez Azopardo, ob. cit., págs. 77 y 78).

En apoyo de su tesis con respecto a la recluta de esclavos para engrosar las filas de los ejércitos libertadores, Bolívar escribía a Santander en 1820: *"Las razones militares que he tenido para ordenar la leva de esclavos son obvias. Necesitamos de hombres robustos y fuertes, acostumbrados a la inclemencia y las fatigas, de hombres que abracen la causa de la libertad y la carrera militar con entusiasmo, de hombres que vean identificada su causa con la causa pública y en quienes el valor de la muerte sea poco menos que el de su vida.*

Las razones políticas son aún más poderosas. Se ha declarado la libertad de los esclavos de derecho y aun de hecho. Todo gobierno libre que comete el absurdo de mantener la esclavitud es castigado por la rebelión y algunas veces por el exterminio como en Haití.

¿Qué remedio más adecuado y más legítimo para obtener la libertad que pelear por ella? ¿Será justo que mueran solamente los libres por emancipar a los esclavos?

¿No será útil que estos adquieran sus derechos en el campo de batalla y que se disminuya su peligroso número por un medio

poderoso y legítimo? Hemos visto en Venezuela morir la población libre y quedar la cautiva; no sé si esto es política, pero sé que si en Cundinamarca no empleamos los esclavos, sucederá otro tanto" (I. Gutiérrez Azopardo, ob. cit., págs. 78 y 79).

"Durante este período, el negro añadió, a su fuerza física y a su importancia económica, el poder político. La economía reposaba sobre sus hombros, la huida y la rebelión harían temblar y dar por tierra las actividades productivas del bando que se viese privado de su trabajo. Pero su apoyo se hizo imprescindible no solo en los ejércitos que necesitaban de hombres curtidos al aire y al sol, duros y acostumbrados a soportar hambre e incomodidades, sino también en las plazas y en el ambiente popular para respaldar a la monarquía o a los próceres de la independencia...

Este triple poder económico, político y militar fue utilizado por las clases que intentaban conquistar el poder o conservarlo porque supieron aprovechar la coyuntura en que se encontraba el negro oprimido por el sistema colonial y marginado por la sociedad...

La promesa de libertad fue la bandera de enganche de españoles y criollos, ofrecida durante la primera etapa con tierras y con el botín de los vencidos, y en la segunda con ciertas condiciones según los intereses políticos de cada momento: o la definición de la guerra como deseaba Bolívar o el establecimiento de la República como quería Santander" (I. Gutiérrez Azopardo, ob. cit., pág. 80).

El Decreto de Guerra a Muerte, dictado por Simón Bolívar el 15 de junio de 1813, en la ciudad de Trujillo, Venezuela, obligó a los indios, los negros, los mestizos, los mulatos, los pardos y los morenos —es decir, a "las castas"— a tomar partido en la guerra a favor del Ejército Patriota, puesto que su texto no dejaba dudas al respecto, al declarar una guerra abierta entre españoles y americanos, sin puntos intermedios; veamos: "Españoles y canarios, contad con la muerte aun siendo indiferentes, si no obráis en obsequio de la libertad de América. Americanos, contad con la vida aun cuando seáis culpables" (*Escritos del Libertador*, vol. 4, págs. 305-307).

Con la expedición de este Decreto se aclaró el panorama bélico, pasando de una guerra civil entre americanos a una guerra de liberación nacional entre metrópoli y colonia; españoles contra americanos. De tal suerte que todos los nacidos en América, indios, negros, criollos y "castas", tenían la obligación de participar en el Ejército Patriota, máxime cuando existían razones objetivas para odiar a los españoles, debido al despotismo de estos contra los nativos.

La Campaña Libertadora: vida y hechos de Simón Bolívar, hasta Jamaica

Simón Bolívar, por José Gil de Castro

Un hombre extraordinario que admiran y admirarán los próximos siglos vino a romper las cadenas del despotismo: el Libertador Simón Bolívar.

Bolívar nació en Caracas el 24 de julio de 1783. Su padre, don Juan Vicente Bolívar, descendía de una noble y rica familia española, y su madre, doña Concepción Palacios, era de la pura cepa caraqueña. Quedó huérfano de padre a los 3 años de edad y de madre a los 9.

Los biógrafos lo han pintado como un chicuelo delgaducho, nervioso, pecoso, de pelo castaño, ojos vivos y oscuros, y narigón. Y agregan que era inquieto, imperioso y mandón. Entre sus maestros principales se contaron el sabio don Andrés Bello y don Simón Rodríguez. Bolívar quiso mucho al maestro

Rodríguez y dijo que él era quien le había abierto el corazón para lo grande y para lo bello.

A la edad de 16 años, fue enviado a continuar estudios en Madrid, España. Dotado de clara inteligencia, adelantó notablemente en el conocimiento de las matemáticas, de los idiomas, de la historia, y leyó sin cansancio obras científicas y literarias. Muy joven, pues apenas tenía 19 años, contrajo matrimonio con María Teresa del Toro, sobrina del marqués del Toro, y de inmediato se embarcó rumbo a Caracas. Se dedicó a la administración de sus haciendas y a llevar vida hogareña, pero a los 10 meses de casados murió la esposa. Viudo antes de cumplir 20 años, juró no volver a casarse. La temprana muerte de María Teresa, dijo Bolívar, influyó definitivamente sobre su suerte, pues lo impulsó a seguir la carrera de las armas.

Decidió volver a Europa y estando allí encontró a su viejo maestro don Simón Rodríguez. Viajó con él por toda Italia y una tarde del año 1805, desde el Monte Sacro, a la vista de Roma, pronunció el famoso juramento: "Juro delante de usted", le dijo a don Simón; "juro por el Dios de mis padres; juro por ellos; juro por mi honor y juro por la Patria, que no daré descanso a mis brazos, ni reposo a mi alma, hasta que haya roto las cadenas que nos oprimen por voluntad del poder español".

De nuevo en Venezuela, por un lado atendía a sus negocios y por otros, participaba de las actividades revolucionarias. Triunfante la Junta Suprema de Caracas el 19 de abril de 1810, Bolívar fue enviado en comisión diplomática a Londres, Inglaterra. Como no logró obtener recursos para la independencia, que tal era el motivo de la comisión, resolvió regresar.

Antes de embarcarse para América, invitó al viejo luchador de la libertad, don Francisco de Miranda, para que viniese a dirigir los ejércitos patriotas. Pensaba Bolívar que la sola presencia del gran general era suficiente para levantar los ánimos.

El precursor aceptó y prometió volver oportunamente, y juntos se enfrentaron a la lucha en 1812.

Este año 1812 fue fatal para Venezuela. Primero, porque el 26 de marzo ocurrió un espantoso terremoto que costó más de 20.000 vidas y que dejó en ruinas a Caracas y a otras ciudades. La terrible catástrofe no solo causó pérdidas materiales inmensas, sino que sembró el horror y el desaliento entre los sobrevivientes, puesto que los fanáticos realistas les hicieron creer que se trataba de un castigo del cielo. Segundo, porque Bolívar, encargado por Miranda de guardar la importante plaza de Puerto Cabello, fue traicionado por sus mismos compañeros y obligado a entregarla a los españoles. Y tercero, porque Miranda, desalentado de luchar, en el momento más triste y grave de su vida, celebró con el jefe realista Domingo Monteverde un convenio o armisticio, mediante el cual suspendía la guerra y entregaba la causa de la libertad. A los gritos de "Nos vendieron a Monteverde", los patriotas declararon traidor al Precursor de los Precursores. Bolívar obtuvo pasaporte para salir del país. En la isla de Curazao le fue decomisado el equipaje y se le notificó que sus ricas propiedades en Venezuela le habían sido embargadas por revolucionario. Sin medio alguno para alimentar su vida, como le escribió a un amigo, el futuro Libertador se embarcó para Cartagena.

Bolívar en nuestra Patria

Bolívar pisó por primera vez nuestra tierra a finales de 1812, en Cartagena. En esta ciudad empezó su verdadera carrera de Libertador de América. Él mismo lo reconoció, cuando dijo: "Si Caracas me dio la vida, vosotros me disteis la gloria: con vosotros comencé la libertad de Colombia. Algún día Colombia os dirá: 'Salve Cartagena redentora'".

En Cartagena, Bolívar fue puesto bajo las órdenes del francés Pedro Labatut. Labatut quería que permaneciese inactivo, sin atacar. Pero no pudo resistir a la tentación de arrojar a los españoles y, contrariando las órdenes de aquel, ocupó a Tenerife, a Mompox y al Banco, y llegó victorioso hasta los valles de Cúcuta. Quedaba así el bajo Magdalena libre de la dominación realista. Esta campaña rapidísima, de 20 días, dio a Bolívar inmenso prestigio. Hasta el punto de que el Congreso de las Provincias Unidas, presidido por Camilo Torres, y el gobierno de Cundinamarca, por orden de Antonio Nariño, le dieron auxilios y soldados para emprender la liberación de su patria venezolana.

La Campaña de Venezuela

Con un ejército de más de 500 granadinos, Bolívar inició la campaña de los años 1813 y 1814. Aterrado por las atrocidades que los españoles venían cometiendo contra los patriotas, lanzó en la ciudad de Trujillo el Decreto de la Guerra a Muerte. "Contad con la muerte", les advirtió, "si no obráis activamente en obsequio de la libertad americana". Obtuvo varias victorias, entre ellas la del Barbula, en donde se inmortalizó el héroe antioqueño Atanasio Girardot. Este, al clavar la bandera en la cumbre, fue muerto por las balas contrarias. Bolívar dispuso que su corazón fuese llevado en desfile triunfal hasta Caracas y lo declaró el Primer Bienhechor de la Patria.

Al llegar a Caracas, Bolívar recibió el título de Libertador, "más glorioso y satisfactorio", según lo dijo, "que el cetro de todos los imperios de la Tierra".

En marzo de 1814, venció al temible José Tomás Boves en San Mateo. En esta acción se sacrificó por la libertad, en forma sublime, Antonio Ricaurte, natural de la Villa de Leiva, en la Nueva Granada. Encargado de defender las armas, al ver que iban a caer en manos enemigas, prendió fuego a un barril de pólvora. Por todos los ámbitos, dice un historiador, retumbó el estallido, los asaltantes quedaron sepultados entre los escombros, y en una columna de humo y de fuego subió a las regiones de la inmortalidad el nombre del héroe.

Luego vinieron varias derrotas y el Libertador, perseguido por los españoles, abandonado por las tropas, buscó refugio de nuevo en nuestra Patria. En Tunja lo acogió don Camilo Torres con hermosas palabras que más tarde se cumplieron al pie de la letra: "Libertador", le dijo, "vuestra Patria no ha muerto, mientras exista vuestra espada. Con ella volveréis a rescatarla del dominio de sus opresores. El Congreso granadino os dará su protección, porque está satisfecho de vuestro proceder. Habéis sido un militar desgraciado, pero sois un grande hombre".

Pese a que los peligros amenazaban, los patriotas una vez más se entregaron a las disputas entre ellos mismos. Bolívar recibió del Congreso de Tunja la orden de someter a Cundinamarca y en un asalto rápido y ágil dominó a Santafé de Bogotá, y de nuevo implantó la paz entre federalistas y centralistas. Fue comisionado luego para someter a Santa Marta, que estaba en poder de los españoles, y como para ello necesitase los recursos de Cartagena, los solicitó y le fueron negados.

Resolvió, ante la grave situación, obtenerlos por la fuerza y puso sitio a Cartagena. En estas se encontraba cuando tuvo noticia de que la expedición de Morillo se acercaba en forma veloz. El Libertador nada podía hacer ya. Debía evitar el escándalo de que los pacificadores lo encontrasen enfrentado en una guerra entre hermanos, y en efecto renunció al mando de las tropas y se embarcó hacia la isla de Jamaica.

Bolívar en Jamaica

Completamente desilusionado, Bolívar llegó a Jamaica a mediados de 1815. "Yo lo abandoné todo", dijo años más tarde, "por la salud de la Patria: voluntariamente adopté un destierro que pudo ser saludable a la Nueva Granada y también a Venezuela. La Providencia ya había decretado la ruina de estas desgraciadas regiones y les mandó a Morillo con un ejército exterminador. Yo busqué asilo en una isla extranjera y fui a Jamaica solo, sin recursos y casi sin esperanzas".

En Kingston, la capital de Jamaica, Bolívar estuvo a punto de ser asesinado por un esclavo que había sido sirviente suyo y a quien los enemigos compraron para que lo apuñalase. Escapó milagrosamente, pues el esclavo cosió a puñaladas a un amigo suyo (Félix Amertoy), quien se hallaba recostado en su hamaca, en la creencia de que era el Libertador.

El 6 de septiembre de ese año de 1815, dio a conocer la Carta de Jamaica, que es un extenso documento en el cual Bolívar se refiere al presente de América, al éxito que tendrá la lucha contra España y al porvenir que les espera a las diversas naciones. Se le ha llamado la Carta Profética porque casi todo lo que allí dijo se ha cumplido y se está cumpliendo.

Con razón dijo Fernando González que, en dicha Carta de Jamaica, Bolívar soñó para diez siglos.

Expedición de Los Cayos

"Perdidas Venezuela y la Nueva Granada en manos de Pablo Morillo", escribe Bolívar, "todavía me atreví a pensar en expulsar a sus tiranos. La isla de Haití me recibió con hospitalidad; el magnánimo presidente Alexandre Pétion me prestó su protección, y bajo sus auspicios formé una expedición de 300 hombres...". En verdad, Alexandre Pétion proporcionó a Bolívar soldados, embarcaciones, dinero y armas para una nueva expedición sobre Venezuela, la que tomó el nombre de Los Cayos, por haberse organizado en Los Cayos de San Luis, en Haití.

Al desembarcar en la isla de Margarita fue nombrado jefe supremo, pero algunos oficiales desconocieron su autoridad y Bolívar se vio obligado a regresar a Haití. Pronto se dieron cuenta de que era necesario contar con un jefe enérgico y resuelto, y enviaron a Francisco Antonio Zea a suplicar al Libertador que regresase. Así lo hizo y durante los años de 1817 y 1818 luchó infatigablemente contra Morillo. Sus soldados llaneros, montados en potros cerreros, sin silla, armados de lanzas temibles, combatían de día y de noche. El plan de Bolívar consistía en llevar sus tropas hasta la propia capital, Caracas. Su grito de combate fue: "¡A Caracas! ¡A Caracas!". Pero la suerte no favorecía a las armas patriotas y, convencido el Libertador de que era inútil seguir en esa forma, meditó y planeó la campaña de 1819, que selló la libertad definitiva de nuestra Patria y abrió el camino para la independencia absoluta de Venezuela.

Organización del Ejército Libertador

Desde Angostura, hoy Ciudad Bolívar, en Venezuela, el Libertador anunció la campaña de 1819. "El día de la América ha llegado", dijo a los granadinos, "y ningún poder humano puede retardar el curso de la naturaleza guiado por la mano de la Providencia. Reunid vuestros esfuerzos a los de vuestros hermanos: Venezuela conmigo marcha a libertaros, como vosotros en los años pasados libertasteis a Venezuela".

Dos hombres fueron el brazo derecho de Bolívar, para preparar el ejército que nos dio la libertad: Francisco de Paula Santander y José Antonio Páez.

Marcha del Ejército Libertador

Ya vimos que el Libertador, desanimado de luchar contra Morillo en Venezuela, sin esperanzas de derrotarlo, resolvió hacer marchar sus tropas hacia la Nueva Granada. Su plan era perfecto y solamente lo conocían los generales más importantes: Páez y Santander reunirían sus tropas y se dispondrían a invadir el país. Como era época de crudísimo invierno y los Llanos se convertían en verdaderos lagos, los españoles, desconocedores de tan inmensa y peligrosa región, no se atreverían a seguirlos. Una vez cruzados los Llanos, atravesarían la cordillera y por el punto más solitario y abandonado, le caerían inesperadamente al jefe del ejército enemigo, coronel José Barreiro.

La marcha de los patriotas por los Llanos, mal vestidos y mal alimentados, fue terrible. Las lluvias, dice un historiador, caían a torrentes y constantemente; los riachuelos, apenas visibles en la época del verano, se habían convertido en ríos navegables que inundaban las sabanas. Durante una semana caminaron los soldados con el agua a la cintura, acampando al raso en los sitios que las aguas no cubrían; en botes de cuero se navegaba en los ríos, ya para que las armas no se humedeciesen, ya para que pasaran los que no sabían nadar; y bajo aquel cielo inclemente, una frazada era el abrigo con que el soldado protegía con mayor cuidado el fusil y las municiones que su propio cuerpo.

En una choza arruinada, a orillas del río Apure, sentados sobre calaveras de reses, Bolívar y los altos jefes, Francisco de Paula Santander, José Antonio Anzoátegui, Carlos Soublette y James Rooke, convinieron las bases definitivas. Faltaba la etapa más difícil, el paso más arriesgado: atravesar la inmensa cordillera de los Andes, por el páramo de Pisba.

El paso de los Andes

Había cinco caminos para llegar a Bogotá. Pero como ya lo estudiamos, Bolívar pensaba llegar por el más desconocido, con el objeto de sorprender a Barreiro. Por esta razón escogió el del páramo de Pisba, a 4.000 metros de altura. Alguien le observó que por allí apenas podría andar una cabra. El Libertador respondió: "¡Por donde pasa una cabra, puede pasar un ejército!", e inició el ascenso de aquellas montañas gigantescas, salvando precipicios, por entre rocas escarpadas, en compañía de 2.500 soldados.

El paso del Ejército Libertador por el páramo de Pisba ha sido considerado como una de las hazañas más grandes de la historia universal, en todos los tiempos. Bolívar creyó que la marcha por los Llanos durante un mes, venciendo obstáculos que se redoblaban a cada momento, sería la principal dificultad. Pero quedó asombrado al escalar las montañas y al sufrir los rigores de un clima insoportable. "Esto es increíble para quien no lo palpa", escribió a sus amigos de Angostura.

El edecán del Libertador, general Daniel Florencio O'Leary, dejó la más impresionante relación: "Los llaneros", dice, "contemplaban con asombro y espanto las estupendas alturas, y se admiraban de que existiese un país tan diferente al suyo. A medida que subían y a cada montaña que trepaban, crecía más y más su sorpresa; porque lo que habían tenido por última cima no era sino el principio de otra y otras más elevadas, desde cuyas cumbres divisaban montes cuyos picos parecían perderse entre las brumas del firmamento. Hombres acostumbrados en sus pampas a atravesar ríos torrentosos, a domar caballos salvajes y a vencer cuerpo a cuerpo al toro bravío, al cocodrilo y al tigre, se atemorizaban ahora ante el aspecto de esta naturaleza extraña. Las mulas que conducían las municiones y armas caían bajo el peso de la carga; pocos caballos sobrevivieron a los cinco días de marcha, y los que quedaban muertos obstruían el camino y aumentaban las dificultades de la retaguardia. Llovía día y noche incesantemente, y el frío aumentaba a medida que se ascendía. Un sinnúmero de dificultades parecía sumarse para destruir las esperanzas de Bolívar, que era el único a quien se veía firme, en medio de contratiempos tales que el menor de ellos habría bastado para desanimar un corazón menos grande. Reanimaba las tropas con su presencia y con su ejemplo, hablábales de la gloria que les esperaba y de la abundancia del país que marchaban a libertar. Los soldados le oían con placer y redoblaban sus esfuerzos".

Fuente consultada: http://www.tareaescolar.net/tareaescolar/historia%20colombia/campana.htm

Tres batallas

Cruzado el páramo de Pisba, sobre la cordillera oriental de los Andes, renace el fervor libertario del Ejército Patriota, el cual es auxiliado por los moradores de dichas comarcas, quienes les obsequian vestidos y alimentos.

Renovado el entusiasmo, continúan la marcha rumbo a Santafé de Bogotá, pero en el trayecto se libran tres batallas, que sellaron la libertad de la Nueva Granada, a saber: la batalla de Paya, ocurrida el día 27 de junio de 1819; la batalla de Pantano de Vargas, realizada el 25 de julio de 1819, combates en los cuales se destacaron los coroneles afrodescendientes Juan José Rondón y Leonardo Infante; y la gran batalla de Puente de Boyacá, ocurrida el día 7 de agosto de 1819.

Registro de la batalla de Paya

La batalla de Paya, o de las Termópilas de Paya, o del Fuerte de Paya, fue el primer encuentro de la Campaña Libertadora de la Nueva Granada, librada el 27 de junio de 1819, en las afueras del pueblo de Paya. El coronel Antonio Arredondo fue mandado por Simón Bolívar a tomar el pueblo y el camino para cruzar el páramo de Pisba y marchar a Tunja y Bogotá. La tropa de 600 soldados tomó el trincherón que protegía el pueblo y el camino por tres frentes, y puso en fuga a la pequeña tropa que tomó el camino para Labranzagrande.

El Himno Nacional de Colombia, en la estrofa IX, dedica los primeros dos versos de su letra a esta batalla: "La Patria así se forma, Termópilas brotando; constelación de cíclopes, su noche iluminó".

Fuente consultada: http://es.wikipedia.org/wiki/Batalla_de_Paya

Batalla de Pantano de Vargas

La batalla de Pantano de Vargas fue un enfrentamiento armado que se presentó en cercanías del municipio de Paipa el 25 de julio de 1819, entre las tropas patriotas y las tropas realistas en la Campaña Libertadora por la independencia de Colombia.

En ella, el ejército venezolano-granadino al mando de Simón Bolívar pretendía cerrar el paso a las fuerzas de apoyo de José María Barreiro que se dirigían a la ciudad de Bogotá. Esta batalla resultó difícil para los hombres al mando de Bolívar, que estuvieron cerca de la derrota, ya que el ejército se encontraba agotado y desorganizado tras el difícil ascenso al páramo de Pisba. Sin embargo, el ataque por el flanco del destacamento de la legión británica al mando del coronel James Rooke, y una oportuna carga de caballería de los lanceros del coronel Juan José Rondón, recién llegados al campo de batalla, revirtieron la situación. Rooke, no obstante, resultó gravemente herido en el ataque y fallecería algunos días después. Posteriormente a este ataque, las tropas realistas huyeron a los Molinos de Bonza.

Gracias a esta maniobra militar, el Ejército Libertador llegó a Tunja el día 4 de agosto de 1819.

Fuente consultada: http://es.wikipedia.org/wiki/Batalla_del_Pantano_de_Vargas

Batalla de Boyacá

La batalla de Boyacá fue la batalla decisiva que garantizaría el éxito de la Campaña Libertadora de Nueva Granada y una de las batallas más importantes de la guerra de independencia de América del Sur.

Esta batalla fue la culminación de 77 días de la campaña iniciada por Simón Bolívar para liberar el Virreinato de Nueva Granada. Tras el aplazamiento de la guerra en Venezuela por la época de lluvias, Bolívar salió de Angostura, entonces capital de la República de Venezuela, hacia los Llanos de Apure y después a los de Casanare, sumando a sus dos divisiones la del general Santander, y después invadió el territorio de la antigua provincia de Tunja. Barreiro, tras ser vencido en Pantano de Vargas, intentaba llegar a Bogotá y unir fuerzas con el virrey Juan Sámano por la vía de Boyacá.

La batalla tuvo lugar el sábado 7 de agosto de 1819. A las diez de la mañana, Bolívar dio la orden de impedir el paso de los realistas por el puente del río Teatinos, sitio de encuentro del Camino de Samacá (utilizado por los realistas) y el Camino Real. A las dos de la tarde, los republicanos, liderados por el capitán Diego Ibarra, descendieron y sorprendieron a la vanguardia realista. En tanto, el general Santander se enfrentaba con sus tropas a la retaguardia realista. Bien pronto se unió el grueso de las tropas realistas de Barreiro para enfrentarse a la retaguardia del general José Antonio Anzoátegui.

Hacia las tres de la tarde, los combates entre las dos fuerzas militares estaban en todo su apogeo, pero los realistas tenían la desventaja de estar divididos en dos frentes. El coronel Juan José Rondón hizo un fuerte contraataque con los lanceros llaneros y consiguió que los realistas retrocedieran en desorden. Mientras la tropa del Casanare al mando de José María Ruiz pudo ubicarse a las espaldas de la vanguardia realista, el general Santander lanzó sobre el puente a los batallones Cazadores y Primeros de Línea al mando de los coroneles Joaquín París Ricaurte y Antonio Obando. A estas alturas, la batalla estaba completamente a favor de los independentistas y, aunque Barreiro trató de recuperarse, no le quedó otro camino que rendirse, dando por terminado el histórico momento a las cuatro de la tarde.

En Bogotá, el virrey Juan de Sámano fue informado de la derrota realista por un mensajero secreto y pudo escapar a tiempo.

Fuente consultada: http://es.wikipedia.org/wiki/Batalla_de_Boyac%C3%A1

Más sobre la batalla de Boyacá

El sábado 7 de agosto de 1819, los ejércitos español y criollo se enfrentaron en el Campo de Boyacá. Cada uno tenía un objetivo diferente: el ejército realista tenía como misión tomarse Santafé de Bogotá, y el Libertador deseaba impedir a toda costa esta maniobra.

El Ejército Libertador, conformado por 2.850 combatientes entre criollos, mulatos, mestizos, zambos, indígenas y negros, estaba comandado por el general Simón Bolívar; la vanguardia, por Francisco de Paula Santander, y la retaguardia, por el general José Antonio Anzoátegui.

Por su parte, el Ejército Realista –que pertenecía a la Tercera División del Ejército Expedicionario de la Reconquista– estaba conformado por 2.670 soldados, de los cuales 2.300 eran de infantería, 350 de caballería y 20 de artillería. Su comandante general era el coronel José María Barreiro; el jefe del Estado Mayor, el coronel Sebastián Díaz, y lo comandaba el coronel Francisco Jiménez.

Pero para Simón Bolívar no fue un impedimento su fuerte rival y aprovechó las oportunidades de su estadía en Tunja para vigilar los pasos del enemigo. Fue entonces cuando los patriotas treparon por matorrales y se presentaron de improviso al ejército de Barreiro en el puente de Boyacá.

A pesar de que la acción militar era intensa en los dos bandos, las fuerzas patriotas tenían unidad y facilidad en las comunicaciones, mientras que las realistas estaban incomunicadas y separadas por el Teatino y la vanguardia patriota.

Al final, el coronel Barreiro no pudo lograr parar la rapidez con que las tropas patriotas los rodearon como "anillo de fuego". No tuvieron más remedio que rendirse ante el Ejército Patriota, con su comandante Santander, conocido como *el Héroe de Boyacá*.

La batalla terminó a las cuatro de la tarde. Murieron más de 100 realistas, 13 soldados patriotas y 53 resultaron heridos. Barreiro, junto a los principales jefes realistas y 1.600 soldados, fue hecho prisionero.

Así termina la Campaña Libertadora de 1819 que se realizó durante 77 días, desde el 23 de mayo cuando el Libertador

Simón Bolívar expuso el plan en la aldea de Los Setenta ante los jefes del Ejército Patriota, siguiendo un trayecto militar desde los Llanos de Casanare, la cordillera de los Andes y las tierras de Tunja. El plan culminó en el puente de Boyacá.

La batalla de Boyacá se convirtió en el inicio de la independencia del norte de Sudamérica y se considera de suma importancia, pues llevó a los triunfos de las batallas de Carabobo en Venezuela, Pichincha en Ecuador, Junín y Ayacucho en el Perú y Bolivia.

Fuente consultada: www.colombiaaprende.edu.co/.../article-85977.html

Después de las tres batallas

Obtenida la victoria con la batalla de Puente de Boyacá, se despeja el camino victorioso hacia Santafé de Bogotá, capital del Virreinato de Nueva Granada, donde gobernaba el virrey Juan Sámano, en representación del rey de España, Fernando VII.

Enterado Sámano de la derrota sufrida por el ejército español a manos del Ejército Patriota comandado por Bolívar, abandona la ciudad por el camino de Honda, rumbo a Cartagena, permitiendo el ingreso triunfal de Bolívar y su ejército a la ciudad capital, donde es recibido por la ciudadanía con música, baile y corona de laurel; instalándose el nuevo gobierno que cambia la figura del virrey por la del señor presidente.

Durante el período comprendido entre los años 1810 y 1824, en que se desarrollaron las batallas de la guerra de independencia de las cinco repúblicas que integraron la Gran Colombia (Nueva Granada, hoy Colombia; Venezuela, Ecuador, Perú y Bolivia), la comunidad negra afrocolombiana estuvo presente, conformando el 70% de la vanguardia del Ejército Libertador, puesto que 7 de cada 10 soldados del Ejército Patriota eran negros, mulatos o zambos, es decir, afrocolombianos.

Dicha circunstancia sorprendió y llevó al general español Pablo Morillo a manifestar en una ocasión en que se enfrentó con el ejército de Bolívar: "*¡Esto es una guerra de negros contra blancos!*". De aquella masiva participación de soldados negros en el Ejército Patriota se logró que se destacaran en combate y ascendieran a la oficialidad por méritos propios, "por meritocracia", varios personajes que, a pesar del "olvido" de los historiadores oficiales, han ingresado a las páginas de la historia; entre ellos podemos citar los siguientes: los generales Manuel Carlos Piar, José María Córdova y José Laurencio Silva; el almirante José Prudencio Padilla; los coroneles Juan José Rondón, Ramón Nonato Pérez y Leonardo Infante; y el Gran Mariscal de Ayacucho Antonio José de Sucre.

También se conocen otros oficiales menos famosos que los anteriores, pero que participaron de manera decisiva en el éxito del proceso emancipador, tales como: el capitán Pedro Camejo, conocido como *el Negro* Primero, edecán del general José Antonio Páez, *el León de Apure*, héroe de la batalla de las Queseras del Medio, y el capitán Rojas, quien se destacó reclutando esclavos para convertirlos en soldados del Ejército Libertador.

Dichos oficiales sobresalieron en las famosas batallas de Urabá, Cartagena, Riohacha, las Queseras del Medio, Paya, Pantano de Vargas, Boyacá, Bomboná, Pichincha, Junín y Ayacucho, contribuyendo decididamente a la independencia y conformación de la Gran Colombia.

Sin embargo, a pesar del arrojo temerario mostrado por los soldados y oficiales negros en los combates, una vez lograda la independencia de España, los directivos del Ejército Patriota repartieron entre ellos las tierras, las casas y los demás bienes de los vencidos, así como los cargos del gobierno y la diplomacia; sin que ningún oficial negro ocupara alguna de dichas dignidades.

Contrario sensu, varios sufrieron el ostracismo y hasta la pena de muerte por mostrar su inconformidad con la dictadura de Bolívar, y oponerse al trato discriminatorio de que fueron víctimas; tal es el caso del general Manuel Carlos Piar, el almirante Padilla y el coronel Infante, quienes fueron acusados de los delitos de conspiración y "guerra de castas".

A continuación, presentamos las biografías de Manuel Carlos Piar, Pedro Camejo, *el Negro* Primero, Leonardo Infante, Ramón Nonato Pérez, Juan José Rondón y José Laurencio Silva.

Biografía de Manuel Carlos Piar

Manuel Carlos Piar Bermúdez (1774-1817) fue un militar venezolano de origen curazoleño, prócer de la independencia de Venezuela. Nació en Willemstad, donde fue bautizado el 28 de abril de 1774. Se sabe que vivió en Otrabanda, Curazao, y que ahí se casó con la holandesa María Boom.

Prócer de la independencia de Venezuela

Manuel Carlos Piar

Llegó a La Guaira en 1784, con su madre, la mulata María Isabel Gómez. Autodidacta, adquirió una formación, conocedor de varios idiomas. A los 23 años, manifestó su voluntad de ayudar a la independencia de Venezuela y participó en la Conspiración de Gual y España, sofocada en 1797.

Se unió a las tropas de Simón Bolívar, donde llegó a ser general en jefe a los 43 años de edad, caso único ascendido por sus propios compañeros de armas y luego ratificado por el Libertador, pero su condición de pardo (nombre de mestizo en la época colonial) le llevó a tener problemas con sus superiores criollos (blancos), incluyendo al propio Bolívar, que formaban parte de los mantuanos. Sin embargo, el propio Libertador trató de disuadirlo de sus intenciones, escribiéndole el 19 de junio de 1817: "La Patria lo necesita a Ud. hoy como lo que es y mañana habrá de necesitarlo como lo que por sus servicios llegare a ser".

Manuel Carlos Piar participó en 13 acciones de guerra y solo fue derrotado por el español José Tomás Boves en el sitio de El Salado, en octubre de 1814. Fue héroe de las batallas de Juncal y San Félix que prácticamente liberaron toda Guayana.

Piar anhelaba la independencia, pero también el poder y el derecho político y social de los mestizos, denigrados por el sistema colonial y que aparentemente no parecía cambiar con la hipotética derrota de los realistas, así que decidió conspirar contra Bolívar y su ejército, dirigido por casi todos blancos (excepto el propio Piar), y quiso promover una guerra de casta.

En 1817, fue capturado en Aragua de Maturín por el general Manuel Cedeño, llevado a juicio según el Decreto de Conspiradores de agosto de 1813 y condenado a muerte el 16 de octubre de 1817 en Angostura (actual Ciudad Bolívar) por los delitos de insubordinación, deserción, sedición y conspiración, siendo presidente del Consejo de Guerra su paisano el almirante Luis Brión y siendo fiscal Carlos Soublette. El capitán Fernando Galindo, quien era su enconado enemigo, fue escogido, sin embargo, por el reo como su defensor, logrando este que se desestimasen los cargos de insubordinación y deserción.

Polémica sobre el origen y casta de Manuel Carlos Piar y su fusilamiento

La historia oficial ha mantenido el origen de Manuel Carlos Piar como mestizo, hijo de María Gómez y Fernando Piar. Pero historiadores como Francisco Herrera Luque y Bartolomé Tavera Acosta, en base a sus investigaciones, han sembrado polémica en torno a su origen al sugerir que haya sido hijo no deseado de una familia mantuana y hasta sugerido que haya sido hermano bastardo del propio Simón Bolívar.

Sobre su fusilamiento se conocen los cargos del juicio, pero no se sabe si los motivos fueron justificados, o personales, debido al odio irreconciliable de sus acusadores hacia él, para haber fusilado al héroe de San Félix que había construido el mismo ejército que expulsó de Guayana a los españoles.

Fuente consultada: http://es.wikipedia.org/wiki/Manuel_Piar

Biografía de Pedro Camejo

Busto de Pedro Camejo en Campo Carabobo

Pedro Camejo, mejor conocido como *el Negro* Primero (San Juan de Payara, Venezuela, 1790 - Campo Carabobo, Venezuela, 24 de junio de 1821), fue un militar que luchó primero junto al Ejército Realista para luego pasar al Ejército Patriota durante la guerra de independencia de Venezuela, alcanzando el grado de teniente.

El apodo de *Negro* Primero con el que se le conoce se inspiró en su bravura y destreza en el manejo de la lanza y porque siempre formaba la primera fila de ataque en el campo de batalla. También se debe a que era el único oficial de tez oscura en el ejército de Simón Bolívar.

Vecino de Achaguas o de San Juan de Payara, había sido esclavo de Vicente Alonzo, de Apure. Era una persona de escasa preparación intelectual, aun cuando poseía una mente ágil y despierta. A comienzos de la guerra de independencia formó parte del Ejército Realista. En 1816, sentó plaza en las filas republicanas en las fuerzas que mandaba el general José Antonio Páez en Apure. En 1816, el teniente Camejo y el presbítero Trinidad Travieso intercedieron ante el general Páez, en favor del teniente José María Córdova (más tarde, general de división), quien había sido condenado a muerte por un Consejo de Guerra, por el delito de deserción. En 1818, cuando el general en jefe Simón Bolívar llegó a San Juan de Payara, durante el desarrollo de la Campaña del Centro, vio a Camejo por primera vez. La corpulencia del guerrero y las referencias que le dio el general Páez despertaron en Bolívar su interés, y en la breve charla que sostuvieron, Bolívar le formuló algunas preguntas, las cuales fueron respondidas por Camejo con ingenuidad y sencillez; al explicar la razón que le llevó a sentar filas en el ejército republicano, dijo que fue inicialmente la codicia; pero que luego comprendió que la lucha tenía otros propósitos más elevados.

Fue uno de los 150 lanceros que participaron en la batalla de las Queseras del Medio (2/4/1819) y en esa ocasión, recibió la Orden de los Libertadores de Venezuela. En la batalla de Carabobo (24/6/1821) era integrante de uno de los regimientos de caballería de la Primera División (Páez); allí rindió la vida.

Eduardo Blanco, en *Venezuela heroica*, narra el momento cuando, herido de gravedad, Camejo compareció ante el general Páez y con voz desfalleciente le dijo: "Mi general, vengo a decirle adiós porque estoy muerto".

Fuente consultada: http://es.wikipedia.org/wiki/Pedro_Camejo

Biografía de Leonardo Infante

Leonardo Infante

Este combatiente de la independencia, conocido vulgarmente como *el Negro* Infante, nació en Venezuela, en la antigua provincia de Maturín, hacia el año 1795.

Fue descendiente de una familia pobre acostumbrada al rigor de la servidumbre, pero él, por una especie de inspiración sublime, tributó desde su infancia tanto odio a la opresión como amor a la libertad.

Criado en la llanura, gozaba de una complexión sana y robusta, era esforzado, infatigable y ágil.

Para Infante no había estaciones; hacía faena sin que su constitución se alterara, ni bajo los rayos abrasadores del sol tropical ni bajo la lluvia más inclemente.

No tuvo nunca escuela, así que la civilización jamás penetró profundamente en su indómito espíritu; pero al salir de la vida nómada que llevara en su infancia para entrar en otro mundo mejor constituido, su ánimo abandonó la cerril corteza que lo cubría, y admirando los grandes hechos que acontecían en su época, se adhirió y rindió honores a los grandes hombres de su tiempo.

Entrada a la vida militar

La revolución de 1810 operó en aquella alma una gran transfiguración. ¡De repente el campesino, el llanero, se convirtió en un guerrero sin igual!

A los 15 años de edad, Infante, con toda la energía y decisión de su carácter y juventud, se manifestó adicto a la revolución que aseguraría las libertades individuales y públicas.

Deseoso de servir en aquella terrible cruzada contra el despotismo de tres centurias, ofreció su cooperación al ínclito general Mariño en 1812 y empezó su carrera militar desde soldado raso.

Pocos como este defensor de la libertad pelearon en favor del derecho humano, proclamado en 1793 en Francia e influenciado por el espíritu filosófico de Condorcet, genio luminoso de Voltaire.

Entre 1812 y 1824, Infante estuvo en varios combates: Tucupido, Corozal, Lozana, Altagracia, Bocachico, Cuajaral, Arao, Carabobo, La Puerta, Aragua, Maturín, Magueyes, Urica, La Mesa, Chiribital, Bendición, Guaicara, Quebrada Honda, Alacranes, Juncal, San Félix, Mata de Miel, Achaguas, Calabozo, Misión de Abajo, Oriza, El Sombrero, Enea, Negritos, Ortiz, Cañafístolo, Beatriz, Rincón de los Toros, Queseras del Medio, Mantecal, Llano de Caracas, Gámeza, Bonza, Pantano de Vargas, Boyacá, Magdalena, Mucuchíes, Quilcacé, Bomboná, Taindalá, Pasto, Ibarra, Catambuco, etc., y en todas estas batallas, aquel hombre fuerte que parecía animado del espíritu de Rustan dio grandes pruebas de astucia y de valor heroico.

El comportamiento de Infante en la acción de Carabobo le mereció las más vivas simpatías del Libertador y el grado de comandante, destinándosele a servir en la Caballería Ligera por sus brillantes aptitudes para el manejo de la lanza.

Con este grado entró a formar parte de la famosa división que al mando del general Zaraza hizo la campaña en 1818 hacia el oriente de Venezuela, batiendo en el sitio de Beatriz, con un escuadrón de 100 hombres, el 17 de julio del año citado, dos cuerpos volantes de a 200 jinetes cada uno, dependientes de la división que dirigía el español Morales.

Este encuentro, que, según los historiadores, presentó todos los aspectos de las grandes batallas, por el encarnizamiento de los combatientes, es para Infante una de sus mayores glorias guerreras. Aquel hombre formidable que, "cabalgando en cerril alazán, cuchillo al cinto y en la diestra la desnuda lanza, imponía terror al soldado hispano"; solo escaparon 28 individuos, eliminando al enemigo más de la mitad de sus tropas y llevando a Zaraza 70 prisioneros como resultado de su triunfo.

En 1819, reunido con las fuerzas del general Páez, se halló, según queda dicho, en la jornada de las Queseras del Medio, y fue tal su faena en este duelo (que para algunos constituye parte importante de la lucha libertadora), que Páez le obsequió su caballo y un famoso trabuco; mientras Bolívar lo ascendió a teniente coronel, concediéndole al mismo tiempo la Cruz de los Libertadores de Venezuela.

Aquí es de observar que el mayor servicio que Infante prestó a su causa y a la Patria lo hizo el año 1818, en Rincón de los Toros. Debido a una sorpresa ejecutada con suprema audacia por los españoles, el Libertador estuvo a punto de ser asesinado en el mencionado sitio; mas en medio de la confusión de los patriotas, Infante, conservando su ánimo sereno y eliminando al coronel Raimundo López, que comandaba la fuerza enemiga, dio a Bolívar su caballo para que se salvara, exponiéndose él a ser asesinado.

Primer cargo de comando y grado de coronel
Merced a sus brillantes servicios en las Queseras y otras jornadas, entró a comandar un regimiento de caballería, con el cual ayudó a hacer la campaña en Nueva Granada.

Dando rienda suelta a su valor y amor patrio, peleó en Gámeza el 11 de julio del año 1819 con su genial bravura; en Bonza, el 20, con heroísmo sorprendente; en Pantano de Vargas, el 25, con tanto ímpetu que fue el primero en romper con su lanza el cerco que diezmaba las tropas republicanas.

En Boyacá, el 7 de agosto, Infante lanceó sin piedad a sus adversarios en la lucha, infundiendo el terror por todas partes. Después de esta acción se le concedió el título de coronel efectivo del Ejército Patriota.

Vencedores los republicanos en esta cruenta batalla, el Libertador, acompañado de Infante a quien profesaba una cordial estimación y de otros de sus servidores, hizo su entrada en Bogotá el 9 de agosto, y el 11, habiendo ocupado la plaza el general José Anzoátegui con la división de su mando, se resolvió la persecución de las huestes realistas de Sámano que huyeron amedrentadas en dirección al sur.

Infante fue destinado a perseguir las partidas realistas que tomaron la vía de Honda, cumpliendo su cometido con gran habilidad e incomparable audacia. De regreso a Bogotá, se le vitoreó y festejó espléndidamente.

Entre 1820 y 1824 estuvo guerreando en Pasto y el Ecuador, unas veces a las órdenes del Libertador y otras a las del general Juan José Flores; en todas partes se batió con su acostumbrado heroísmo y realizó las más rudas faenas, recibiendo en la acción de Quilcacé varias heridas que pusieron en peligro su vida.

Regreso a Bogotá y enjuiciamiento

Concluida la Campaña del Sur, volvió a la capital de Colombia, en la que fijó su residencia. Más tarde, a Infante se le acusó de haber asesinado al teniente Francisco Perdomo.

Instruido el proceso, bajo la presidencia del general Santander, no resultó la prueba requerida por las leyes para llamar a juicio al acusado; no obstante esto, fue juzgado y condenado a muerte.

Para que dictara este fallo la Corte Marcial, se tuvo que apelar a infinidad de abusos que menoscabaron la dignidad de aquella institución, violándose leyes vigentes a fin de poder fusilar a uno de los más meritorios entre los Libertadores de la Patria.

Infante conservó hasta el último instante de tan duros momentos la entereza de alma que lo caracterizaba. Fue fusilado el 26 de marzo de 1826. Este deplorable hecho influencia el ambiente político de su tiempo, e influye en el proceso de separación de las tres grandes repúblicas que componían la antigua Colombia.

Fuente consultada: http://es.wikipedia.org/wiki/Leonardo_Infante

Biografía de Juan José Rondón

Juan José Rondón

Juan José Rondón fue coronel del Ejército Libertador. Nació en un poblado de lo que hoy es el estado Guárico, alrededor de 1790, y murió en 1822 a consecuencia de una herida leve que le fue infligida en la batalla de Naguanagua, en un pie, que se gangrenó. Sus restos reposan en el Panteón Nacional desde 1896.

La hazaña bélica por la cual se conoce más al coronel Rondón fue su muy oportuna y decisiva intervención en la batalla de Pantano de Vargas, en Colombia, en 1819. Allí, cuando todo parecía estar perdido para las fuerzas bajo el mando del Libertador, este contaba con la columna de caballería al mando del coronel Rondón.

Bolívar había decidido comprometer esa columna en el momento oportuno. Contrariamente a lo que le ocurrió a Napoleón Bonaparte en la batalla de Waterloo, cuando esperaba la intervención de las fuerzas de Grouchy que no llegaron a tiempo y por ello los franceses no pudieron resistir la embestida del prusiano Blücher, Rondón sí llegó a tiempo en el Pantano de Vargas.

Ante la desesperación frente a una evitable derrota frente a unas fuerzas españolas muy superiores en número, se les dijo a los combatientes patriotas: "Rondón no ha peleado". Cuando peleó Rondón, se abrió el camino hacia la derrota de las fuerzas españolas comandadas por el coronel José María Barreiro.

Gillette Saurat, presidenta de la Sociedad Bolivariana de Francia, en su obra *Simón Bolívar el Libertador*, nos dice lo siguiente sobre la batalla de Pantano de Vargas: "La táctica salvadora improvisada a última hora por Simón Bolívar consistió en primer lugar a colocar en reserva casi toda su caballería, legión británica y llaneros.

Se quedarían encerrados en el patio de una hacienda situada al pie de la cota que había convertido en su puesto de observación. Consistía también en enviar al resto de sus tropas por olas sucesivas, con orden de disputar el terreno milímetro por milímetro, a sabiendas claramente de que no estaban en capacidad de resistir frente a la presión de los españoles. El resultado era que con cada repliegue de los patriotas se incitaba a Barreiro a comprometer parte de sus reservas para lanzarlas contra ellos.

La acción se había iniciado a las once de la mañana. A las cinco de la tarde, los republicanos intentaron un nuevo ataque. El jefe realista, para repelerlos y acabar de una vez por todas, utilizó el resto de sus tropas. Los patriotas retrocedieron en desorden y se creyeron perdidos, con un enemigo encarnizado que les pisaba los talones y cuyo ardor se decuplaba ante la perspectiva de un triunfo inminente.

Fue el momento que escogió Bolívar para lanzar la masa de sus tropas frescas. La legión británica en primer lugar. Con James Rooke a la cabeza, cargó y se echó en el combate. Desconcertados, con su avance detenido, los españoles, sin embargo, seguían luchando encarnizadamente y era incierta la suerte de la batalla.

Bolívar seguía cuidadosamente, con su catalejo, las fases del combate. Detrás de él, percibía la agitación de algunos llaneros, llegados ante las noticias y que temblaban de impaciencia. Pero todavía no había llegado el momento. Eran las seis de la tarde cuando por fin el Libertador se volteó hacia el jefe llanero.

'Coronel', gritó, '¡a usted le toca salvar a la Patria!'. Rondón, un negro, hijo de esclavos, electrizado, se desprendió como un resorte largamente comprimido y descendió, a galope tendido y con lanza en punta, por la colina, en dirección de la batalla.

Detrás de él, catorce llaneros arrastrados por el ejemplo y la voz: '¡Que los valientes me sigan!' clavaban las espuelas sobre sus monturas. Catorce fieras que surgieron en el medio de las filas enemigas para perforar con sus lanzas a los infantes espantados que rápidamente fueron sumergidos por el resto de la caballería llanera que siguió de cerca la heroica carga de Rondón.

En la Venezuela en crisis cuya destrucción progresiva es una de las mayores causas de angustia conducente a desequilibrio mental de quienes vivimos en estas tierras, no nos encontramos frente a un Simón Bolívar camino a Tunja cuya caída abriría las puertas de Santafé de Bogotá. Sí estamos frente a una oposición que ha sabido enervar las fuerzas oficialistas.

Tenemos una oposición, mayoritaria por su número pero escuálida frente al oficialismo en lo referente a recursos económicos y de poder, que ha sabido replegarse, como en Pantano de Vargas para forzar el despliegue de las fuerzas del enemigo y, llegado el momento, asestarles el golpe de gracia. Estamos en una gran batalla, la del referéndum revocatorio, que nos abrirá las puertas de la democracia".

Fuente consultada: http://www.colombia.com/especiales/7deagosto/protagonistas/rondon.asp

Otro héroe junto a Simón Bolívar: el negro Juan José Rondón

Por Rafael Baena

Retrato de Rondón, por Constancio Franco
(foto: Colección Museo Nacional)

Con motivo del aniversario 190º de la batalla de Pantano de Vargas, este 25 de julio, es bueno recordar al coronel Juan José Rondón, protagonista principal de aquel combate.

Integradas en su mayoría por zambos, indios y negros reclutados en los Llanos de Venezuela, las fuerzas de Boves, un antiguo marino convertido en adalid de la Corona de España, eran una suerte de nube de langostas que arrasaba todo lo que encontraba a su paso, incluido el ejército de la Segunda República, al mando de un tal Simón Bolívar, aristócrata caraqueño que había aprendido el arte de la guerra a fuerza de encajar derrota tras derrota.

Y en medio de aquellos guerreros desalmados iba un joven llanero negro que, a sueldo del patrón de su hato, se había sumado a la horda junto con 50 lanceros de confianza. Su nombre era Juan José y era hijo del manumiso Bernardo Rondón y su esposa Lucía Delgadillo, quienes le habían enseñado a apreciar el valor de la libertad.

Para él y sus iguales, al fin y al cabo hombres que compartían desde la infancia la sensación de independencia que les daban las sabanas, los afanes de emancipación de los criollos cultos no significaban nada distinto a cambiar un amo por otro, con el agravante de que los españoles pagaban por pelear, mientras aquellos mantuanos levantiscos que integraban la oficialidad rebelde se limitaban a mencionar ideales cuyo significado exacto escapaba a la comprensión de la negramenta, la llamada Legión Infernal que guerreaba ilusionada con la promesa, hecha por Boves, de repartir entre ellos las tierras y los tesoros confiscados a la aristocracia criolla.

No obstante, Rondón admiraba la tozudez y presencia de ánimo del hombre al que comenzaban a llamar Libertador, y no evitaba reconocer la valentía de sus generales más cercanos, muchos de ellos llegados desde los Andes tras la represión desatada por Pablo Morillo en el altiplano. Como aquel Antonio Ricaurte, por ejemplo, que había ordenado retirarse de la hacienda San Mateo a los pocos hombres que le quedaban antes de sentarse sobre un barril de pólvora y convertir la armería en polvo de estrellas, incluida la avanzada española que no se percató de la celada suicida.

Simultáneamente, la crueldad desplegada por los llaneros realistas terminó pareciéndole innecesaria y en agosto de 1817 decidió pasarse con su escuadrón al bando rebelde. Fue un acto temerario, pues corría el riesgo de que le fusilaran en el acto; después de todo, había alcanzado el grado de capitán gracias a sus habilidades como matador de insurgentes.

Pero no solo fue perdonado, sino acogido con el debido respeto hacia alguien que no solo había probado su valor como guerrero, sino sus conocimientos en materia de caballos. El ejército llanero de Bolívar necesitaba de manera urgente y permanente ejemplares para la remonta, pues si bien sus monturas eran apenas adecuadas para las labores de vaquería, el trajín de marchas y contramarchas de la campaña militar obligaba a reemplazarlos cada pocos meses. Y ningún otro oficial más capacitado que Rondón para suplir a la caballería con enormes madrinas de ejemplares capturados en las llanuras.

Derrotado en La Puerta, primera batalla en la que cargó contra sus antiguos compañeros de armas, cabalgó durante casi un año sin inspirar mucha confianza al general José Antonio Páez, jefe supremo de los jinetes rebeldes. Ansioso de probarles a él y a Bolívar que servía para algo más que arrear ganado, un año después de su incorporación tomó la iniciativa en las Queseras del Medio y desplegó el primero de los varios anzuelos que esa tarde se tragó la caballería de Su Majestad.

Con la sencilla táctica de cargar y simular la huida nada más chocar con el enemigo, 153 lanceros patriotas hicieron que un millar de caballeros realistas los persiguieran por la sabana sin darse cuenta de que estaban quedando separados del cuerpo principal del ejército de Pablo Morillo. Y entonces, tras una súbita orden de Páez —"¡Vuelvan caras!"—, la exigua fuerza dio media vuelta y lanza en ristre se convirtió en una guadaña exterminadora que masacró sin misericordia lo más notable de la caballería realista.

Después, ya en 1819, admirado y querido por el alto mando rebelde, vendrían el ascenso a los Andes y el reemplazo de todos los caballos sacrificados en la pesadilla del páramo de Pisba.

Y casi enseguida, la gloria de aquel atardecer del 25 de julio sobre una planicie denominada Pantano de Vargas. Agotados tras combatir desde la mañana sin conseguir imponerse, ambos ejércitos se encontraban tan cerca de la derrota como de la victoria. Fue entonces que José María Barreiro, comandante de la división española, echó sus restos de infantería y caballería por todo el centro del vallecito.

Bolívar, desconcertado, alcanzó a decir algo como "se nos vino la caballería y esto se perdió". A su lado, el negro Rondón le reclamó: "¿Por qué dice eso, general, si todavía los llaneros de Rondón no han peleado?". Fue en ese instante que el Libertador reparó en su presencia y le encomendó la salvación de la Patria.

Fuente consultada: www.elespectador.com/noticias/nacional/articulo151366-el-negro-juan-jose

Los otros entre nosotros

La existencia de héroes negros demuestra la posibilidad de ascensión social y civilizatoria que ofrece la independencia. En este sentido es relevante el caso del venezolano Leonardo Infante, conocido también como *el Negro* Infante. Según Constancio Franco: "No tuvo escuela; así que la civilización jamás penetró en su espíritu; pero al salir de la vida nómada que llevara en su infancia para entrar en otro mundo mejor constituido, su ánimo abandonó la cerril corteza que lo cubría, y admirando los grandes hechos, tributó culto a los grandes hombres".

De manera que Infante al distinguir el camino correcto, el de la independencia, entró a conocer los grandes hechos y hombres, terminó rindiéndoles culto a estos últimos y, entonces, se convierte en un civilizado.

El caso de Infante es excepcional y en general se puede observar una estrecha relación entre lo físico y el héroe.

Existe en lo físico algo distintivo que permite que el individuo sea distinguido.

Por esta razón es probable que el héroe no se pudiera construir únicamente de manera escritural, era necesario que a través de otras formas de representación se mostraran las características fisonómicas.

Para el caso de Leonardo Infante y Juan José Rondón, Franco los ilustra de la misma manera que lo hace con los demás héroes. Ambos se encuentran perfilados y en traje de gala, curiosamente el color de su piel, aunque no es blanco como el de los otros héroes, tampoco es negro. Para su representación Franco se inclina por el color del mestizo, tal vez como una manera de "blanquear" visualmente a sus héroes, tal y como lo había hecho con la idea de la guerra civilizante.

Fuente consultada: http://www.museonacional.gov.co/inbox/files/docs/ccfranco.pdf

Dos biografías de José Laurencio Silva

José Laurencio Silva

José Laurencio Silva (Tinaco, Cojedes, Venezuela, 7 de septiembre de 1791 - Valencia, Carabobo, Venezuela, 27 de febrero de 1873) fue un militar de destacada participación en las guerras de independencia hispanoamericanas.

General en jefe del Ejército de Venezuela en la guerra de independencia y los años subsiguientes, en total participó en 17 batallas y combates menores, durante la gesta emancipadora. Fueron sus padres José Dalmacio Silva y María Casilda Flores. En 1810, se enrola en el Batallón 9º del Tinaco, con el empleo de subteniente de milicias. Ese mismo año, bajo las órdenes del brigadier Francisco Rodríguez del Toro, participa en la Campaña de Coro. Terminada esta campaña, Silva queda en guarnición, entre Baragua y Siquisique. En 1811, con el general Francisco de Miranda toma parte en las acciones para reducir la disidencia realista de Valencia. Tras la pérdida de la Primera República, Silva se tiene que ocultar en los bosques de Guárico y Cojedes, donde lleva a cabo actividades de guerrillas. En 1813, cuando Simón

Bolívar pasa por San Carlos, decide unirse al Ejército Libertador con un escuadrón de caballería. El 31 de julio de 1813, combate en la batalla de Taguanes. Entre ese año y 1814, participa en casi todas las acciones tácticas libradas en ese lapso.

Prisionero en 1814, escapa y desarrolla actividades guerrilleras en los Llanos de Cojedes. Por este tiempo se une al general José Antonio Páez en el Apure y toma parte en hechos de armas que acontecen en aquel teatro de operaciones; así como en los que se llevan a cabo en la Campaña del Centro (1818). Después de la batalla de Calabozo (12/2/1818), es ascendido a teniente coronel. En 1819, actúa en la Campaña de Apure y allí permanece al lado de Páez mientras Bolívar desarrolla su ofensiva sobre Nueva Granada. En 1821, recibe el despacho de coronel después de su actuación en la Campaña de Carabobo. Con Bolívar marcha ese año al sur y combate en la batalla de Bomboná el 7 de abril de 1822. Luego de un año en Guayaquil y Quito, sigue con Bolívar hacia Perú donde toma parte en la Campaña Libertadora. El 6 de septiembre de 1824, combate en Junín, y el 9 de diciembre de 1824, en Ayacucho. En esta acción recibió tres lanzazos, por lo que fue ascendido a general de brigada. Luego de esto regresa a Venezuela, donde en 1827 contrae matrimonio con Felicia Bolívar Tinoco, hija de Juan Vicente Bolívar Palacios. En ese mismo año fue destinado a la Comandancia General de Guayana.

En 1829, fue ascendido a general de división, y en 1830, Bolívar lo nombró en Santa Marta como uno de sus albaceas testamentarios y fideicomisarios. Regresa a Venezuela en 1831 y está activo durante la Revolución de las Reformas. A pesar de que ya estaba retirado de la vida pública, tiene actuaciones aisladas en 1846 contra Ezequiel Zamora y contra el general José Antonio Páez en 1848. El 16 de diciembre de 1851, recibe letras de invalidez. El 7 de marzo de 1855, es ascendido a general en jefe. En 1859, combate a los federalistas en el occidente de Venezuela, y ese mismo año, después de algunos enfrentamientos con Ezequiel Zamora en Barinas y Portuguesa, renuncia al cargo militar que desempeñaba. Luego de esto, trabaja en algunos empleos de tipo administrativo hasta que decide retirarse de manera definitiva a la vida privada y reside en Valencia, donde muere el 27 de febrero de 1873. Sus restos fueron sepultados en el Panteón Nacional el 16 de diciembre de 1942.

Fuente consultada: http://es.wikipedia.org/wiki/Jos%C3%A9_Laurencio_Silva

El hijo ilustre de Tinaco, José Laurencio Silva, nació el 7 de septiembre de 1791. Fueron sus padres José Dalmacio Silva, pescador artesanal del río Tinaco, y su madre María Casilda Flores, la comadrona del pueblo, es decir, José Laurencio Silva no proviene de familia de heraldos y blasones de nobleza o riquezas, sino que proviene de gente trabajadora y valerosa de nuestro pueblo, con olor de tierra mojada de cañaverales de la fresca brisa del río Tinaco y la majestuosa pampa cojedeña; así fue un hombre de pueblo, distinguido por su fiel lealtad al Padre de la Patria, testigo de su muerte en San Pedro Alejandrino, Santa Marta, Colombia, aquel 17 de diciembre de 1830. Reseña la historia que el general Silva exclamó al ver que al cadáver del Libertador Simón Bolívar lo iban a vestir para enterrarlo con una camisa rota: *"No puede ser enterrado con una camisa rota el Libertador de América"*, y enseguida lo vistió con una camisa suya, blanca de seda; su amistad y lealtad con Simón Bolívar le vienen de las innumerables campañas juntos, que recorrieron más de 2.000 kilómetros a caballo, llevando la libertad a cinco naciones, la vivencia de veinte años de guerra, y lo más concluyente de esa lealtad es que el Libertador Simón Bolívar lo comprometió en matrimonio con su sobrina Felicia Bolívar, es decir que los descendientes del general Silva llevan la sangre noble de nuestro Libertador. El general Silva peleó en las Queseras del Medio, Carabobo, Boyacá, Pichincha; fue héroe de Junín, y se consagró en la batalla de Ayacucho que logró la libertad de Sudamérica. Era ayudante general del Estado Mayor del mariscal Antonio José de Sucre; el mismo mariscal exclamó: "*Envidio las heridas de Silva*". Fue ascendido a general de brigada; luego de la independencia, su hoja de servicio militar describía las 54 heridas que recibió en su cuerpo, por lo que el gobierno nacional le concedió su pensión por invalidez como soldado de la independencia. Silva, nuestro héroe cojedeño en nuestras tierras, participó en la batalla de Taguanes, El Palo, El Baúl y Cojedes con el general Páez. Al final de sus años se retiró a trabajar la agricultura y la ganadería en sus tierras de Montecristo en Chirgua, estado Carabobo. Fue general en jefe de la República de Venezuela, y murió en Valencia el 27 de febrero de 1873; sus restos reposan en el Panteón Nacional.

Anécdota del baile de joropo de Simón Bolívar con José Laurencio Silva

Simón Bolívar, en la ciudad de Potosí en Bolivia, bailó un vals con el general José Laurencio Silva, hijo de la comadrona de Tinaco y de un pescador, casado con Felicia Bolívar, sobrina del Libertador. La condición de pardo le causó una contrariedad al ser rechazado por una dama de la aristocracia, momentos en que el general Simón Bolívar pidió que se repitiera el vals y bailó con José Laurencio Silva. La anécdota es la siguiente: "Que deje de sonar la orquesta", ordena el general; este se ha dado cuenta de la piel, y de que por su cabello negro ensortijado, por su condición de llanero, las mujeres potosinas no aceptaban por pareja al venezolano.

Su Excelencia está ahora en medio de la sala, levanta la voz, hace una reverencia y dice: "Señor José Laurencio Silva... Ilustre prócer de la independencia americana, héroe de Junín y Ayacucho, a quien Bolivia debe inmenso amor, Colombia admiración, Perú gratitud eterna, ¿saben que el Libertador quiere honrarse en bailar ese vals con tan distinguido personaje?", y dirigiéndose a la orquesta ordenó: "Tocad un vals", y caminando donde estaba asombrado José Laurencio Silva lo reverenció: "¿Me concede el honor, general?"; y salieron al centro de la sala; el murmullo era unísono y valsearon como buenos amigos, recordando quizá las veces que lo hicieron en los campamentos de Apure, en el reposo de las campañas guerreras, al son del arpa y las maracas, así valsearon hasta que los aplausos de la numerosa concurrencia opacaron la orquesta.

En este gesto solidario del Padre de la Patria Simón Bolívar se aprecia el reconocimiento de los méritos de uno de los tantos héroes que hicieron posible la independencia de Venezuela y Latinoamérica, al igual que su identidad y amor por la música nuestra.

Hoja de ascensos militares

Entre las distinciones recibidas, José Laurencio Silva obtuvo las jerarquías militares de su tiempo, logradas así:
- 1810: Es subteniente de milicias en el Batallón Nº 9 de Tinaco, luego renuncia a ese grado militar y se incorpora a la Compañía de Cazadores de Aragua como sargento primero.
- 1813: En el mes de septiembre es elevado a teniente.
- 1814: Después del sitio de San Mateo, será vivo y efectivo teniente veterano.
- 1817: Se le asciende en Mucuritas, en el campo de batalla, a capitán de ejército.
- 1818: Cerca de Calabozo, el Libertador Simón Bolívar lo eleva a teniente coronel.
- 1824: Es proclamado, por el mariscal Antonio José de Sucre, como general de la Brigada del Perú y Colombia. El mismo año recibirá el despacho del Perú y el siguiente, de Colombia.
- 1828: Después de someter a Guayana que se alza contra el orden constitucional, fue ascendido a general de división.

- 1855: El Congreso Nacional le concede el grado de general en jefe de los Ejércitos de la República.

Obtuvo las más altas condecoraciones que se les imponían a los Libertadores y héroes de Venezuela y América.

El Libertador Simón Bolívar le designó albacea testamentario junto con Pedro Briceño Méndez, Juan de Francisco Martín y el Dr. José María Vargas.

Su nombre aparece en las páginas de la historia y destaca por su generoso despego de la vida, por sus riesgosas acciones llenas de inmensa valentía; por su inimaginable amor a la Patria, por su maravillosa manifestación de lealtad, por su sincera obediencia, por su entrega firme y decidida a la gran causa de la independencia, por su increíble humildad y porque fue un hombre en plena disposición para darle a Venezuela y dejar en la América de Bolívar su huella imborrable de luchador, de guerrero y de lidiador incansable en los campos de batalla, y donde fuere necesaria su presencia, para hacer sentir con su lanza, su espada y su caballo la fuerza vital que le movía hacia el logro de cuanto generara el incomparable pensamiento del llamado *Genio de Caracas*, nuestro Libertador, Simón Bolívar, imbuido en él y todos los demás en la gloriosa gesta que nos dejó cinco repúblicas en el goce de la libertad y la soberanía.

Varias instituciones educacionales del país llevan su prestigioso nombre, y dentro de las Fuerzas Armadas Nacionales se designan con él algunas instalaciones.

Fuente consultada: http://www.fortunecity.com/lavender/lumley/712/jose_laurencio_silva.htm

Biografía de Ramón Nonato Pérez

Ramón Nonato Pérez, héroe de la independencia, mano de derecha del Libertador Simón Bolívar, era el mejor lancero del Ejército Patriota y comandaba a los lanceros que posteriormente le dieran la victoria a nuestro ejército en la batalla de

Puente de Boyacá; por razones de enfermedad se le dio esta responsabilidad a Juan José Rondón.

Los libros acerca de la independencia de Colombia no reflejan protagonismo llanero en este proceso.

Eran los llaneros quienes se alistaban en las filas del Ejército de manera voluntaria. Según el investigador Camilo Domínguez, mientras en 1812 había unos 48.882 habitantes en el Llano, diez años después se redujeron a 17.451 y la "versión oficial" de los libros no lo registra.

Aunque la mayoría de los llaneros saben del sacrificio, pocos saben que esa cuota de dolor significó la disminución de la población en por lo menos 31.000 personas.

Dichos textos, afirman los expertos, han sido injustos con personas como Ramón Nonato Pérez, un hombre nacido en Trinidad, Casanare, y que con tercero de primaria dirigió el Ejército Libertador en los Llanos, pero que ni siquiera aparece en los libros.

"La historia siempre la han escrito personas ajenas al Llano. Solo ahora hay un grupo de investigadores que estamos descubriendo la verdadera importancia histórica de los llaneros", indicó el historiador casanareño Delfín Rivera Salcedo.

Según las investigaciones de Rivera, las personas en Casanare y Arauca conocían a Ramón Nonato Pérez como *el Libertador*, desde mucho tiempo antes que a Simón Bolívar.

Para Luis Caroprese Quintero, historiador araucano, la importancia del Llano en la gesta emancipadora radica en que este fue el único territorio de la Nueva Granada que no cayó en poder del dominio español.

"Precisamente el 16 de julio se celebró el nombramiento de la última junta provisional de gobierno elegida en Arauca para mantener la hegemonía granadina, para lo cual se contó con Santander, quien venía huyendo del centro de la Nueva Granada tras perder la batalla de Cachirí", recordó Caroprese.

Afrodescendientes en la independencia

Foto: óleo de Jesús María Zamora (1910)

Héctor Publio Pérez, catedrático e historiador casanareño, sostuvo que fueron los llaneros los que alentaron a algunos soldados que, atravesando el páramo de Pisba, querían devolverse a Tame por el frío aterrador.

"Constituido el gobierno republicano y posesionado Santander, era de esperarse un trato preferente para el Llano, que había comprado 'a tan caro precio la libertad'. Sin embargo, Santander se limitó a abrir una clase de retórica en Pore y a nombrar dos curas en San Martín, mientras construía colegios como el de Boyacá", relata *La Orinoquía colombiana*, un documento de carácter histórico del Corpes.

Las anécdotas de la independencia

- Ramón Nonato Pérez hablaba nueve lenguas indígenas, lo que facilitó dirigir el ejército rebelde llanero, compuesto también por indígenas armados de lanzas y vestidos con guayuco.
- La importancia de Pérez era tal que incluso Policarpa Salavarrieta hacía inteligencia en Santafé para lograr información y armas que eran enviadas al Llano.
- Presentación Buenahora podría ser *la Pola* del Llano, pues es considerada una heroína, ya que combatió al

frente de las filas en el campo de batalla. Solo algunos historiadores la referencian.
- Juan José Molina, un gobernador de Casanare, escribió en 1821 a Santander que antes de la guerra había unas 350.000 cabezas de ganado en la jurisdicción, y que esa población se había reducido a 150.000 cabezas.
- El atraso de Casanare tras la guerra dejó sin hombres para cultivar la tierra, lo que significó una parálisis económica.

Para Delfín Rivera Salcedo, en el Llano no hay espacios para que los llaneros conozcamos la historia regional.

"A nuestros dirigentes no les interesa el pasado, y quienes han escrito la historia no resaltan la imagen de los llaneros. Por ignorancia desconocen que una buena enseñanza crea identidad, sentido de pertenencia y recupera valores regionales", explicó Rivera.

Por su parte, Héctor Pérez es claro en afirmar que algunos llaneros no se preocupan por elevar su nivel cultural y prefieren no ahondar en la historia de sus raíces.

"Los gobiernos tampoco se interesan por crear cátedras que enseñen esta historia. En el sector educativo hace falta fortaleza para que los niños y jóvenes creen valores a partir de esta historia", dijo.

En la ciudad de Yopal, capital del departamento del Casanare, se construyó un parque y una estatua como homenaje al héroe llanero Ramón Nonato Pérez.

Concluidas las guerras y logradas las independencias de los países o las repúblicas hispanoamericanas, se esperaban cambios sustanciales que mejoraran la situación económica, social y política de las nuevas naciones, especialmente respecto de las clases populares, el pueblo o "las castas"; pero nada de eso ocurrió. El poder político, económico y social continuó como antes, en manos de los criollos blancos, quienes simplemente desplazaron a los españoles en el manejo del poder y el gobierno, continuando con las mismas practicas de antaño.

Razón por la cual, varios historiadores consideran que la independencia latinoamericana constituye una revolución social en la que las castas, las clases populares o el pueblo fueron traicionados.

Por todo lo anterior, Colombia tiene una inmensa deuda histórica, social, económica, política y cultural con los herederos de aquellos ancestros constructores de nuestra nacionalidad, la cual debe ser compensada con inversión social en sectores sensibles como: educación, salud, empleo, vivienda, infraestructura vial y saneamiento básico en las regiones habitadas por la comunidad afro, puesto que resulta contradictorio el estado de pobreza, desigualdad y exclusión social en que se debaten actualmente dichas comunidades, después de vivir un pasado tan heroico y glorioso, sin que exista voluntad política eficaz para resolver tan grave inequidad.

Para corroborar la información transcrita y recaudada en los últimos años, desde cuando escribíamos el poemario *Bolívar y el despertar negro*, publicado en el año 1984, por la claridad de su contenido y por la importancia que reviste para la educación integral de nuestros jóvenes –máxime ahora que se conmemora el Bicentenario de la independencia–, transcribiremos a continuación el capítulo dedicado a aquella gesta heroica escrito por el distinguido investigador, historiador, escritor y dirigente afrocolombiano, Dr. Libardo Arriaga Copete, incluido en su libro *Cátedra de Estudios Afrocolombianos* (Bogotá, 2002).

El negro en la historia nacional y en la independencia

"Desde el inicio de la colonia, al negro se le sometió al más drástico recorte de condiciones para el desarrollo de su personalidad; no podía deambular de noche, pues para él regía el toque de queda a partir de las diez; nadie podía contratar con él, le estaba prohibido poseer casa propia o aposento fuera de la casa de sus amos, el consumo de bebidas alcohólicas, los bailes, las reuniones, la utilización de cierta indumentaria al vestir, etc., y desde luego, el porte de armas. Y todo esto sin hablar del pasmoso régimen de penas y castigos, como los grillos, las esposas, las carlancas, las herraduras, las gargantillas, el cepo, el rejo y los azotes, los lardeamientos, las mutilaciones, los pringues de heridas con ají picante, las desmembraciones y hasta las castraciones, y la no menos inhumana como era separarlo de sus seres más queridos. A pesar de ello, el negro superó algunas de estas calamidades y sobrevivió a los castigos. Ni siquiera la prohibición de portar armas y hacer parte de las milicias se mantuvo ante las necesidades e intereses de los amos, ya que los esclavos más fieles fueron utilizados en la persecución y castigo de los huidos, y cuando se presentaron casos de alianzas entre los negros y los piratas que asediaban la costa caribeña, las autoridades crearon milicias provisionales de esclavos para combatirlos. Más tarde, al organizarse el sistema de defensa de la colonia, los negros libertos hicieron parte de las compañías de pardos y morenos, al servicio de las autoridades. La principal fortaleza militar para la defensa del régimen en la Nueva Granada estaba en la ciudad y plaza fuerte de Cartagena, y allí había una Compañía de Artilleros Milicianos de Pardos y Morenos, en el siglo XVIII.

También bajo las banderas del Ejército Libertador, operaron varias de estas compañías de pardos y morenos, y desde el comienzo de la lucha hubo halagos y reclutamientos de esclavos, libertos, negros y mulatos en las filas patriotas, en medio de las vicisitudes y contradicciones no tanto de los negros como de quienes comandaban las milicias enfrentadas en lo que para algunos era apenas una guerra civil movida por intereses de poderío entre las castas de los blancos americanos o criollos y los peninsulares o chapetones. En esas contradicciones, nada tenían que ver las castas de indios y negros".

Afrodescendientes en la independencia

Crítica a la historia conocida del país

Como premisa de entrada a este interesante nuevo enfoque que pretende mostrar la valiosa participación del negro en nuestra lucha por la independencia de España, o la fundación del Estado colombiano como nación libre e independiente, cabe tener en cuenta la crítica que el investigador Alfonso Múnera le hace a la obra *Historia de la revolución de la República de Colombia* (Editorial Bedout, Medellín, 1969), del historiador José Manuel Restrepo, publicada a partir de 1827, en París, repetida por muchos otros autores, especialmente por la *Historia de Colombia* de Henao y Arrubla, de 1912, como se conoce la obra de estos dos galardonados historiadores que divulgaron y cimentaron en las generaciones siguientes la apreciación que sobre estos hechos de la independencia había sembrado aquel testigo excepcional.

Pues bien, con muy buenas razones y abundante documentación pertinente, Alfonso Múnera, en su libro *El fracaso de la Nación,* expone tres de los que él califica de "mitos fundacionales de la Nación"; quizá los más sustanciales y que aún siguen vigentes son los siguientes: "El primero de ellos", dice, "punto de partida de la obra de Restrepo, predica que la Nueva Granada era, al momento de la independencia, una unidad política cuya autoridad central gobernaba el Virreinato de Santa Fe.

El segundo consiste en la idea de que la elite criolla de la Nueva Granada se levantó el 20 de julio de 1810 en contra del gobierno de España impulsada por los ideales de crear una nación independiente. Desgraciadamente, 'el genio del mal' introdujo la división entre los criollos federalistas y centralistas, lo cual llevó al fracaso a la primera independencia, y la fortaleza militar y puerto comercial de Cartagena fue la mayor culpable de dicho fracaso al iniciar la división.

El tercero sostiene que 'la independencia de la Nueva Granada fue obra exclusiva de los criollos'. Los indios, los negros y las 'castas' se aliaron con el Imperio o jugaron un papel pasivo bajo el mando de la elite dirigente. Es decir, participaron en los ejércitos y murieron tan ignorantes como antes. Solo por excepción se registra la actuación destacada de un mulato o de un mestizo" (A. Múnera, ob. cit., págs. 13 y 14).

Los dos primeros asertos (el mito de la unidad de la Nueva Granada y el ideal de independencia perseguido por la elite criolla) los refuta el autor citado de manera contundente, hasta "demostrar la inexactitud de semejante tesis y argumentar que la construcción de la Nación fracasó porque la Nueva Granada como entidad política nunca existió".

Que al estallar la guerra de independencia no hubo una elite criolla con un proyecto nacional, sino varias elites regionales con proyectos diferentes, y en cuanto al último mito (el que niega la participación de los negros y mulatos en la independencia), su refutación bien documentada no es menos sólida y contundente, y al efecto dice: "Las clases subordinadas tuvieron una participación decisiva, con sus propios proyectos e intereses, desde los orígenes de la revolución de independencia. Durante los años de la primera independencia de Cartagena (1811-1815), los mulatos fueron capaces de jugar un papel de liderazgo" (A. Múnera, ob. cit., pág. 18).

En esta interesantísima obra investigativa, Alfonso Múnera, quien desde 1981 enseña Historia en la Universidad de Cartagena, donde es además decano de la Facultad de Ciencias Humanas, expone en forma amena y clara la argumentación que le permite rectificar estos mitos y prejuicios arraigados durante varias generaciones, y documentar "el silenciado papel de los negros y mulatos" y "reconstruir un cuadro que muestra la importancia de los mulatos y negros libres en los eventos de la independencia".

Los episodios narrados por el autor así lo confirman, como fue el caso de la decisiva intervención del gremio de artesanos negros y mulatos de Cartagena al forzar la declaración de independencia total, mientras las otras provincias neogranadinas vacilaban y acudían a subterfugios contradictorios como los de respaldar a Fernando VII ante la invasión napoleónica, o mostrar algunos acuerdos con la regencia de la Junta de Cádiz. La declaratoria de independencia total y la construcción de la República de Cartagena de 1812 no hubieran sido posibles sin la presión del partido popular de los artesanos y sin la intervención de las milicias de pardos y morenos. Su Constitución reconoció por primera vez el derecho de todos los hombres, sin distingos raciales, a participar en la vida política del Estado recién construido.

Los episodios con que Alfonso Múnera sustenta su refutación al mito de la pasividad del negro, o el de su ninguna intervención en la declaración de nuestra independencia, como lo proclama la historia oficial de nuestro país, los mostraremos enseguida, si acaso no ha sido suficiente lo dicho hasta ahora a propósito de sus fugas, constitución de palenques y repúblicas cimarronas. El conocimiento de esos episodios nos confirma la aseveración de Germán Arciniegas, donde el eminente historiador escribe lo siguiente: "América acabaría por ser el continente de la libertad para todos, y el negro el primero en luchar por conquistarla. Es apasionante estudiar el proceso de una serie de revueltas escalonadas a todo lo largo de América, muchas de ellas ignoradas por los historiadores... La historia oficial ha deformado los hechos tratando de atribuir solo a los caudillos blancos la gloria de las insurrecciones".

Galán y los precursores

Entre las causas precursoras de nuestra independencia, los historiadores suelen señalar el movimiento de los comuneros de 1781; aunque, últimamente, ya hay quienes se han atrevido a incluir también entre tales causas las acciones y luchas de los negros, anteriores a dicho movimiento. El historiador y académico Javier Ocampo López, por ejemplo, en su obra *Historia básica de Colombia* (1999), señala entre las causas precursoras de nuestra independencia "los movimientos sociales del cimarronismo y palenquismo de los negros esclavos" (págs. 182 y 183), fenómeno este cuyas manifestaciones antecedieron a las de los comuneros de El Socorro y San Gil, a la publicación de los Derechos del Hombre por don Antonio Nariño, y a las pugnas entre criollos y peninsulares, a las cuales suele atribuir la historiografía tradicional el estallido revolucionario que se inició con el grito de independencia en Santafé de Bogotá, el 20 de julio de 1810.

El movimiento insurreccional de los comuneros se inició en El Socorro el 16 de marzo de 1781, cuando la cigarrera Manuela Beltrán rompió el edicto que fijaba los nuevos impuestos a los súbditos americanos de la Corona española; de allí pasó a los pueblos de Simacota, San Gil, Mogotes, Barichara, Vélez, Chita, Sogamoso y otras regiones del oriente neogranadino en la provincia de Tunja y al Valle del Magdalena, donde los pueblos de Ambalema, Honda, Guaduas y Villeta se sumaron al movimiento de los campesinos armados de palos, machetes y piedras, y llegaron hasta las goteras de Santafé, en Zipaquirá, donde se celebraron las Capitulaciones que permitieron suspender la marcha que ya contaba con más de 20.000 almas, la mitad de ellas indígenas y muchos negros.

A este movimiento se habían incorporado los esclavos de las regiones del Magdalena, Cauca y Antioquia, quienes alentados por el caudillo revolucionario invadieron la hacienda La Niña y las minas de Malpaso, y liberaron a los esclavos que había en ellas; en Honda, Mariquita, El Espinal, Chaparral, Melgar, Guarne, Sopetrán, San Jerónimo y Rionegro, los negros se rebelaron, paralizaron las minas, asaltaron los depósitos y, envalentonados, se atrevieron a presentar memoriales de protestas y preparativos para una conspiración que pusiera fin a la esclavitud. Aterrados, muchos propietarios esclavistas de minas y haciendas se dieron a la fuga, no sin antes poner el grito en el cielo y en las autoridades, a las cuales denunciaron que "el proyecto de estos malvados es matar a sus amos, y por consiguiente, a todos los blancos, quemar los papeles de los archivos del Cabildo, proclamar la libertad y hacerse dueños de todo" (Informe del Alcalde de Medellín, en Indalecio Liévano Aguirre, citado por I. Gutiérrez Azopardo, ob. cit., pág. 72).

En otro lugar, hemos contado las declaraciones de los negros de la hacienda de San Bartolomé en Honda, los movimientos anteriores de los esclavos dirigidos por los cabecillas Pablo y Prudencio en los palenques de Cerrito y sus conexiones con los del Cauca, Valle y Chocó, los cuales muestran que los esclavos y los negros libertos, involucrados en el movimiento comunero, querían aprovecharlo para obtener su libertad, y que lo de los impuestos era para ellos una cuestión secundaria.

Lo que muy poco se dice, o casi nunca se menciona, es que el líder comunero José Antonio Galán era mestizo.

Este caudillo hizo de la protesta iniciada por Manuela Beltrán un auténtico movimiento revolucionario "incitando a los pueblos contra las autoridades, repartiendo al pueblo los fondos de la administración de rentas, imponiendo elevadas multas a los vecinos acomodados contrarios a la rebelión y ofreciendo la libertad a los negros esclavos e incitando a los indios a rebelarse contra el gobierno, con el fin de recobrar las tierras de los resguardos y por el no pago de los tributos. En Villeta y Guaduas repartió las tierras y los bienes de los principales señores entre los pobres, pues según su consigna: 'La tierra es para quien la trabaje'. En el centro de operaciones en el Valle del Magdalena, José Antonio Galán pretendió realizar una revolución social, incitando a los campesinos a invadir las tierras de las haciendas, amotinarse en las aldeas, asaltar los depósitos de tabaco y adquirir conciencia de una verdadera insurrección.

José Antonio Galán canalizó el ambiente de subversión social de los negros palenqueros y cimarrones que se habían sublevado en las haciendas de Honda, Mariquita, Antioquia y Cauca; la bandera de apoyo que dio a los negros esclavos fue su consigna 'Se acabó la esclavitud'" (J. Ocampo López, ob. cit., págs. 188 y 189).

Sobra decir que los comuneros fueron traicionados después de las Capitulaciones de Zipaquirá, anuladas estas, y eliminados sus dirigentes, José Antonio Galán, Lorenzo Alcantuz, Isidro Molina y Manuel Ortiz.

El grito de independencia

Con el estallido del grito de independencia el 20 de julio de 1810 en Santafé de Bogotá y sus repercusiones inmediatas en el resto del país, el negro sigue con su proyecto libertario y busca en primer lugar afianzar su libertad personal y la de los otros negros que aún permanecen en la esclavitud. Ello explica sus titubeos, vacilaciones y hasta cambios de frente, los cuales vienen a ser los mismos que se presentaron en las provincias de la Nueva Granada entre algunos próceres muy importantes de la independencia, sin que pueda decirse, como parece afirmarlo tajantemente Ildefonso Gutiérrez Azopardo, que "del año 1811 al 1814 el negro será realista y de 1815 en adelante el negro será patriota" (ob. cit., pág. 75), y menos que hubiese cumplido un papel pasivo, o que hubiese sido simplemente "utilizado" por las elites en esta epopeya (íbíd.), otro mito fundacional de nuestra historia que Alfonso Múnera se ha encargado de rebatir en su obra citada.

Siendo las clases dirigentes, chapetones y criollos, minorías en los territorios americanos que fueron escenarios de las guerras de independencia, es claro que la estrategia militar indicaba la necesidad de reclutar a favor de sus respectivos bandos a las castas populares de indios, mestizos, pardos y negros, quienes podían decidir la contienda. Aunque inicialmente la doble moral de quienes habían implantado la institución de la esclavitud en suelo americano les permitió acudir a esta enseña demagógica de sonsacar al negro con ofrecimiento de bienes, casas e incluso la libertad, muy pronto los caudillos de color como el mestizo Páez, el mulato Infante y el negro Rojas pusieron del lado de la causa patriota a las castas populares. Así, el grito "Guerra a los blancos explotadores del pardo y del indio", con el cual el general español Tomás Boves reclutaba sus hombres en los Llanos Orientales, buscando darle a la contienda emancipadora el carácter de una guerra civil entre americanos, fue ahogado por el prestigio de los líderes populares que armaban sus batallones con gente de color. Después, con el decreto de Bolívar de la "guerra a muerte" firmado el 15 de julio de 1813, y con el ofrecimiento de la libertad absoluta a todos los esclavos que empuñaran las armas en las filas del Ejército Libertador, cambió la percepción de Boves por la del pacificador Morillo, quien ahora veía en la lucha armada ya no una guerra civil de América contra España, sino una "guerra de negros contra blancos", en la que, naturalmente, los blancos eran los españoles; puesto que en el ejército de Bolívar, "siete de cada diez soldados son de origen africano", según la visión del propio general español.

En efecto, Bolívar como ágil estratega militar y hábil político había logrado cambiarle el rostro al grueso de los ejércitos enfrentados. Después de su viaje a Jamaica, viajó a Haití, y en esta isla negoció con el presidente negro, Alexandre Pétion, el apoyo generoso a la causa de la independencia colombiana con hombres, armas, municiones, embarcaciones y dinero, a cambio solamente de la promesa del futuro Libertador de abolir la esclavitud en los territorios que fuera emancipando. El hecho fue, según Germán Arciniegas, que "Bolívar en Jamaica escribe con una enorme elocuencia, pidiendo el apoyo de Inglaterra para la independencia colombiana. Pero quien le tiende la mano es el presidente de Haití, el negro Alexandre Pétion, quien le da recursos para llegar a Angostura y hace posible la entrada del Libertador a iniciar la campaña que lo llevaría hasta la frontera con Argentina" (Germán Arciniegas, *Historia de Colombia*, tomo III, Zamora Editores Ltda., pág. 560).

El general Pétion cumplió su generoso ofrecimiento y llegaron los soldados negros haitianos que aquí fueron llamados "franceses", ya que hablaban francés, como para no reconocerles ni dejar para la historia su identidad negra, y también llegaron otros negros reclutados en las islas inglesas del Caribe, igualmente llamados "ingleses", por la misma razón. El Libertador fue cumpliendo su promesa a medida que iba ganando batallas y territorios durante el año 1816; pero al arreciar la guerra, simultáneamente declaraba conscriptos a los libertos mayores de 14 años, bajo la amenaza de que quien no se alistara sería devuelto a la esclavitud, presión que hacía nugatoria la manumisión. Pero la urgencia de soldados crecía y no había más remedio que acudir en primer lugar a los negros y mulatos, y también a los indígenas para engrosar las filas de los combatientes, y para satisfacer tan apremiante necesidad, Bolívar da el ejemplo liberando a los esclavos de su propia hacienda, y les exige ahora a los dueños de esclavos una contribución en hombres, proporcional a los que poseyese cada propietario, ofreciéndoles a cambio bonos del Estado, lo cual vino a enredar mucho más el asunto de los esclavos manumitidos por la guerra, pues la estirpe tramposa heredada de la picaresca española, como sigue ocurriendo aún en nuestros días, se las ingenió para sacarle provecho a la medida; los propietarios de haciendas y de minas y los grandes comerciantes poseedores de esclavos organizaron bandas particulares que se encargaban de secuestrar negros libres por todas partes y llevarlos al ejército como si fueran esclavos manumitidos en cumplimiento del decreto, con lo cual los dueños de esclavos no solo conservaban los suyos, sino que se aprovechaban ilícitamente de los bonos del Estado.

La situación de muchos negros libres y sus familias se agravó, pues vivían el sobresalto de ser sorprendidos y cazados por orden de los esclavistas blancos, y algunos revivirían en su memoria las escenas narradas por sus abuelos africanos, que entonces les habían parecido fantásticas, de hombres cazados en igual forma para ser vendidos a los esclavistas europeos.

De allí la voz del poeta de mi tierra: "Verdad que el negro es de malas; tanto luchar para nada".

El propio José Manuel Restrepo, cuya *Historia de la revolución de la República de Colombia* hemos glosado con la interpretación de Alfonso Múnera en su obra *El fracaso de la Nación*, apunta en ella lo siguiente, refiriéndose al buen gobierno del vicepresidente encargado de la administración cuando Bolívar proseguía la lucha libertadora: "Una de las grandes medidas que Bolívar había dictado poco antes fue que se tomaran 3.000 esclavos jóvenes y robustos de las provincias de Antioquia y del Chocó, así como 2.000 de Popayán, para aumentar el ejército. El vicepresidente Santander hizo observaciones sobre esta providencia por la multitud de brazos útiles que se arrancaban de la agricultura y las minas. Sin embargo, el Libertador presidente la mandó cumplir, manifestando ser altamente justa para restablecer la igualdad civil y política, porque mantendría el equilibrio entre las diferentes razas de la población. La blanca era la que había soportado el peso de la guerra en Cundinamarca, si continuaba el mismo sistema, la africana sería muy pronto más numerosa. Por otra parte, 4.000 o 5.000 esclavos jóvenes y robustos agregados al ejército prestarían un auxilio poderoso y oportuno para continuar con ventajas la guerra de independencia. Por iguales motivos se previno después que en Popayán, sobre todo, se admitiera al servicio de las armas y se concediera la libertad a cuantos esclavos se alistaran voluntariamente, disposición que en breve tiempo se generalizó" (J. M. Restrepo, ob. cit., tomo IV, pág. 133).

Hoy, a casi dos siglos de distancia, cuando ya la nueva Nación está consolidada y sin peligro de una nueva reconquista, puede costar trabajo apreciar la contribución de estos soldados negros a la causa libertadora y el significado de su esfuerzo. Por ello se les menosprecia; pero es fácil comprender que en aquella época, sin el refuerzo de los soldados negros extranjeros y de los soldados negros reclutados entre los esclavos y libertos neogranadinos, no habría sido posible la victoria de los patriotas. Así se lo dirá Bolívar en carta a Santander, a propósito de la batalla de Pantano de Vargas, y lo recordamos cuando hacemos referencia al coronel Juan José Rondón.

Una cosa debe quedar clara desde ahora, y es que el alistamiento voluntario o por conscripción en las filas libertadoras de la Patria era para los esclavos una esperanza y un medio legítimo de obtener su libertad. En las guerras de independencia, así llamadas las luchas de la gesta emancipadora, los negros lucharon por su libertad y también por la emancipación política de España, aunque no sintieran esta con la misma ardentía; los blancos no tenían que luchar por su libertad, puesto que eran libres, luchaban en cambio por la igualdad frente a los hispanos; y el no querer reconocérsele esta igualdad fue la razón para que se decidieran por la emancipación. Así lo confirman el memorial de agravios de Camilo Torres de 1809, las declaraciones de las diferentes juntas provinciales, el reconocimiento de la autoridad del rey Fernando VII, la aceptación de la Junta de Regencia de Cádiz, el envío de los delegatarios americanos a las Cortes de España, sus manifestaciones y contradicciones ideológicas en la discusión del articulado de la Constitución de 1812, y especialmente el hecho de que la primera y principal postura radical de independencia absoluta o de emancipación total de España fuera la de la provincia de Cartagena, el 11 de noviembre de 1811, presionada por los desórdenes, las amenazas y la imposición de los artesanos negros y mulatos de dicha ciudad. En esa fecha, "los mulatos y los negros de Getsemaní imponían por la fuerza a las elites criollas la declaratoria de la independencia absoluta de Cartagena" (A. Múnera, ob. cit., pág. 187).

"El 11 de noviembre, Pedro Romero, al frente de los lanceros de Getsemaní y del resto del pueblo de dicho barrio, asaltó el almacén de armas. Armados de lanzas, fusiles y puñales, sus hombres irrumpieron en el salón donde se encontraba reunida la junta y exigieron que se declarara la independencia absoluta de Cartagena, al mismo tiempo que pedían que en las milicias de pardos los oficiales fueran pardos. A García de Toledo, que trató de oponerse al pronunciamiento, lo golpearon y lo amenazaron de muerte. Asustada, la mayoría de la dirigencia criolla allí presente votó contra su voluntad por la separación absoluta de España. Al frente del pueblo se encontraban, además de sus líderes mulatos, el criollo de Mompox Gabriel Piñeres y el abogado de Corozal Ignacio Muñoz, quien estaba casado con una mulata, hija de Pedro Romero" (A. Múnera, ob. cit., págs. 196 y 197).

Por lo menos en lo que hace a la Ciudad Heroica, no pueden negarse la importancia ni la fuerza que habían adquirido los negros, no solo por su crecido número, sino también por la prestancia social de algunos de ellos. En efecto, ya hemos visto la importancia que en la vida de las ciudades, especialmente en Cartagena, había ido adquiriendo en los últimos días de la colonia el gremio de los artesanos compuesto por los negros y los mulatos. Sin el trabajo de estos artesanos, no era posible concebir la vida de la ciudad ni el funcionamiento de las instituciones que supone la organización de la sociedad. Aun la fuerza pública necesaria para conservar el orden y regular la administración dependía de los negros y artesanos; allí operaba, con anterioridad al grito de independencia de 1810, la Compañía de Artilleros Milicianos de Pardos y Morenos como uno de los cuerpos militares de la plaza.

Algunos mulatos y artesanos, como Pedro Romero, Manuel Trinidad Noriega, Pedro Medrano, Cecilio Rojas, Juan José Solano, Remigio Márquez y José Cabarcas, no solo pertenecieron a las milicias patriotas de pardos y morenos, sino a otros importantes cuerpos de la administración pública, y el más importante de todos, que sin duda alguna lo era el cubano Pedro Romero que a la edad de 24 años, en 1778, ya vivía en el barrio de Santa Catalina, además de las posiciones que ocupó en la milicia, fue miembro del cuerpo constituyente de 1812, con Cecilio Rojas y Remigio Márquez; Pedro Medrano lo fue del constituyente que reformó la Constitución en 1814, y estuvo a punto de ser elegido gobernador, en reemplazo de Pedro Gual, si no es porque el aristócrata Manuel del Castillo y Rada, ante la inminente caída de su amigo el gobernador, se alió con los oficiales extranjeros en contra del partido popular de Medrano. Mauricio Romero, el hijo de Pedro Romero, fue nombrado miembro de la Comisión de Salud Pública en 1812 y, en 1815, su padre hacía parte del Estado Mayor de Guerra y era miembro de la Cámara de Representantes de la Provincia.

Para entender mejor el poder y las luchas de los artesanos negros y mulatos, hay un antecedente clave en Cartagena: la destitución del gobernador Francisco Montes, el 14 de junio de 1810, 36 días antes del grito de independencia en Santafé. Este hecho, protagonizado por el Cabildo y preparado al parecer de antemano por el más alto oficial del ejército, Antonio de Narváez, con la intervención de los líderes populares Pedro Romero y Juan José Solano, quienes movilizaron al pueblo, en el que "negros, mulatos y zambos armados de machetes en número crecido impusieron en el gobernador la idea de que no tenía sentido oponerse a su destitución" (A. Múnera, ob. cit., pág. 178). Ese mismo día, el Cabildo designó como gobernador encargado al coronel Blas de Soria, con quien, "por primera vez en la historia de la plaza fuerte de Cartagena, un mulato de origen humilde era puesto al mando de unas fuerzas militares esenciales para la conservación del poder" (A. Múnera, ob. cit., págs. 179 y 180). Enseguida el Cabildo creó un batallón de patriotas voluntarios de pardos y blancos llamado Lanceros de Getsemaní, integrado en su mayor parte por artesanos mulatos y negros, el cual fue puesto bajo la dirección del líder Pedro Romero, elevado al efecto al rango de coronel. "Es necesario resaltar que el barrio de Getsemaní era el más grande de la ciudad y tenía una población significativa de artesanos mulatos y negros; la gran mayoría de ellos eran miembros de las milicias pardas y poseían algún adiestramiento militar".

Este batallón, ante la crisis presentada cuando la regencia de España desautorizó al Cabildo de Cartagena y nombró nuevo gobernador al brigadier José Dávila, a lo cual respondió el Cabildo prohibiéndole la entrada a la ciudad, jugó un papel decisivo durante todo el tiempo que duró el enfrentamiento con el poder español. La determinación de independencia absoluta se mantuvo, hasta cuando ante las vacilaciones de la junta, ya dominada por los criollos moderados con García de Toledo a la cabeza, después de varios sucesos y desgracias acaecidas, y tras el sitio de 106 días impuesto por el pacificador Pablo Morillo, la plaza cayó en poder de los españoles y se derrumbó la república el 6 de diciembre de 1815.

Para los criollos, lo que se buscaba era valer lo mismo que los nacidos en España, y pesar por igual en las Cortes. La igualdad para los mulatos era ante todo social; no querían ser discriminados. Los negros no aspiraban a tanto, se contentaban con obtener su libertad, pero para ello, sabían que debían estar del lado de los mulatos, sus más próximos congéneres...

Mientras la oligarquía de los criollos se libraba de la intervención del bajo pueblo en los destinos de la república independiente, España iniciaba la reconquista de sus posesiones de ultramar, y, para el caso colombiano, contaba con aquel reducto y refugio de realistas en que se había convertido Santa Marta. Fue así como el general español Pablo Morillo, comandante en jefe de las fuerzas realistas que ya venían victoriosas de Venezuela, se dispuso a capturar la fortaleza de Cartagena y para tal fin desembarcó en Santa Marta el 6 de julio de 1815, al mando de 6.000 soldados.

La mayoría de los pueblos de la provincia se le fueron rindiendo y proclamaron de nuevo al rey Fernando VII, cuando el 20 de agosto, Morillo puso sitio a Cartagena, el cual se mantuvo por 106 días, hasta el 6 de diciembre, al entrar victorioso a la plaza el general español. Durante ese lapso, "los corsarios y militares extranjeros, franceses y venezolanos habían depuesto a Castillo y Rada del mando del ejército y habían nombrado en su lugar al venezolano Bermúdez. La mayoría de los puestos de defensa estaban dirigidos por ellos. En realidad, los extranjeros y no los criollos terminaron dirigiendo la resistencia heroica y suicida de los 106 días contra el sitio impuesto por las tropas españolas" (A. Múnera, ob. cit., pág. 212). El mismo Morillo y los historiadores colombianos describen el desolador aspecto de la plaza tomada por hambre en donde la mayor parte de sus habitantes estaban moribundos y diezmados por la peste; eran más de 30 personas las que morían diariamente y en total fueron cerca de 7.000 los que perecieron tras la heroica resistencia. La noche anterior a la pérdida definitiva, más de 2.000 hombres emigraron a las islas del Caribe a bordo de las embarcaciones corsarias. El testimonio nada imparcial del segundo hombre de Morillo, Pascual Enrile, deja muy mal parados a los fugitivos del horror: "Los malvados que mandaban", dice, "se conservaban los víveres, daban cuero cocido de ración a los soldados y nada a los desgraciados habitantes" (A. Múnera, ob. cit., pág. 212).

Nueve criollos cartageneros subieron al panteón de los mártires de la Patria: José María García de Toledo, Antonio José Ayos, Manuel del Castillo y Rada, Miguel Rodríguez Torices, Pantaleón Germán Ribón, José María Portocarrero, Miguel Granados, Martín Amador y Santiago Stuart. Pero antes, el pacificador Morillo ya había fusilado a 35 personas de origen humilde, según da cuenta Antonio Rodríguez Villa en su obra *El teniente general don Pablo Morillo, primer conde de Cartagena, marqués de la Puerta* (Tipografía de Fortanet, Madrid, 1980).

Tal vez podría pensarse si, bajo los motines y desórdenes de los caudillos populares al mando de sus aguerridas milicias de pardos y morenos, la suerte hubiera sido otra manteniendo firme la resistencia y el deseo de una separación definitiva, no obstante las amenazas y manotazos a los bienes de comerciantes españoles que la culta elite cartagenera había querido proteger en los últimos meses de esta Primera República que se derrumbaba solitaria ante la mirada indiferente de las otras provincias de la Nueva Granada, especialmente de la indefensa Santafé, que tampoco tardaría en caer (frente a la arremetida española).

Los que siguieron fueron los años terribles de la reconquista española bajo el dominio del pacificador Pablo Morillo y el sanguinario Juan Sámano, quienes implantaron el régimen del terror, durante el cual pereció la mayor parte de la generación de próceres de la Primera República Granadina: Camilo Torres, Francisco José de Caldas, Manuel Rodríguez Torices, Miguel Montalvo, Miguel Buch, Joaquín Camacho, Jorge Tadeo Lozano, Frutos Joaquín Gutiérrez, Antonio Villavicencio, Antonio Baraya, José Cayetano Vázquez, Liborio Mejía, Antonia Santos, Policarpa Salavarrieta, su novio Alejo Sabraín, y "muchos patriotas más", como nos enseñaron en la escuela. Seguro que entre estos últimos estaban los 35 morenos que Morillo pasó por las armas en Cartagena y un montón de innominados combatientes de la libertad.

Entre esos mártires de la Patria merecen citarse los que en el Chocó ofrendaron sus vidas: Tomás Pérez, el valeroso sinuano que combatió en las riberas del río Atrato al lado de un pelotón de negros esclavos cuyas cadenas poco antes había soltado el patriota Francisco García Falcón, en una de las hazañas más heroicas; Miguel Buch y Miguel Montalvo, perseguidos hasta el suplicio después del desastre del Arrastradero de San Pablo, y fusilados en Bogotá el día 29 de octubre de 1816, al lado de Caldas y de otros mártires.

Negros del pueblo humilde fueron los que levantaron el fuerte del Remolino de Murrí, lo defendieron en tres ocasiones, dos de ellas victoriosas; y negros e indios fueron también los que en hazaña sin par cargaron sobre sus hombros unas veces, y en otras arrastraron por peñascos y andurriales, el navío *La Rosa de los Andes*, comandado por el irlandés Juan Illingworth, desde Cupica, en el océano Pacífico, atravesando el istmo del Darién hasta echar el pesado bote en las aguas del río Atrato, al lado del otro mar, o sea, el océano Atlántico.

La lucha que se entabla ahora es la de las acciones patriotas por recuperar los territorios perdidos durante la invasión pacificadora del general Morillo y sus hombres, la organización de los ejércitos libertadores al mando de Bolívar, Santander, Córdova, Páez, Sucre, Padilla, Rondón, Anzoátegui, Ricaurte y Girardot. Como es sabido, bajo la dirección de estos oficiales estuvo el Ejército Patriota compuesto por mestizos, indios, negros, criollos y algunos extranjeros, principalmente haitianos, ingleses y franceses.

"Alrededor de las campañas militares de los patriotas, se formó un ejército popular integrado por mestizos, negros e indígenas y los dirigentes criollos. A su paso, las gentes salían de las aldeas y de los campos y se integraban a las tropas republicanas, recibiendo instrucciones en la marcha y en la acción" (J. Ocampo López, ob. cit., pág. 209).

La Campaña Libertadora

La Campaña Libertadora de nuestra guerra de independencia la había concebido Bolívar desde su exilio en Jamaica y Haití, después de ver a su Patria y a los otros pueblos de América sometidos nuevamente a la dominación española. Con ese propósito regresó a Venezuela, y el 26 de mayo de 1819 emprendió la marcha desde Mantecal al frente del Ejército Libertador, compuesto por 1.300 hombres de infantería y 800 de caballería. El 12 de junio, las tropas venezolanas ya estaban en Tame, Arauca, y allí se reunieron con las granadinas que comandaba el general Santander y tuvieron su primer encuentro victorioso frente al enemigo en el Trincherón de Paya, el 23 de junio de 1819. En la Junta del Llano de San Miguel se decidió cruzar el páramo de Pisba. Este cruce fue de lo más difícil y arriesgado, pues los ejércitos llegaron famélicos, casi desnudos y entumecidos por el frío. Sin embargo, la cálida recepción de los campesinos boyacenses de Socha, Tasco y Corrales, quienes les suministraron alimentos y ropas de su uso, les devolvió no solo la moral, sino las fuerzas para enfrentar a los realistas en Gámeza y Tópaga. Luego de estos combates victoriosos, y movidos por el entusiasmo popular que despertó el gesto de los campesinos, hicieron los preparativos para las batallas que serían las decisivas: la de Pantano de Vargas, el 25 de julio, y la de Puente de Boyacá, el 7 de agosto de 1819.

La primera fue la más difícil y sangrienta y estuvo a punto de perderse, si no es porque a última hora irrumpió el comandante Juan José Rondón con sus 14 lanceros que arremetieron con tanta furia al Ejército Realista que desbarataron sus filas, obligándolos a la retirada. En esta acción fue importante el aporte de la Legión Británica al mando del coronel James Rooke y del Batallón de los Bravos de Páez. Las bajas fueron 500 para los realistas del comandante Barreiro y 140 para las filas patriotas. Trece días después tendría lugar la última y decisiva batalla, la del Puente de Boyacá, que custodiaba la entrada hacia Santafé y que selló la independencia de la Nueva Granada con la huida del virrey Juan Sámano, quien en su desesperada fuga por el camino de Honda les decía a sus escoltas, refiriéndose a los patriotas, *"Apresúrense que allá vienen esos cobardes"*.

A partir de esa victoria, lograda en el breve lapso de 77 días, entre el 23 de mayo cuando el Libertador expuso el plan de liberar a la Nueva Granada y el 7 de agosto de 1819, día de la grandiosa batalla de Boyacá, se dio comienzo a la consolidación del nuevo Estado colombiano y la organización de su gobierno hasta la reunión del Congreso Constituyente de Angostura, que proclamó la independencia definitiva con la aprobación de la Carta Magna de los colombianos y la exclamación de su presidente Francisco Antonio Zea: *"La República de Colombia queda constituida. ¡Viva la República de Colombia!"*.

Los negros en la Campaña Libertadora

En esas luchas libertadoras, como lo hemos visto, los negros también estuvieron presentes. Puede decirse que ellos constituyeron el grueso de los ejércitos, pues los soldados rasos, en su inmensa mayoría, reflejaban la composición étnica de la Nación que, para el primer censo oficial realizado en 1825, mostró cómo la Nueva Granada aparecía con una población de características triétnicas, con predominio de mestizos, indígenas y negros en un 78%, en relación a los blancos con un 22%.

El grueso del ejército de los combatientes que habían logrado la victoria sobre las armas españolas se había formado igualmente con indios y negros reclutados al paso de las tropas, con negros esclavos deseosos de ganar su libertad y libertos que se ofrecían a la causa patriota por alcanzar la libertad para sus hermanos y familiares. También los pardos o mulatos, desde las milicias, se habían incorporado al servicio militar y algunos ya ostentaban distinciones de suboficiales, como cabos, sargentos, etcétera.

Además de los patriotas de origen humilde, al lado de los llamados "ingleses y franceses" que en su mayoría eran negros de las islas caribeñas de habla inglesa y francesa, cabe destacar el regimiento compuesto por negros haitianos, con sus armas, municiones y pertrechos enviados por el presidente negro Alexandre Pétion.

Sobre la Campaña Libertadora, dice el maestro Germán Arciniegas lo siguiente: "Bolívar en Jamaica escribe con una enorme elocuencia su carta, pidiendo el apoyo de Inglaterra para la independencia colombiana. Pero quien le tiende la mano es el presidente de Haití, el negro Alexandre Pétion, que le da recursos para llegar a Angostura y hace posible la entrada del Libertador a iniciar la campaña que lo llevaría hasta la frontera con Argentina. Lo único que le pidió Pétion fue la abolición de la esclavitud en Colombia" (G. Arciniegas, ob. cit., tomo III, pág. 25).

Entre los oficiales del Ejército Libertador, también hubo mestizos con sangre de negros que se distinguieron por sus hazañas valerosas. Bolívar lo reconoce así en varias oportunidades, como cuando en una de sus cartas consigna lo siguiente: *En los primeros años de la independencia se buscaban hombres, y el primer mérito era ser valiente; de todas clases eran buenos, con tal que peleasen con brío. A nadie se podía recompensar con dinero, porque no había; solo se podían dar grados militares para estimular el entusiasmo y premiar sus hazañas. Así es que hombres de todas las clases se hallan hoy entre nuestros generales, jefes y oficiales, y la mayor parte de ellos no tienen otro mérito que el valor brutal, que ha sido tan útil a la República; haber matado muchos españoles y haberse hecho temibles. Negros, zambos, mulatos, blancos, hombres de todas las clases, que hoy en día, en medio de la paz, son un obstáculo para el orden y la tranquilidad, pero fue un mal necesario*" (citada por Fernando González en *Mi compadre*, págs. 38 y 39).

El prejuicio etnocentrista de algunos europeos, movido además por resentimientos arcaicos y algunas descripciones físicas del personaje, ha llegado hasta a querer ver en el fenotipo del propio Libertador Simón Bolívar rasgos negroides que lo identifiquen como "mulato", buscando con ello demeritar su condición social, su valía personal y su descomunal dimensión histórica. Tal es el caso del señor Salvador de Madarriaga, metido a historiador del máximo héroe de la epopeya americana. No necesitamos terciar en esa polémica, pues, si así hubiera sido, ello en nada afectaría su gloria ni demeritaría su obra. Laureano Gómez, un caudillo civil de los colombianos, decía hace algunos lustros: "Hace tiempo adopté como norma esencial de mi vida este precepto leído en el libro inmortal de Kempis: 'No eres mejor porque te alaben ni peor porque te vituperen, lo que eres, eso eres'". De igual manera, al reivindicar o hacer notar en algunos próceres de nuestra independencia su condición étnica de negros, de mestizos o de mulatos, no estamos añadiendo ni quitando nada a su obra ni a sus méritos, pues ellos están allí consagrados en la historia por lo que hicieron. Pero cuando se trata de desbaratar prejuicios inveterados en el alma de los colombianos, por desconocimiento o por cualquiera otra razón, sí resulta útil, conveniente y legítimo señalar en ellos la condición que sirva para justipreciar a otros. Es por ello por lo que los negros podemos pregonar con orgullo que las dos más altas distinciones y rangos jerárquicos otorgados a militares del Ejército Libertador, ganados ambos en pleno campo de batalla, correspondieron a dos oficiales de ascendencia negra: el de almirante, al negro José Prudencio Padilla, y el de Gran Mariscal, al mulato Antonio José de Sucre (L. Arriaga Copete, ob. cit., págs. 233-249).

La carrera militar del almirante Padilla, llamado *el Nelson americano*, es un caso excepcional; siendo casi un niño se alistó como grumete en el buque de guerra español *San Juan Nepomuceno*, en el cual le tocó combatir contra la Marina británica en la famosa batalla de Trafalgar ocurrida el 22 de octubre de 1805, en la cual cayó prisionero de los ingleses. Celebrada la paz entre Inglaterra y España, recobra su libertad y regresa a Cartagena, donde se incorpora a la Compañía de Artilleros Milicianos de Pardos y Morenos. Participó en las gestas del grito de independencia de la Ciudad Heroica el 11 de noviembre de 1811, al lado de Pedro Romero, cuando guiaron al pueblo soberano desde el barrio de Getsemaní hasta la plaza principal para proclamar la independencia absoluta de Cartagena frente al poder español. En 1815, participó en la batalla de Urabá, donde capturó al mariscal de campo español Alejandro Hore, con su familia y más de 300 soldados y oficiales, así como abundante material de guerra como fusiles, municiones y vestidos. El día 24 de noviembre del año 1821, le correspondió dirigir la batalla naval que despojó a Pablo Morillo de la ciudad de Cartagena, la posesión más preciada que aún le quedaba a España en el continente americano. Finalmente se cubrió de gloria en la famosa batalla de Maracaibo, ocurrida el 24 de julio de 1823, fecha en la cual atacó con gran valor y energía, contra todo pronóstico, puesto que el Libertador le solicitó aplazar la batalla hasta que le llegaran refuerzos, logrando vencer definitivamente a la Marina de Guerra española y liberar las costas y mares de la Gran Colombia. Hazaña por la cual nuestra Armada Nacional lleva con orgullo el nombre glorioso de José Prudencio Padilla.

Batalla naval del Lago de Maracaibo

Librada el 24 de julio de 1823, resultó una acción decisiva en las campañas navales de la independencia. En dicha batalla se enfrentó la escuadra republicana, dirigida por el general

José Prudencio Padilla

José Prudencio Padilla, comandante del Tercer Departamento de Marina y de las operaciones sobre el Zulia, y la realista, mandada por el capitán de navío Ángel Laborde y Navarro, comandante del apostadero de Puerto Cabello y segundo jefe de la Armada española sobre costa firme. La escuadra patriota estaba compuesta por los bergantines *Independiente*, *Marte*, *Fama*, *Confianza* y *Gran Bolívar*; las goletas *Espartana*, *Independencia*, *Manuela*, *Chitty*, *Emprendedora*, *Aventina*, *Peacock*, *Antonia Manuela* y *Leona*. En cuanto a las fuerzas realistas, estaban conformadas por el bergantín *San Carlos*; los bergantines-goletas *Esperanza* y *Riego* o *Maratón*; la goleta de gavias *Especuladora*; las de velacho *María Salvadora*, *Estrella*, *Coru*, *Muriana*, *Rayo*, *María Habanera* y *Zulia*; las flecheras *Atrevida* y *Maracaibera*; los pailebotes *Guajira* y *Monserrat*; los faluchos *Resistencia*, *Mercedes*, *Brillante*, *Relámpago* y *Pedrito*, y las piraguas *Raya*, *Duende*, *Palomera*, *Esperanza*, *Félix María*, *Altagracia*, *San Francisco* y *Corbeta*, con un total de 49 cañones, 14 carronadas, 4 obuses, individuos de tropa y 670 de marinería, incluidos jefes y oficiales.

Luego de haber tenido tres encuentros parciales con la española, la escuadra republicana se apostó en el puerto de Moporo, donde pasó la primera quincena de julio sin actividades de mayor importancia hasta el 17, cuando el comandante Laborde envió a Padilla una intimación que este rechazó, por lo que los días subsiguientes transcurrieron en febril actividad bélica, en los que ambos comandantes se mantuvieron acondicionando sus buques, concentrando provisiones y adiestrando sus tripulaciones con miras al combate. En la tarde del 23, la escuadra realista se dirigió a la costa occidental del lago en las inmediaciones de Capitán Chico y fondeó entre este sitio y Bella Vista, al norte de Maracaibo, quedando en línea de combate, pero la republicana permaneció en la vela hasta el anochecer que fue a dar fondo en Los Puertos de Altagracia, quedando todos los buques en una línea paralela a la costa oriental, avanzando las fuerzas sutiles hasta Punta de Piedra. Al amanecer del 24, los comandantes de los buques republicanos fueron llamados al bergantín *Independiente*, donde el general Padilla les dio las últimas instrucciones para el combate, efectuando algunos cambios y no satisfecho aún, a las diez y treinta de la mañana, pasó personalmente a bordo de toda la escuadra, con el objeto de arengar a sus dotaciones y animarlas de un modo eficaz para que, llegado el momento de atacar a los realistas, lo hicieran con la mayor intrepidez y entusiasmo. A las diez y cuarenta roló el viento al noroeste, y diez minutos después se hizo la señal de prepararse a dar la vela, pero habiendo aflojado llamándose al sur, se reservó la decisión de levar anclas hasta que se afirmase la brisa por donde fuera favorable, pese a que todo lo invitaba a atacar a la escuadra realista que se hallaba fondeada al frente en línea paralela a la costa y muy próxima a ella.

A las dos de la tarde, se ordenó al comandante de las fuerzas sutiles levar y seguir sobre las embarcaciones realistas de su clase, en atención a que por su menor andar debía adelantarse; a las dos y veinte, hicieron la señal de dar la vela, y minutos después la de formar la línea de frente para atacar al mismo tiempo a todos los buques enemigos que estaban observando aquellos movimientos que se acordaron. Como el bergantín *Marte* estaba situado a barlovento y el *Independiente*, a sotavento, fueron proporcionando el andar de modo que quedase y siguiese perfectamente bien formada la línea de batalla para lograr la ejecución del plan que Padilla se había propuesto, sin que por esto se dejasen de hacer las señales que fuesen menester a cada uno de los que se desviasen de su sitio. Los buques republicanos avanzaron con rapidez sobre la escuadra realista que se mantuvo anclada en espera del ataque; el ala sur de la escuadra la llevaba el general Padilla y el ala norte estaba a las órdenes del capitán de navío Nicolás Joly, cortando la retirada hacia la bahía. A las tres de la tarde, colocaron la señalar de abordar al adversario, dejándola izada no obstante haber sido contestada por todos los buques, para manifestar con ello que ninguna cosa restaba por hacer. A las tres cuarenta y cinco, la flota realista abrió fuego sobre las escuadras patriotas, pero la escuadra de Colombia la Grande prosiguió avanzando sin disparar un tiro; hasta que estando cerca rompieron los fuegos de cañón y fusilería. Al romperse los baupreses, el bergantín *Independiente* se echó sobre el *San Carlos*, y se dio comienzo al abordaje, fase con la cual se decidió la victoria para los republicanos. Como consecuencia del ataque patriota, fueron destruidos muchos buques realistas y capturados otros. Los realistas, en la más angustiosa situación, picaron los cables y trataron de escapar haciéndose a la vela; pero fracasaron en su intento, pues sus buques mayores fueron hechos prisioneros. La mayor parte de la tripulación del *San Carlos* se arrojó al agua e igual suerte corrió la de los otros buques, excepto la del bergantín-goleta *Esperanza*, que fue destruido por una explosión. En definitiva, solo tres goletas lograron escapar y se pusieron al abrigo del Castillo San Carlos.

Terminada la jornada, el general Padilla ordenó que la escuadra diese fondo allí donde había combatido. Poco después, se dirigió a Los Puertos de Altagracia a reparar las averías de sus naves. Por su parte, el comandante Ángel Laborde pasó al castillo, ganó luego la barra, tocó en Puerto Cabello y con el archivo del apostadero se dirigió a Cuba. Las pérdidas de los republicanos fueron de 8 oficiales y 36 individuos de tripulación y tropa muertos, 14 de los primeros y 150 de los segundos heridos y un oficial contuso, mientras que las de los realistas resultaron mayores, sin contar los 69 oficiales y 368 soldados y marineros que quedaron prisioneros. En dos horas de recio combate, se decidió la acción, la cual abrió el camino de las negociaciones con el capitán general de Venezuela, quien al concluirlas el 3 de agosto siguiente, se obligó a entregar el resto de los buques españoles, la plaza de Maracaibo, el Castillo San Carlos, el de San Felipe en Puerto Cabello, así como todos los demás sitios que ocupaban los españoles, y el día 5 evacuó definitivamente el territorio nacional.

Fuente consultada: http://www.venezuelatuya.com/historia/batalla_naval_lago.htm

El Gran Mariscal de Ayacucho

Con respecto al Gran Mariscal de Ayacucho, Antonio José de Sucre, llamado por Bolívar *el Hombre de la Guerra*, basta decir que luchó con valor y se convirtió en héroe de las más importantes batallas de la independencia de la Gran Colombia, tales como: Junín, Pichincha y Ayacucho, donde contó con la participación masiva de soldados afrodescendientes, cuyas victorias sellaron la independencia de los territorios que hoy conforman las repúblicas hermanas de Ecuador, Perú y Bolivia.

Por su carácter, su valor y su heroísmo, Sucre fue considerado el segundo al mando del Ejército Libertador.

Conformada la República de Bolivia, fue designado jefe del Poder Ejecutivo y posteriormente presidente vitalicio de la República, cargo al cual renunció poco después debido a las graves intrigas palaciegas.

Biografía de José Antonio Páez Herrera

José Antonio Páez Herrera (Curpa, Portuguesa, Venezuela, 13 de junio de 1790 - Nueva York, Estados Unidos, 6 de mayo

Gral. José Antonio Páez, óleo sobre tela de Martín Tovar y Tovar

de 1873) fue un militar y político destacado de Venezuela, presidente de la República en tres ocasiones (1830-1835; 1839-1843; 1861-1863).

Fue uno de los próceres más sobresalientes de la emancipación de Venezuela y se le considera entre los principales representantes del caudillismo americano. Protagonista del nacimiento de la República, colaboró en la creación de los símbolos patrios, de la iconografía procera y territorial de Venezuela y de Colombia. Fue uno de los ideólogos de la consolidación del Estado de Venezuela. Además, fue tío del pintor venezolano Carmelo Fernández Páez.

Primeros años

José Antonio Páez nació de una familia muy humilde y numerosa de origen canario en una casa muy modesta al costado del río, en Curpa de Acarigua, hoy estado Portuguesa, que para entonces era provincia del estado Barinas. Bautizado en la iglesia del mismo pueblo, fue el penúltimo de los hijos y el único sobreviviente de ocho hermanos nacidos de la pareja formada por Juan Victorio Páez y María Violante Herrera. Su padre era un empleado de bajo nivel del gobierno colonial en el ramo del tabaco, quien compartía poco tiempo con la familia. José Antonio cursó sus estudios primarios en la pequeña escuela privada de Gregoria Díaz.

En 1807, cuando regresaba de un viaje de negocios desde Cabudare (actual estado Lara), fue asaltado por cuatro bandoleros en el bosque de Mayurupí, cerca de la población de Yaritagua (actual estado Yaracuy). Armado con unas viejas pistolas y su sable, dio muerte a uno de ellos y puso en fuga a los demás. Ante el peligro de una posible venganza por parte de los asaltantes y la amenaza de la justicia, Páez huyó hacia los Llanos de Apure donde consiguió empleo como peón en el hato La Calzada, propiedad de Manuel Antonio Pulido, que abarcaba la jurisdicción de tres distritos: Pedraza, Barinas y Obispos del estado Zamora, ocupando unas 99.000 hectáreas.

Su padre falleció cuando José Antonio tenía 20 años, pero ya en ese entonces estaba casado con Dominga Ortiz, hija de don Francisco de Paula Ortiz y de doña Micaela Orsúa. El matrimonio fue consagrado por el cura Pedro José Leal, encargado de la jurisdicción, el 1 de julio de 1809.

Páez se dedicó al comercio de ganado, como dueño de un hato en Canaguá, donde trabajaba junto a su cuñado Bernardo Fernández. En el hato aprendió las faenas de un llanero y se convirtió en un experto jinete, diestro con el lazo y la lanza, y desarrolló un físico formidable.

A finales de 1810, se unió como soldado a un escuadrón de caballería dirigido por su antiguo patrón, el coronel Manuel Antonio Pulido. Este había sido formado para luchar contra el gobierno republicano creado tras los sucesos del 19 de abril de 1810.

Bajo las órdenes del coronel Pulido y posteriormente del coronel García de Serna, Páez luchó en la campaña de Barinas de 1810 a 1813, donde pronto ostentó el grado de sargento primero. Poco después, pidió la baja. También recibió una orden de Antonio Tíscar, gobernador de Barinas, para recoger un ganado y se le ofreció el grado de capitán; Páez cumplió su misión, pero rechazó el ascenso. Pocos días después, se pasó a los republicanos en Santa Bárbara, Barinas, uniéndose con el grado de sargento a las tropas patriotas al mando de su antiguo jefe, el coronel Pulido.

Con ellos siguió hasta la ciudad de Barinas que había sido abandonada por los españoles, como resultado de la Campaña Admirable de Simón Bolívar.

En Barinas, recibió órdenes de atacar a Canaguá, ocupada por el comandante realista Miguel Marcelino con 400 jinetes. Páez cumplió sus órdenes y el 27 de noviembre derrotó a Marcelino en las Matas Guerrereñas, lo que le valió el ascenso a capitán. De regreso a Barinas, fue capturado por los realistas y se salvó de ser fusilado por medio de una argucia, logrando escapar.

En enero de 1814, se unió a las fuerzas del coronel Ramón García de Serna que guarnecían a Barinas, sitiada por los realistas. Tras ser perdida la plaza, Páez se encontraba en el ejército que se batía en retirada hacia Mérida. Allí se integró a las órdenes de Antonio Rangel, quien venció al comandante realista Aniceto Matute el 18 de febrero en el combate de Estanques.

A finales de septiembre, Páez se unió a la columna de Rafael Urdaneta que desde Barquisimeto se retiró hacia la Nueva Granada vía los Andes. Páez mandaba un piquete de caballería que antes había pertenecido a la división de García de Serna. Se dirigió desde Bailadores hacia los Llanos de Casanare, y en Poré se incorporó como segundo comandante al regimiento de caballería que dirigía el comandante Francisco Olmedilla. Con esta unidad participó en la toma de Guasdualito el 29 de enero de 1815. Más tarde ese año, sirviendo como comandante de un escuadrón de caballería republicano en la división del general de brigada Joaquín Ricaurte, combatió en la batalla de Chire derrotando al coronel Sebastián de la Calzada.

El 13 de enero de 1816, combatió en el Arauca a las órdenes de Miguel Guerrero, con triunfo para los patriotas. Luego de un corto tiempo, Ricaurte regresó a Casanare dejando a Páez en Apure con 300 lanceros. Con estos efectivos, Páez derrotó a Vicente Peña en Palmarito el 2 de febrero, y el 16, a Francisco López en Mata de la Miel, quien lo triplicaba en número. Estas victorias le valieron el ascenso a teniente coronel por el gobierno neogranadino. El 13 de junio, derrotó nuevamente a López en el Paso del Frío.

Hacía ya tiempo que había muerto Boves, y crecía la fama de Páez como caudillo de los Llanos. Hombres que sirvieron con Boves y Morales comienzan a pasarse a las filas de Páez, que empieza a ser llamado con algunos calificativos como *León de Payara*, *Centauro de los Llanos* y *el Taita*.

Poco después de su victoria en El Frío, hallándose en la Trinidad de Arichuna, marchó por orden del coronel Miguel Valdés hacia la villa de Arauca en Nueva Granada, a una junta de oficiales granadinos y venezolanos, con el propósito de formar un gobierno provisional (conocido como "gobierno de Guasdualito"). Constituido dicho gobierno, se produjo un incidente en septiembre de 1816, cuando los funcionarios delegados por el gobierno de Guasdualito llegaron a Arichuna a ejercer el poder, y un grupo de oficiales venezolanos se propusieron desconocerlo y colocar a Páez como jefe supremo de los Llanos.

La junta de oficiales, compuesta por los coroneles Juan Antonio Paredes y Fernando Figueredo; los tenientes coroneles José María Carreño, Miguel Antonio Vásquez, Domingo Meza y José Antonio Páez, y el sargento mayor Francisco Conde, eligió a Páez para ocupar el cargo de jefe supremo, reemplazando así a los jefes civiles y militares nombrados por Guasdualito, coroneles Fernando Serrano Uribe y Francisco de Paula Santander, respectivamente. Luego de una amarga discusión entre los representantes de Guasdualito y los de Arichuna, Páez asumió el cargo junto con el ascenso a general de brigada otorgado por la junta de oficiales.

Así con el incidente de Arichuna, Páez asciende a máximo jefe de los Llanos Occidentales venezolanos. El 6 de octubre venció en el combate de Los Cocos, y el 11 en El Yagual, seguido de otros éxitos en Achaguas, San Antonio de Apure, Banco Largo, San Fernando de Apure y Palital.

El 28 de enero de 1817, se produjo la batalla de Mucuritas, donde Páez con 1.100 hombres destruyó al ejército de Miguel de la Torre, que contaba con 4.000 hombres. En medio de la acción, Páez prendió fuego a la sabana y realizó varias cargas de caballería. Los españoles lograron salvarse lanzándose a una vaguada por la cual escaparon. En ese año, también libró los combates de San Antonio de Apure (13 de abril), Paso de Apurito (18 de junio), Paso de Utrera (20 de junio), Toma de Barinas (14 de agosto) y Apurito (8 de noviembre).

El 14 de enero de 1818, venció en La Biruaca al comandante José María Quero. El 30, en el hato Cañafístola se entrevistó con el general Simón Bolívar, presidente de Venezuela en campaña que venía desde Angostura para integrar el ejército de Apure en la campaña contra el Guárico. Páez reconoció la autoridad de Bolívar y la Campaña del Centro se inició el 6 de febrero con la Toma de las Flecheras, según el plan trazado por Páez.

El 12 de ese mes, combatió en la batalla de Calabozo donde Bolívar obtuvo una gran victoria sobre Pablo Morillo. Páez se encargó como comandante de la vanguardia de perseguir a los españoles y los derrotó en La Uriosa (15 de febrero). Al día siguiente, participó a las órdenes del Libertador en la batalla de El Sombrero, donde nuevamente vencen los venezolanos. El 22 de febrero es nombrado gobernador de Barinas y recibe órdenes de liberar San Fernando de Apure, lo que logró el 8 de marzo. El 26 de ese mes, participó en la batalla de Ortiz donde salen vencidos los patriotas, y el 2 de mayo combate en Cojedes, acción que resulta indecisa.

"Vuelvan caras"

El 20 de enero de 1819, Paéz es ascendido en San Juan de Payara por el Libertador a general de división, y entre ese mes y abril

"Vuelvan caras" (1890), de Arturo Michelena, óleo sobre tela (300 x 460 cm), representando el momento en que Páez ordena volver sobre el enemigo

libró la Campaña de Apure junto a Bolívar contra las tropas de Morillo, que habían invadido el Apure. En esa campaña, Páez libró los combates de Caujaral, Cañafístola, Trapiche de la Gamarra y Las Cocuizas.

El 2 de abril se produjo la batalla de las Queseras del Medio. Los ejércitos de Bolívar y Morillo se encontraban frente a frente divididos por el río Arauca. Páez decidió atacar por sorpresa a Morillo y cruzó el río con unos 150 lanceros dirigiéndose al campamento de Morillo a provocarlo a una batalla. Este destacó su caballería al mando de Nicolás López, unos 1.000 jinetes en total, para que destruyan a Páez. Páez se retiró perseguido por los realistas hasta que en el momento oportuno ordenó a su tropa *"Vuelvan caras"*, cayendo sobre sus perseguidores y destruyendo la caballería realista que huyó de vuelta a su campamento. Las Queseras fue el mayor triunfo de la carrera militar del general Páez: en reconocimiento a su brillante acción, Bolívar lo condecoró con la Orden de los Libertadores al día siguiente.

Finalizada la Campaña de Apure con la retirada de Morillo a Calabozo, Bolívar inicia la Campaña Libertadora de Nueva Granada y a Páez le corresponden funciones de seguridad y reserva estratégica, vigilar los movimientos de Morillo y cortar, en conjunción con el Ejército de Oriente, un posible ataque de Morillo a las fuerzas de Bolívar.

Se dice que el mariscal Morillo respondió a una misiva del rey Fernando VII, en la que le reprochaba el no poder derrotar a "aquella gavilla de salvajes poco numerosa", en estos términos: "Dadme un Páez, Majestad, y 1.000 lanceros del Apure, y pondré Europa a vuestros pies".

Batalla de Carabobo

La carga de la división de Páez decidió la batalla de Carabobo

Con las hostilidades del 28 de abril de 1821, se iniciaron las operaciones que culminarían en la batalla de Carabobo. Páez salió de Achaguas el 10 de mayo a su reunión con Bolívar y las demás divisiones del Ejército Libertador. El 24 de junio se libró la batalla que selló la independencia de Venezuela. Páez comandó la Primera División con la cual ejecutó un movimiento de flanqueo de las posiciones realistas por el norte. Tras un duro combate con los batallones Burgos y Hostalrich, los Cazadores británicos sostuvieron la línea mientras que Páez con la caballería forzaba el paso, entraba a la sabana y atacaba a la infantería española desde su retaguardia. El éxito del combate en el norte decidió la batalla, y los españoles fueron destruidos casi por completo.

La Torre se refugia en Puerto Cabello con unos 500 soldados. Bolívar asciende a Páez en el mismo campo de batalla a general en jefe del ejército colombiano.

En esta batalla, los españoles perdieron el 65% de su tropa; los sobrevivientes se refugiaron en el Castillo de Puerto Cabello, el cual fue el último reducto de los españoles en territorio venezolano hasta que fueron expulsados de allí por Páez en 1823.

Jefe militar del departamento de Venezuela

Poco después de la batalla de Carabobo, Bolívar nombró a Páez comandante general del distrito militar que incluía las provincias de Caracas, Barquisimeto, Barinas y Apure. Páez salió de Valencia a los Llanos de Calabozo para acabar con un levantamiento realista instigado por Morales desde Puerto Cabello. Ese mismo año, tras haber sofocado la rebelión, Páez volvió a Valencia desde donde vigiló el sitio de Puerto Cabello.

Debido a una epidemia que azotó a su ejército causándole muchas bajas, Páez vuelve con su tropa a Valencia a principios de 1822. El 11 de agosto, derrota a Morales en la batalla de Naguanagua cerca de la población homónima, tras haber salido este de Puerto Cabello con el fin de tomar Valencia. Páez estrecha el sitio de la plaza en 1823 y el 7 de noviembre toma por asalto las últimas posiciones realistas en la ciudad.

Enfrentamiento con Bogotá

En 1825, se vivió un estado de emergencia en Venezuela por la actividad de algunas guerrillas realistas y la posibilidad de una invasión española desde Cuba; estos hechos motivaron a que el gobierno decretara una conscripción militar. Páez cumplió la orden de reclutamiento, pero algunos excesos de sus reclutadores y la enemistad de la municipalidad de Caracas con él le traen a Bogotá una acusación de la municipalidad por atropellos. Páez fue destituido de su puesto de comandante general del departamento de Venezuela y llamado a

Retrato de Páez en uniforme de húsar, por Robert Ker Porter, 1828

Bogotá para enfrentar un juicio. Inicialmente dispuesto a refutar los cargos, Páez cambió de idea tras el pronunciamiento favorable de Valencia, donde desconocieron al nuevo comandante general Juan Escalona e instaron a Páez a permanecer en el mando. El movimiento, conocido como La Cosiata, se extendió por buena parte del departamento y estuvo cerca de estallar en una guerra civil, hasta que el Libertador que vino desde Perú se entrevistó con Páez el 1 de enero de 1827, decretó un indulto a todos los implicados y lo nombró jefe civil y militar de Venezuela.

Páez salió fortalecido del movimiento, restituido como comandante general del departamento y visto como el hombre que podía enfrentar la política forjada desde Bogotá por Santander.

Hasta La Cosiata, Páez fue muy respetado como guerrero gracias a sus rotundos éxitos militares. Pero a partir de entonces, empezó a ser visto como un político, con el poder e ingenio necesarios para seguir y defender cualquier cambio, o la falta de estos, hechos bajo el orden constitucional.

Páez salió de La Cosiata con más poder que nunca.

Durante su estadía en Caracas, Bolívar le explicó el plan de la invasión a Cuba que estaría comandado por Páez con unos 10.000 infantes y 1.000 jinetes. Ese plan no se llevó a cabo.

Fuente consultada: es.wikipedia.org/wiki/Jose_Antonio_Paez

Biografía de Juan José Flores

Juan José Flores (Puerto Cabello, Venezuela, 19 de julio de 1800 - Isla Puná, Guayaquil, Ecuador, 1 de octubre de 1864)

Juan José Flores

fue un militar y también el primer presidente de Ecuador, sirviendo como tal tres veces: de 1830 a 1834, de 1839 a 1843 y de 1843 a 1845. Se destacó como estratega del ejército de Simón Bolívar y llegó a coronel antes de los 30 años. Una vez consolidada la independencia, recibió de Bolívar el cargo de gobernador del Distrito del Sur de la Gran Colombia.

Nació en la ciudad de Puerto Cabello, a las orillas del Caribe venezolano, en el año 1800. Una mujer humilde lo trajo al mundo. "Mi padre fue un europeo rico y distinguido", aclaró Juan José Flores. Su madre fue Rita Flores, oriunda de Puerto Cabello, y se sabe que fue su padre Juan José Aramburu, rico comerciante vasco, aunque no existen documentos que lo avalen, así como Flores nunca usó ese apellido.

Su infancia fue muy pobre y desvalida, apenas podía subsistir. Sin dirección de ninguna clase para orientar su vida, a los 15 años de edad entró en las huestes militares de los españoles, en cuyas filas seguramente se distinguió por su valentía y sagacidad. Pronto rectificó sus pasos y se enroló en las filas patriotas para luchar por la independencia de su Patria.

Pobre como era y de origen humilde, llegó a ocupar los puestos más destacados en la vida militar y política únicamente por sus capacidades notables, su heroicidad, lealtad y talento. Muy estimado por sus superiores, especialmente por Simón Bolívar, los ascensos no se hicieron esperar.

A los 23 años de edad, fue ascendido a coronel y designado comandante general de Pasto, donde a la sazón imperaba el monarquismo español. En 1824, llegó al Ecuador en calidad de comandante general del ejército. Al año siguiente, regresó a Pasto con la misión de pacificarla; pues se encontraba convulsionada debido a la inconformidad de sus habitantes. Logró dominar la situación valiéndose de adulaciones y sagaces concesiones antes que de persecuciones y matanzas.

Regresó al Distrito del Sur (Ecuador) de la Gran Colombia en calidad de prefecto departamental del Distrito del Sur primero, y prefecto del Distrito del Sur después.

El carácter complejo de Flores le venía, probablemente, de su identidad de mestizo. Su natural era inteligente, generoso, afable, liberal, chanceador. Caía bien. Los modelos políticos de su juventud fueron la Revolución Francesa, la democracia usamericana y el parlamentarismo inglés entrevistos en el trato con Bolívar y los generales ingleses de la independencia. Contrajo matrimonio con una dama de la aristocracia quiteña, Mercedes Jijón y Vivanco, lo que le facilitó su preeminencia social y política.

Con mano férrea, logró disciplinar a sus propios camaradas, que respaldados en el poder de las armas cometían exaltaciones y desmanes que asustaban a la población. Los robos, asesinatos, violaciones y sublevaciones fueron sofocados a balazos.

Durante los años 1828 y 1829, tuvo una brillante participación en la defensa de los derechos territoriales del Distrito del Sur de la Gran Colombia, frente a las pretensiones del Perú. Contribuyó con su pericia militar al triunfo de Targuí, lo que le valió el ascenso al grado de general de división.

Hombre de poquísimas letras, al enrolarse en la vida política y social se autoeducó hasta dominar varios ramos de saber y perfeccionarse en el arte de la oratoria y la escritura. Tuvo por maestro de su educación continua a su compadre, el poeta José Joaquín Olmedo; la Universidad Central de Quito le concedió un doctorado *honoris causa*. La fragmentación de un país sin identidad nacional unitaria lo empujó al caudillaje;

su hábitat natural eran sus camaradas militares de Colombia, Venezuela, Chile, Irlanda e Inglaterra, pero su deuda social era con la familia de su esposa.

En 1830, llegó a la cumbre de su vida política y carrera militar al ser nombrado primer presidente del Ecuador. Este cargo lo desempeño en tres oportunidades, hasta que en 1845 fue obligado a salir del país luego de la derrota que sufrió en la revolución del 6 de marzo. Volvió en 1859 y sirvió en las campañas contra el Perú al mando de Gabriel García Moreno. Luego de su exilio político, el general Juan José Flores tuvo un sueldo vitalicio por sus responsabilidades ejercidas en las presidencias. Murió en 1864, en las campañas militares que se desarrollaban en la actual provincia del Oro, Ecuador.

Disolución de la Gran Colombia

Las ambiciones de grupos de interés locales persuadieron a Flores a conspirar contra Bolívar y provocar la secesión del departamento del sur. Casi al mismo tiempo, el general José Antonio Páez en Venezuela conspiraba por igual. A los pocos meses de la separación de Venezuela, los departamentos del Distrito del Sur (departamentos de Ecuador, de Guayaquil y de Azuay) se declararon Estado independiente con el nombre de Estado de Ecuador, asumiendo Flores la presidencia de la nueva Nación el 13 de mayo de 1830.

Cabe recalcar que la presidencia del Ecuador estaba destinada para el mariscal Antonio José de Sucre, asesinado en Berruecos durante el turbulento período de separación. Flores fue acusado de estar detrás del asesinato, pero estas acusaciones dejaron de tener importancia al no poder ser comprobadas.

Guerra con Nueva Granada (Colombia)

Meses después, las provincias de Pasto, Popayán y Buenaventura se habían incorporado voluntariamente al Ecuador. El presidente Juan José Flores, luego de mandar guarniciones a

Pasto, visitó esas ciudades, donde expidió un decreto en que declaraba incorporado el Cauca al Ecuador.

El Congreso Ordinario de 1831 declaró oficialmente la incorporación del departamento de Cauca al Ecuador.

El 22 de julio de 1831, Nueva Granada de manera insistente reclamaba la devolución de este departamento al Ecuador, y este mantenía su negativa; así fue ahondándose una difícil situación para ambos países.

El general José Hilario López se sublevó en Popayán en favor de la Nueva Granada y se entabló un enfrentamiento militar entre el ejército ecuatoriano, dirigido por Flores, y el granadino, comandado por José María Obando. A pesar de sus dotes militares, Flores no pudo triunfar porque el frente interno de Ecuador se debilitó debido a los levantamientos de Ambato y Latacunga en contra del gobierno de Flores.

Los soldados ecuatorianos triunfaron en algunos combates, pero la falta de abastecimientos los hizo doblegarse; a más de esto, hubo traición tanto de oficiales como de tropa del Batallón Quito, lo que determinó que la ciudad de Pasto cayera en poder de los soldados de Nueva Granada. Ante esta situación, Flores celebró un tratado de paz y límites con Nueva Granada en la ciudad de Pasto el 8 de diciembre de 1832, fijándose el río Carchi como límite fronterizo entre ambos Estados y dejando pendiente la decisión sobre los puertos de La Tola y Tumaco, en la provincia de Buenaventura. El Tratado de Pasto tan solo dio límites a una parte de la frontera, no así al resto del territorio del Ecuador que vino a demarcarse posteriormente con Colombia.

Presidencia

Ya en el gobierno, Flores descuidó la consolidación de la Nación, pero aseguró una suerte de pacto de no agresión entre grupos terratenientes de la sierra de Ecuador y grupos agroexportadores de la costa. El final de su mandato de quince años interrumpidos se dio como efecto de revolucionarios guayaquileños que presionaron por su salida y la de todo el Estado Mayor extranjero.

Durante su gobierno, fueron anexadas a Ecuador las Islas Galápagos cuando se tomó posesión de estas alrededor del año 1832; por esto, tiempo después una de las islas fue bautizada en su honor como isla Floreana.

Exilio

Más adelante, Flores, desde el exilio, tramó una invasión a Ecuador, para lo que obtuvo apoyo y financiamiento de la reina María Cristina de Borbón de España, con el fin de colocar en el trono ecuatoriano a su hijo Agustín Muñoz y Borbón. La intentona fue repelida con dureza y Flores tuvo que retornar al exilio.

Durante un tiempo, residió en Costa Rica, donde tuvo estrecha amistad con el presidente José María Castro Madriz. El Congreso lo declaró Ciudadano Esclarecido de Costa Rica, pero Flores declinó el honor y poco después abandonó el país.

Uno de sus hijos, Antonio Flores Jijón, también llegó a ser presidente del Ecuador.

Los restos mortales del general Flores, juntamente con los de su esposa, Mercedes Jijón y Vivanco, se encuentran en la Catedral Metropolitana de Quito, donde también se guardan los restos del mariscal Antonio José de Sucre, el presidente Gabriel García Moreno y el arzobispo Federico González Suárez.

Fuente consultada: http://es.wikipedia.org/wiki/Juan_Jos%C3%A9_Flores

Capítulo III
De la independencia a la libertad

Obtenida la independencia de la Gran Colombia frente al poder español, causa por la cual lucharon heroicamente los cimarrones, los esclavos y los libertos (negros, mulatos, zambos, pardos y morenos), se consideraba obvia la abolición de la esclavitud en los territorios liberados, puesto que esta había sido una de las promesas y banderas de la Campaña Libertadora.

Sin embargo, concluida la guerra y conformada la nueva República, surgieron de nuevo los intereses mezquinos de las elites criollas, intereses que habían estado subyacentes durante la guerra, pero ahora salían a flote, oponiéndose a cualquier posibilidad de cambio que afectara su poder económico; de modo que los dueños de minas y haciendas, convertidos en héroes de la independencia, gobernantes o Padres de la Patria, pusieron todo su empeño en conservar los privilegios que les habían criticado y luego arrebatado a los españoles.

Solo el poder militar y político de Bolívar podía romper el *statu quo* que se observaba en el horizonte de la Gran Colombia, pero como siempre ocurre, "Al pueblo nunca le toca", y esta vez no fue la excepción.

"Siguieron vigentes las premisas de la desigualdad. No hubo distribución dramática ni de riqueza ni de poder. Muchas familias de abolengo colonial pudieron ser desplazadas o expropiadas y, por la vía de las armas, ascendieron algunos jefes de origen humilde. Llega la época del gatopardismo: el poder quedó en manos de los blancos, a menudo en manos de las mismas familias que habían estado a la cabeza de las jerarquías coloniales, que entablaban alianzas matrimoniales con los nuevos caudillos" (Anthony McFarlane, citado por Marco Palacios, en *Las independencias hispanoamericanas*, Bogotá, 2009, pág. 22).

"Con las guerras de independencia, el Libertador Simón Bolívar llamó a la población negra a participar en la lucha, prometiéndole la libertad; pero sostuvo también que los negros debían luchar y morir, ya que si solamente luchaban y morían los blancos, Colombia sería gobernada por negros y eso no era de su agrado ni del de otros criollos ricos. Durante la guerra, muchos negros lograron escaparse de sus amos y se fueron a vivir a la selva" (Mateo Mina, *Esclavitud y libertad en el Valle del río Cauca*, 1975, pág. 25).

Terminada la guerra y lograda la independencia, Bolívar solicitó al Congreso la libertad de los esclavos, pero solo consiguió que le aprobaran la Libertad de Vientres o de Partos en el Congreso de Cúcuta de 1821, debiendo los esclavos esperar treinta años más, hasta que en 1851, bajo el gobierno del general José Hilario López, se promulgara la Ley de Manumisión o de Abolición de la Esclavitud, ley del 21 de mayo de 1851, la cual entraría a regir a partir del 1 de enero de 1852.

Sin embargo, dicha ley, más que de manumisión o de libertad para los esclavos, parece una ley de indemnización o de reparación para los esclavistas; habida consideración de que los esclavos fueron liberados sin tierras, sin herramientas de labranza, sin empleos y sin dinero para que iniciaran una nueva vida, a pesar de haber trabajado gratuitamente durante varios siglos para sus amos, y haber participado activamente en la guerra de independencia; mientras que a los esclavistas se les indemnizaba con bonos del Tesoro público por la "pérdida" en que iban a incurrir.

No obstante, y a pesar de las ventajas que les otorgaba la ley, algunos esclavistas como los señores Julio Arboleda y Tomás

Cipriano Mosquera, no contentos con los bonos del Tesoro que recibían, resolvieron vender sus esclavos en Perú y Ecuador, burlando de esta forma la Ley de Manumisión.

Estos injustos acontecimientos llevaron a muchos de los antiguos soldados negros de la independencia a internarse en las montañas, conformar nuevos palenques y dedicarse a actividades productivas como la agricultura, la ganadería, la minería, la caza y la pesca; procurando vivir lo más alejados posible de los nuevos amos de la Patria que ellos habían ayudado a liberar.

Algunos más osados conformaron bandas de asalto que hostigaban a los transeúntes en los caminos y los obligaban a entregar sus pertenencias, o incluso atacaban a las pequeñas ciudades para procurarse el sustento, siendo considerados como vagos o bandidos; pero la inmensa mayoría de los héroes y soldados afrodescendientes optaron por el trabajo honrado como campesinos libres a lo largo y ancho del territorio nacional.

De nuevo se ubicaron en los territorios de las costas atlántica y pacífica, los Llanos Orientales, los valles de los ríos Magdalena, Cauca, Sinú, San Jorge, Atrato, San Juan, Baudó, Patía, etc., donde se dedicaron al cultivo de arroz, maíz, cacao, ñame, yuca, plátano, caña de azúcar, chontaduro, borojó, etc., logrando vivir pobres pero en paz y en libertad.

En aquel tiempo, "La gente trabajaba poco, pero tenía más que suficiente para comer. No había Policía, ni Ejército, ni Iglesia como los conocemos hoy" (M. Mina, ob. cit., pág. 13).

"Es una peculiaridad de la sociedad capitalista que la persona que trabaje sea considerada inferior mientras que se considera superior a la persona que recibe las utilidades. Si observamos la contribución del negro en Colombia podemos decir que, sin el negro, Colombia no sería lo que es. De los negros que trabajaban las minas de oro dependía la economía de Nueva Granada, del Cauca, del Chocó, de Antioquia. Eran negros los que transportaban los bienes por los ríos y los tortuosos caminos de esa época. Eran negros los que cultivaban y cosechaban la caña de azúcar en el Valle del Cauca, los que cuidaban los almacenes en Buenaventura, los que cavaron el Canal de Panamá, los que cortaban la madera en la Costa Pacífica, los que pescaban y preparaban la mojarra y el camarón. La historia continúa así hasta el presente. Hoy el negro contribuye en gran medida a la economía de la Nación. Y a pesar de esto, ¿qué lugar ocupa el negro en la sociedad? Como en toda América, el negro está en los últimos lugares...

Se registran tres etapas en esta historia. La primera comienza con la esclavitud americana, cuando los conquistadores españoles, al destruir la cultura indígena, se quedaron sin brazos y tuvieron que importar gente del África para las minas de oro y las haciendas. Esta etapa duró trescientos años, hasta 1851, cuando se abolió la esclavitud. La segunda etapa es la de los negros libres que cultivaban sus propias tierras en las selvas vírgenes a lo largo de los ríos. Aunque libres legalmente, fueron perseguidos por la Policía y los terratenientes durante muchas décadas y obligados a vivir como bandidos. La tercera y última etapa, que continúa hasta el presente, empezó después de la guerra de los Mil Días (1899-1902), cuando el capitalismo agrario se intensificó en el valle (y en toda Colombia). Vino un proceso de desalojo de los campesinos, porque la tierra se había valorizado y se necesitaba para el ganado y para la caña. De este modo, los campesinos tenían cada vez menos tierra, cayendo en el minifundio. En las últimas décadas, muchos se han quedado sin tierra...

Así, después de haber quedado libres y con muchas tierras en las décadas siguientes a la abolición de la esclavitud, los campesinos negros poco a poco se fueron convirtiendo en minifundistas y luego simplemente en jornaleros que trabajaban en los ingenios y haciendas. Quedaron a merced de los ricos porque, sin tierra, el campesino pierde toda independencia.

Antes de que los terratenientes se apropiaran de la tierra, la vida era difícil, pero no dura. Es cierto que no había carreteras, ni automóviles, ni cine, ni todas las invenciones modernas. Pero ¿para qué sirven hoy todas estas cosas cuando no hay suficiente para comer, ni para tomar un bus, ni para comprar drogas, ni siquiera para que los niños vayan a la escuela?...

Hubo un breve intermedio después de la abolición de la esclavitud. Pero aún entonces los libertos tenían que luchar duramente para mantener su libertad. Después vino el minifundio y ahora el jornaleo tan duro y tan brutal que merece de nuevo el nombre de 'esclavitud', aunque los ricos, los políticos, los 'doctores' y los maestros lo llamen 'libertad'" (M. Mina, ob. cit., págs. 15 y 16).

Sin embargo, esa tranquilidad que ganaron con la independencia duró poco, puesto que muy pronto volvieron a soplar los vientos de la guerra, a tal punto que los caudillos de ayer lograron la desintegración de la obra del Libertador, la conformación de la Gran Colombia, formando cinco islitas o repúblicas llamadas Colombia, Venezuela, Ecuador, Perú y Bolivia.

Dos reflexiones de Bolívar confirman su reconocimiento a los méritos militares de los oficiales negros, así como su arrepentimiento por las injustas decisiones que tomó en contra de algunos de ellos:

"Es necesario ser justos y reconocer que sin el valor de Piar, la República no contaría tantas victorias, sin el de Ramón Nonato Pérez no vivirían muchos ilustres patriotas, y sin Rondón no sabría lo que hubiera sido de ellos en la batalla de Pantano de Vargas" (Roberto Ibáñez Sánchez, citado por L. Arriaga Copete, ob. cit., pág. 257).

"Yo estoy arrepentido de la muerte de Piar, de Padilla y los demás que han perecido por la misma causa. Pero lo que más me atormenta todavía es el justo clamor con el que se quejarán los de la clase de Piar y de Padilla. Dirán con sobrada justicia que yo no he sido débil sino a favor de ese infame blanco (se refiere al indulto dado a Santander)" (R. Ibáñez Sánchez, citado por L. Arriaga Copete, ob. cit., pág. 260).

Muerto Simón Bolívar en Santa Marta, el 17 de diciembre del año 1830, inmediatamente se inició la disolución de la gran república que había formado, asumiendo cada caudillo el gobierno de su propia parcela.

Para el caso de la Nueva Granada, que quedó con el nombre de Colombia, la sucesión presidencial generó varias guerras civiles a partir del año 1830, hasta finales del siglo XIX, en que se produjo la más larga y sangrienta de todas, conocida con el nombre de "guerra de los Mil Días", de 1899 a 1902; guerra en la cual se enfrentaron los partidos liberal y conservador por la conquista el poder, terminando con la "separación" de Panamá y la construcción, por parte de los Estados Unidos, del canal interoceánico en dicha región. Recordemos la frase de Roosevelt ("*I took Panama*"), la cual recoge el interés y la intervención del país del norte en dicha contienda.

A dichas guerras fueron nuevamente arrastrados los soldados negros, con el señuelo de la libertad y la igualdad que antes se les habían negado, pero que ahora surgían como hechos ciertos y al alcance de la mano.

Para desalojar del poder al general Rafael Urdaneta, quien se había proclamado "dictador" contra el gobierno legítimo de la Nueva Granada, los generales José Hilario López y José María Obando, oriundos de Popayán en el estado del Cauca, conformaron un ejército denominado Ejército del Sur o Batallón Padilla, integrado en su inmensa mayoría por soldados negros, quienes ganaron varias batallas desde Pasto hasta Bogotá, logrando deponer al usurpador y restablecer la democracia, circunstancia que indujo al primero de los nombrados a apoyar y proclamar la libertad de los esclavos cuando asumió la presidencia de la República en el período 1849-1853 (Ley de Manumisión, del 21 de mayo de 1851).

Para el año 1840 se presentó otra guerra civil iniciada en el sur del país, en el estado soberano del Cauca, conocida como "guerra de los Supremos", liderada por el general José María Obando, quien gozó de gran simpatía entre los indios y los negros de aquella región, logrando la incorporación de muchos soldados de ambas comunidades a su causa, con los cuales obtuvo grandes victorias que lo convirtieron en virtual presidente de la República, honor que consiguió en dos oportunidades, pasando a la historia como uno de los mejores generales y presidentes del país.

Respecto de la participación de soldados negros al lado del general Obando, se transcribe un pequeño poema titulado "Los patriotas del Patía":

Por las montañas del Cauca,
luchando con valentía,
se impusieron majestuosos,
los patriotas del Patía.

Combatieron la colonia,
cuando patria no existía,
fueron bravos cimarrones,
los patriotas del Patía.

Acompañaron a Obando,
los patriotas del Patía,
con ellos ganó batallas,
sin ellos todas las perdía.

Las guerras de independencia,
al igual que los Mil Días,
tuvieron como soldados
los patriotas del Patía.

Oscar Maturana

"El 26 de julio de 1859, estalla un motín en Cartagena dirigido por el general Juan José Nieto para derrocar, a nombre de las fuerzas radicales, el gobierno legítimo del Estado a cargo del señor Juan A. Calvo" (Alfredo Vázquez Carrizosa, *El poder presidencial en Colombia*, 1986, pág. 144).

El general Nieto, afrodescendiente, ocupó la gobernación de Cartagena, la presidencia del estado soberano de Bolívar y la presidencia de la República de Colombia, pero la historia oficial lo ha "blanqueado" y olvidado.

Juan José Nieto fue un gran militar, político, estadista y escritor cartagenero, autor de tres novelas tituladas: *Rocina, Ingermina o la hija del calamar* y *Los moriscos*; así como dos libros de ensayos titulados *Derechos del hombre en sociedad* y *Geografía histórica, estadística y local de la provincia de Cartagena*.

Como gobernador de Cartagena, a Nieto le correspondió expedir el decreto para poner en práctica la Ley de Manumisión o de Abolición de la Esclavitud en 1852. Y como presidente de la República, luchó por establecer la educación primaria gratuita, prescindir del pago del diezmo a la Iglesia Católica, así como propugnar por la igualdad y la reivindicación de los derechos del pueblo.

El presidente Nieto

Por Orlando Fals Borda

El segundo volumen de la historia de la Costa Atlántica (*El presidente Nieto. Historia doble de la Costa*, Carlos Valencia Editores, Bogotá, 1981, 376 páginas) se inicia con la pregunta siguiente: ¿cómo se explica que el *ethos* costeño –definido como no violento y antimilitarista– haya permitido formas de violencia en la región y hasta haya producido caudillos militares de la estatura de un Juan José Nieto? Orlando Fals Borda plantea de esta forma los dos aspectos cruciales de este volumen: la costeñidad y la violencia. La figura de Nieto se destaca no solo porque representa los dos polos de la contradicción –un costeño hecho caudillo militar–, sino porque resuelve dicha contradicción de un modo muy especial: por medio de un caudillismo anticaudillista. Paralelamente a la figura de Nieto, representante de la elite costeña, Fals Borda nos presenta la biografía de Adolfo Mier y con él, la del pueblo costeño. Utilizando estos dos canales, el autor nos introduce a las formas de violencia y contraviolencia en la Costa Atlántica colombiana.

Juan José Nieto nació en el seno de una familia pobre, pero rápidamente ascendió a la elite cartagenera. Fals Borda describe con minucia la vida del joven Nieto y su evolución de antimonárquico y republicano a secas, en la época de la independencia, a acérrimo antibolivariano y posteriormente furibundo obandista.

Para 1830, Nieto es un fervoroso defensor de la "soberanía popular" contra cualquier forma de tiranía. En la guerra de los Supremos, Nieto apoya a Obando y por ello se le deporta a Jamaica (cuna en ese entonces de las logias masónicas hispanoamericanas).

El caudillo costeño regresa a tiempo para presenciar los acontecimientos de mediados de siglo y especialmente la revolución del general Melo del año 54. A finales de este decenio, Nieto se une a la revuelta contra el presidente conservador Ospina Rodríguez. De esta aventura sale mejor librado y asciende a la presidencia del estado de Bolívar y temporalmente a la presidencia de la Unión. Posteriormente se aleja del poder para evitar inútil derramamiento de sangre –una constante en la biografía de Nieto, según Fals Borda– para morir poco después casi de incógnito.

Paralelamente a la singular historia del caudillo costeño, Fals Borda inserta testimonios de la historia de las clases subordinadas costeñas, historia encarnada en otro legendario personaje: Adolfo Mier. En este canal caben las narraciones sobre las guerras locales, la llegada del primer vapor a Mompox y el saboteo que bogas y pescadores organizaron a la nave, la permanente migración de los campesinos en busca de mejores tierras, la solidaridad de los de abajo por encima de la división de los colores políticos, etcétera. Alrededor de la biografía de Mier, el autor se aproxima nuevamente a la cultura popular costeña. Las clases subordinadas costeñas fueron más dinámicas y realistas ante el utopismo de las elites políticas. Las primeras, lo señala Fals Borda, conquistaron importantes victorias a pesar de no haber cristalizado una alianza artesanal-campesina cuando se requería: en la revolución de 1854. Es importante resaltar que tanto los testimonios de sobrevivientes de estos acontecimientos como la biografía de Mier constituyen invaluable arsenal cultural del cual todavía se puede extraer mucho.

El presidente Nieto es sin duda una brillante historia del caudillismo en Colombia y, en ese sentido, es una historia de nuestro siglo XIX. Para Fals Borda, el caudillismo tiene su razón de ser en el tipo de sociedad agraria tradicional de dicho siglo. Para que este fenómeno echara raíces en nuestra sociedad, necesitaba de bases de apoyo regional, de entidades y mecanismos legitimadores (grupos sociales, Iglesia, logias, ideologías liberal y socialista, etc.), de elites económicas que apoyaran o atacaran y de una debilidad del Estado central. El caudillismo tuvo su dinámica propia en el país y se consolidó mediante las alianzas y los distanciamientos, de la rapiña por las clientelas y, en fin, por el fragor de las guerras civiles que sacudieron a Colombia durante el siglo XIX.

Ahora bien, Fals Borda insiste, a lo largo de todo el volumen, en el carácter anticaudillista del caudillo Nieto. Así como las elites pueden generar antielites, en la Costa el anticaudillismo estuvo presente en no pocos caudillos. En Juan José Nieto, el autor encuentra profundos rasgos de humanitarismo y civilismo. Y ello se debe, sigue insistiendo Fals, a la formación republicana y al *ethos* costeño de Nieto.

Con esto tocamos el punto crítico que resalta en este segundo volumen de *Historia doble de la Costa*: aquello de la costeñidad. El énfasis que Fals Borda pone en este punto es lógico desde la perspectiva de una historia regional, pero termina restando universalidad a ciertas teorías y conclusiones del autor. Por ejemplo, al recalcar el *ethos* no violento del costeño, el autor parece implicar que sí existe un *ethos* violento en otras regiones colombianas en donde tal vez se aplicarían las teorías hobbesianas que él rechaza para el caso costeño. Hay especificidades regionales, de eso no hay duda; pero tal vez habría que insistir también en aspectos comunes a otras regiones, aspectos que irían más allá de la mera oposición de las provincias a los "déspotas" de turno apostados en la capital. Se ha dicho que el riesgo de una historia regional yace en descuidar el contexto nacional. Fals Borda tiene mucho cuidado en ello, pero en cambio abre las puertas a cierto chauvinismo regional que poco ayuda a esclarecer la evolución histórica de nuestra formación social. Por otro lado, si se compara el caso de Nieto con el de Núñez, se advierte que hay una costeñidad común que produce resultados diferentes. En otras palabras, creemos que hay un *ethos* costeño, probablemente menos violento y más antimilitarista que en otras regiones —eso está aún por estudiarse—, pero esta no puede ser la explicación del comportamiento de las elites regionales y menos de los individuos.

A nivel metodológico no hay mucho que agregar a lo ya dicho con relación a la IAP (investigación acción participativa). Nos preocupa, eso sí, cómo se determina la dosis de imaginación utilizada en la reconstrucción histórica. No creemos, con Fals Borda, en el mito del historicismo, según el cual el documento lo dice todo. Lo difícil es determinar el grado de imaginación en el quehacer científico. Parece que Fals Borda hace un uso adecuado de esta y, más importante aún, lo señala explícitamente, cosa no muy común entre nuestros investigadores sociales.

Fuente consultada: http://www.lablaa.org/blaavirtual/publicaciones-banrep/boletin/boleti3/bol2/creamos.htm

Colombia tuvo un presidente negro

Por Juan Esteban Mejía Upegui

El país entero se sorprendió con la noticia de "primera mujer negra, ministra de Colombia". Lo que pocos saben es que el país tuvo un jefe de Estado negro. La poca memoria que se tiene son unas pinturas donde el ex caudillo aparece con rostro blanco. El historiador Orlando Fals Borda reconstruye su historia en un libro llamado *El presidente Nieto*. El gobierno nombró recientemente a la afrodescendiente Paula Marcela Romero Zapata como ministra de Cultura. Sin duda, es un caso excepcional en Colombia que una persona de piel negra asuma un cargo burocrático de alto nivel, como el de ministro. Aunque se trata de una cartera nacional, no es la más alta que ha ocupado un negro en el país.

La historia no lo ha divulgado mucho, pero en Colombia hubo un presidente negro. Se llamó Juan José Nieto y dirigió los destinos del país desde el 25 de enero hasta el 18 de julio de 1861. El desconocido episodio lo rescata el historiador Orlando Fals Borda en el libro *El presidente Nieto*. Allí, cuenta que nació el 24 de junio de 1804 en Baranoa, un poblado cerca de Cartagena y de Santa Marta, y que era hijo de una zamba y un español.

En su texto, lo describe como alguien "fornido, de piel cetrina clara o trigueña oscura, ojos zarcos verdosos, nariz recta y amplia, labios finos, cejas arqueadas y cabello negro medio rizado".

Y era bien parecido. Eso le permitió ascender en la sociedad y tener amores con dos mujeres aristocráticas, a pesar de que era de familia pobre.

Según cuenta Fals, fue esa clase alta la que se encargó de aclarar cualquier recuerdo de Nieto, para que la historia jamás conociera que hubo cercanías con un negro. De hecho, las imágenes que hay del ex presidente dan cuenta de sus facciones afrodescendientes, pero con un extraño color blanco en la piel.

Pero ¿cómo llegó un negro a ocupar la presidencia de Colombia? La historia es encantadora.

Resulta que Nieto había aprendido a leer por su propia cuenta desde joven y tuvo acceso a todo tipo de lecturas socialistas que reclamaban derechos para los más pobres del país. Poco a poco fue tomando liderazgo, hasta hacerse defensor incondicional de esas causas y llegar a ser caudillo.

Para su época, lo que hoy conocemos como Colombia se llamaba Estados Unidos de la Nueva Granada, conformada por una especie de países pequeños, cada uno con su propio presidente, con leyes y constituciones independientes. Sin embargo, había un gobernante para todos, que despachaba desde Bogotá.

Con mucho sudor y mucha guerra, Nieto se hizo presidente por votación popular del estado de Bolívar. Llegó a dirigir un pueblo que se sentía oprimido por la permanente presencia de conservadores en el poder, que lograron el centralismo total de la Nueva Granada.

Fals lo cita en su libro, cuando dijo en su posesión que "el malestar se sentía en todas las clases de la sociedad. Quejábase el comerciante, el artesano, el agricultor, el pobre vivandero y todo el que ejerciera una industria porque hasta allí llegaba la mano descarnada del fisco... Ahora, en mi capacidad de jefe de Estado, pongo de manifiesto mi programa administrativo:

garantías y protección para todos los habitantes; convocar una Asamblea Constituyente; dar tranquilidad, unión, prosperidad y confianza a todas las clases de asociados".

Desde su cargo, Nieto empezó una campaña para integrarse con otros estados que querían bajar de la presidencia de los Estados Unidos de la Nueva Granada a Mariano Ospina Rodríguez. Así, pudo aliarse con Santander y Magdalena.

En las pocas imágenes que hay del ex presidente de Colombia Juan José Nieto, sale con la piel blanca. Foto: libro El presidente Nieto.

Más tarde, recibió una carta del Cauca queriéndose aliar a su causa. Se trataba de un enemigo acérrimo que tuvo en el pasado: el general Tomás Cipriano de Mosquera. Pese a ello, Nieto respaldó su alianza. Así se creó un bloque para derrocar al presidente Ospina.

Mientras el general Nieto comandaba desde La Guajira hasta el golfo de Urabá y parte de Antioquia y Santander, el general Mosquera avanzaba hacia Bogotá, en busca de la presidencia de toda la Nación.

Para Nieto, el poder que tenía en ese momento significaba estar al mando de los principales puertos y aduanas, lo que le dio suficiente confianza para proclamarse presidente de los Estados Unidos de la Nueva Granada, el 25 de enero de 1861.

"Me declaro desde hoy en ejercicio del Poder Ejecutivo de los Estados Unidos de Nueva Granada con el título de 'presidente de la Unión', en cuyo desempeño estaré hasta que haya constancia oficial de haberse encargado del mismo poder el ciudadano Tomás Cipriano de Mosquera, y esté franca la comunicación de los estados de la Costa con él", decía en el decreto con que Nieto se autodenominó presidente y que recoge Fals en su investigación.

Luego, "posó con la banda tricolor presidencial terciada sobre su pecho, para que le hicieran un retrato al óleo, recordatorio del importante acontecimiento", dice en el libro el historiador.

Enseguida, hay una sorprendente revelación. "Este debió de ser el lienzo enviado a París para que fuera retocado a la manera de un mandatario francés, el mismo que de retorno se colocó en los salones del Museo Histórico de Cartagena, hasta cuando fue retirado en 1974, luego de una restauración que no fue aprobada por los académicos de la ciudad". En efecto, en las imágenes que recuerdan a aquel ex presidente figura con rostro blanco.

Después de que le tomaran la imagen, Nieto gobernó y controló las aduanas y los recursos para la guerra que enfrentaba Mosquera hasta llegar a Bogotá, el 18 de julio de 1861. En esa fecha, Mosquera se hizo presidente de los nuevos Estados Unidos de Colombia y Nieto continuó militando en el ejército como general.

Así siguió luchando por causas sociales, hasta cuando murió de enfermedad, el 16 de julio de 1866, en Cartagena. Pese a todo, no figura ni en las enciclopedias ni en los murales junto a los demás ex presidentes blancos. Apenas hace poco fue colgada su imagen en el Banco de la República.

Fuente consultada: http://www.semana.com/wf_InfoArticulo.aspx?idArt=103191

Oscar Maturana

Biografía de Juan José Nieto Gil, un presidente negro... "blanqueado" por la historia

Juan José Nieto Gil

Juan José Nieto Gil (1805-1866) fue el único presidente negro que ha tenido Colombia.

En el Cementerio de Manga, en Cartagena, el antiguo y majestuoso mausoleo en donde está enterrado Juan José Nieto sucumbe a su ruina.

Las placas de mármol han sido despojadas de su sitio y la imagen del prócer ha desaparecido. Su imagen ha sido "blanqueada", y su nombre se ha "fantasmalizado" más allá de su muerte. Se ha vuelto invisible.

Nieto fue redescubierto hace dos décadas durante las investigaciones académicas de campo realizadas por Orlando Fals Borda, un reconocido historiador y padre de la sociología moderna en Colombia, que murió el 12 de agosto de 2008 a los 83 años de edad.

Fals Borda ya había reconstruido la vida de Nieto Gil como parte de su obra cardinal de varios tomos *Historia doble de la Costa*, cuando descubrió en las mazmorras del palacio colonial de la Inquisición, de Cartagena, un retrato al óleo de Nieto Gil que se pudría entre escombros, papeles inservibles y muebles de desecho expuestos a la humedad.

El cuadro había sido pintado antes de que Nieto Gil fuera presidente de Colombia entre el 25 de enero y el 18 de julio de 1861, durante un vacío de poder entre el único gobierno del conservador Mariano Ospina Rodríguez y el segundo de cuatro del general liberal Tomás Cipriano de Mosquera.

En los libros de historia prácticamente fue desterrado. Las pocas imágenes suyas fueron tergiversadas. Su verdadero rostro se volvió blanco.

No hay en Cartagena una señal ni un rastro que dignifique su memoria. Juan José Nieto Gil fue uno de los grandes estadistas que vivió y murió en Cartagena.

Pero más allá de haber sido el primer presidente negro de Colombia, Juan José Nieto puso en marcha y ejecutó el estatuto que abolió la esclavitud apenas se posesionó como gobernador de Cartagena.

Aquello ocurrió el 1 de enero de 1852 en una ceremonia realizada en la Plaza del Matadero, hoy Parque del Centenario. Ante una multitud de negros y mulatos, Nieto anunció emocionado que desde ese día se acabarían los esclavos en la Nueva Granada. Consideró que ese era un día inolvidable, bello, histórico para la ciudad y el país. Es "el día en que ha desaparecido para siempre de entre nosotros el odioso título de señor y de esclavo, y en que ninguno de nuestros hermanos lleva colgado al cuello la ponderosa, la negra cadena de la servidumbre".

Alertó a toda la comunidad descendiente de africanos de que aquello no significaba la emancipación desenfrenada, sino el principio de la dignidad "no para sustraernos a las obligaciones a que están constituidos los que viven en sociedad", sino para respetar y defender la Constitución y las leyes.

Precisó aquel día que la igualdad "tantas veces mal entendida" está inmersa en unas jerarquías humanas dentro de la sociedad, pero que existe un orden que es la eterna ley del mundo, contra cuyo orden no hay poder que se resista.

Animó a aquellos hombres y mujeres cartageneros al aludir a su propia historia personal y recordar que "de la nada hemos visto salir a muchos grandes hombres". Aconsejó ser "industriosos, aplicados constantemente al trabajo como fuente de felicidad, pues de otro modo, si a fuerza de hombres libres os entregáis a la holganza y a los vicios, terminaréis por ser criminales, y una carga a la sociedad, que acabará por arrepentirse de haber roto vuestras cadenas con sus propias manos... Esforzaos por merecer las dos supremas bendiciones que la Divina Providencia reserva para sus escogidos: ¡libertad, mis hermanos, en la Tierra, y bienaventuranza en el Cielo!".

Una lluvia de aplausos resonó en la plaza para celebrar a Juan José Nieto. Esa misma proclama de libertad fue expresada en Corozal, Sincelejo, Barranquilla, Chinú, Sabanalarga y Lorica, entre otras ciudades, en donde fueron liberados muchos compatriotas esclavizados.

La vida ignorada y destellante de Juan José Nieto es un acontecimiento fulgurante en la historia de Colombia en el siglo XIX. Una de sus iniciativas como gobernante fue la de establecer la educación primaria gratuita, tuvo conflictos con la Iglesia Católica cuando propuso prescindir del diezmo y fue víctima de intrigas políticas cartageneras por ser el líder de los masones en la ciudad y el país y propugnar por la igualdad y la reivindicación de los derechos del pueblo.

Muchos políticos de la época de manera sesgada le echaban en cara su origen humilde y decían que, gracias a sus dos esposas cartageneras aristocráticas –una de ellas, prima de Rafael Núñez–, Nieto logró entrar a la hermética y conflictiva sociedad local. Un célebre historiador cartagenero se refería a la entrada de los montunos hacia Cartagena, refiriéndose a la avalancha de seres como Juan José Nieto, pobre y criado en las orillas.

Pero no podría entenderse el destino político de Cartagena, tenso, errático y excluyente, sin detenerse a revisar los aportes de la obra política y literaria de este hombre ahora invisible, y cuya imagen también ha sido desterrada del Cementerio de Manga.

La grandeza del invisible

Juan José Nieto nació el 24 de junio de 1804 en la Loma de la Puerta, en Cibarco, en cercanías a Baranoa. Una de sus facetas novelescas fue su nombramiento de coronel, luego de participar en diversos combates en Mompox y Ocaña, y su condena al pelotón de fusilamiento, pena que le fue conmutada por cárcel.

Era hijo de Benedicta Gil y Tomás Nieto, fabricantes de mechas de algodón para velas que vendían en diversos pueblos del Caribe, y a veces, arribaban a Cartagena, y las ofrecían en el mercado local. Los padres del escritor se vinieron a vivir a Cartagena, luego de la independencia.

El señor Tomás se consagró en Cartagena, además de las mechas de algodón, como partero, curandero y albañil.

Juan José Nieto a sus 17 años había sido escribiente del comerciante canario José Palacio y Ponce de León. Se enamoró de una de las hijas del comerciante, María Margarita, y se casó con ella en 1827. Tuvo desde temprano una fama de lector voraz, autodidacta obstinado, santanderista consumado y amante del liberalismo francés. Animado por ese espíritu, escribió a sus 30 años, el folleto *Derechos y deberes del hombre en sociedad*.

Poco tiempo después, falleció su esposa, y el joven viudo se consagró a dos de sus pasiones definitivas: la literatura y el ejercicio de la política. A los 34 años, contrajo matrimonio con Teresa Cavero, hija de Ignacio Cavero, prócer de la independencia de Cartagena.

Participó en la Revolución de los Supremos en 1840 al lado del general Carmona. En Tescua fue apresado por Mosquera, quien lo envió a Bocachica y a Chagres, Panamá. Durante esos años escribió tres novelas; la primera fue *Rosina*, publicada por entregas en el periódico *La Democracia*, de Cartagena, desde el 11 de julio hasta el 10 de octubre de 1850.

La novela *Ingermina o la hija del calamar (Recuerdos de una conquista 1533-1537)* apareció publicada en dos tomos, en 1844, luego de cinco años de clandestinidad en Kingston, Jamaica. Fue considerada por Curzio Altamar como la primera novela histórica de Colombia. Es una de tres novelas históricas de Nieto, cuyo escenario es la conquista y la colonia, y su percepción se encamina a nombrar por primera vez entre nosotros una noción de región costeña desde la provincia de Cartagena. Esta novela narra los amores difíciles y perdidos entre Alonso de Heredia con la princesa indígena Ingermina. Más tarde, publicó *Los moriscos*.

No hay que olvidar que uno de los primeros libros sobre regionalismo en el siglo XIX lo escribe Juan José Nieto en 1839: *Geografía histórica, estadística y local de la provincia de Cartagena*, considerada por Orlando Fals Borda como "la primera geografía regional de Colombia", citado por el colombianista norteamericano Raymond Williams, en su ensayo *Novela y poder en Colombia (1844-1987)*.

En ese destierro de cinco años en Kingston, Nieto aprendió el inglés, se dedicó a la literatura, leyó con pasión a los franceses Víctor Hugo, Alejandro Dumas, Eugène Sue y Alphonse de Lamartine.

Una vida intensa

Nieto desempeñó diversos cargos públicos. Fue elegido representante en la Cámara para el período 1850-1852, y se posesionó en la gobernación el 22 de julio de 1851, decretando en 1852 la expulsión del obispo Pedro Antonio Torres. Fue gobernador por elección popular en 1854, y primer presidente constitucional del estado soberano de Bolívar entre 1860 y 1865, reelegido gobernador, de acuerdo con la nueva Constitución de 1853.

Tuvo varios hijos naturales en la ciudad y pueblos vecinos, entre los cuales uno, llamado Lope, tuvo cierta figuración al lado de su padre.

Escribió la *Geografía histórica, estadística y local de la provincia de Cartagena*, que Fernando de la Vega llamó "útil arca de noticias". Se lanzó como candidato a diputado en la Cámara Provincial de Cartagena y fue elegido por primera vez; allí presentó un proyecto de Constitución Federal que la corporación rechazó. Ingresó a la masonería en calidad de aprendiz de la Logia Hospitalidad Granadina N° 1, matriz de toda la masonería colombiana, de la que llegó a ser máxima autoridad como Soberano Gran Comendador, de 1849 a 1850 y de 1860 a 1865.

Alcanzó a preparar un *Diccionario mercantil español-inglés e inglés-español*, de gran utilidad práctica, pero desafortunadamente desaparecido. Escribió también una obra teatral, *El hijo de sí propio*, representada por aficionados bajo la dirección del mismo Nieto.

Murió el 16 de julio de 1866. Un inmenso silencio desolador como hojas arrastradas por el viento cae sobre su tumba.

Fuente consultada: www.barulegazette.com/barûle_gazette_-_personajes_afrocolombianos_-_nieto_gil,_juan_jose.htm

Biografía de Candelario Obeso

Candelario Obeso

Candelario Obeso nació en Mompox, Colombia, en 1849. Realizó su travesía por el río Magdalena hasta Honda y de allí a Bogotá, para convertirse en alumno del Colegio Militar creado por el general Tomás Cipriano de Mosquera. Ingresó luego a la Universidad Nacional, donde estudió Derecho y Ciencias Políticas. Aunque su participación en política fue discreta, combatió en la batalla de La Garrapata, en el Tolima Grande. .Posteriormente adhirió al movimiento denominado Regeneración, liderado por Rafael Núñez. El 29 de junio de 1884, mientras examinaba una pistola, se hirió de muerte y falleció el 3 de julio. Hijo natural del hacendado Eugenio María Obeso, abogado liberal, y de la lavandera negra María de la Cruz Hernández, el padre se ocupó de su educación, lo matriculó en el Colegio Pinillos de Mompox, y después entró como becario en el colegio que fundó Tomás Cipriano de Mosquera en Bogotá. Más tarde, ingresó en la Facultad de Ingeniería y en la de Ciencias Políticas de la Universidad Nacional. Aspiró sin éxito al amor de varias mujeres, obtuvo más bien desengaños y lances desagradables. Sobrevivía gracias a traducciones literarias y oficios diversos. Mosquera, presidente de la República de Colombia en esa época, lo auspició y le brindó su amistad personal, cuando ya sus cualidades como traductor y literato eran notorias; le otorgó también un consulado en Tours (Francia), que desempeñó de forma efímera.

Sobresaliente poeta dialectal (se le considera uno de los primeros poetas negristas), fue novelista, dramaturgo y catedrático. Políglota y polígrafo, tradujo al español a Shakespeare, Musset, Víctor Hugo y Tennyson. La colección *Cantos populares de mi tierra*, publicada por primera vez en 1877, recoge toda su obra en verso, escrita en un intento de figuración de lengua dialectal, tal como la oyó entre los campesinos de las riberas del Magdalena. Polémico y rebelde, no se ajustaba a las normas sociales que dictaba el conservadurismo de cuño católico. Describió a la mujer como un ser independiente y con voz propia. Como poeta, escogió expresarse en el lenguaje de los campesinos humildes de orillas del Magdalena, muchos de ellos con raíces africanas. En sus poemas, hace gala de un estilo romántico (identificación del poeta con la naturaleza; nostalgias de amores perdidos; idealizaciones...). Su lenguaje es dialectal; su temática es de orden naturalista y pastoral. Para muchos de nosotros los afrocolombianos, es uno de los escritores y poetas colombianos más connotados del siglo XIX. Su interés por las letras fue de la mano de los idiomas:

aprendió francés e italiano; tradujo del inglés a poetas como Byron, Tennyson y Longfellow, y piezas como *Otelo*, trabajo de impecable factura, según la calificación de sus contemporáneos. Nunca lo abandonaron el amor por las mujeres ni la pobreza, y se dice que al suicidio lo empujó la discriminación imperante en la época. Solo a partir de 1950, cuando la colección *Cantos populares de mi tierra* publicó su obra poética completa, se empezó a apreciar en todo lo que vale su poesía. Entre sus obras pueden señalarse *Lecturas para ti*, *La familia de Pigmalión* (novela), *Secundino, el zapatero* (comedia) y *Cantos populares de mi tierra* (poesía), que incluyen los cantos a los bogas del río Magdalena...

Fuente consultada: http://www.afrocolombianidad.info/personajes/candelario-obeso.html

Biografía de Luis Antonio *el Negro* Robles

Luis Antonio el Negro *Robles*

Luis Antonio Robles Suárez nació en Camarones, La Guajira, Colombia, el 24 de octubre de 1849. *El Negro* Robles tuvo una carrera pública llena de éxitos, después de haberse graduado en jurisprudencia en el Colegio Mayor de Nuestra Señora del Rosario: diputado y presidente del estado soberano del Magdalena, ministro, director nacional del liberalismo, solitario congresista de su partido –elegido por Antioquia– en 1892 y 1894. Enseñó Leyes, escribió en periódicos, publicó libros y fue rector de la Universidad Republicana.

Una vida rica que se truncó joven, antes de cumplir 50 años.

"El hecho sucede un día cualquiera del siglo XIX. El escenario es el lugar de sesiones de la Cámara de Representantes en Bogotá. Los protagonistas son Luis Antonio Robles y otro parlamentario. Este último, influenciado por su lamentable racismo, ve entrar a Robles y grita: '¡Se ha oscurecido el recinto!'. El guajiro, verdadero maestro de la réplica y la oratoria, le responde: 'Yo no tengo la culpa de ser negro: la noche imprimió su manto sobre mi epidermis. Pero aún blanquean los huesos de mis antepasados en las bóvedas de Cartagena, por darles la libertad a muchos blancos, de conciencia negra, como usted'.

El 18 de octubre de 1899 se inició la guerra de los Mil Días, uno de los capítulos más tristes y sangrientos de la violenta historia colombiana. Veintiséis días antes, el 22 de septiembre del mismo año, había muerto a temprana edad Luis Antonio Robles Suárez, a quien los registros históricos recuerdan mejor como *el Negro* Robles.

Fuente consultada: http://www.afrocolombianidad.info/historia/luis-antonio-robles.html

Biografía de Ramón *el Negro* Marín

Así eran las guerrillas en la contienda de los Mil Días: una visita al Negro Marín. El general tolimense descrito por un médico norteamericano

Por Malcolm Deas
(tomado de
Revista Credencial Historia, *edición*
Nº 11, Bogotá, noviembre de 1990)

El general Ramón Marín, *el Negro* Marín, jefe guerrillero liberal del Tolima en la guerra de los Mil Días, logró cierta fama perdurable. Es una de las grandes figuras en el libro de

El general Ramón Marín, acompañado por su "asesor" político Julio Piñeres, hacia 1900. Galería Fotográfica-Librería Torres Caicedo, Bogotá.

Gonzalo París Lozano *Los guerrilleros del Tolima*, que ha sido editado tres veces. Si no recuerdo mal, Marín fue objeto de un furtivo Decreto de Honores a principios de la República Liberal: había muerto pobre, y un hijo suyo trabajaba recogiendo basuras en Ibagué. En los tiempos de gloria, incluso había sido tema de observaciones en los informes de la legación británica: se apreciaba su buena conducta frente a las propiedades de ingleses en su zona de operaciones, y en cierta ocasión lo apodaron *el Dewit colombiano*, refiriéndose al famoso líder de los bóers, quien por entonces estaba poniéndole problemas al ejército inglés en Sudáfrica, de la misma índole de los que ponía Marín al ejército conservador.

Existe una excelente fotografía de nuestro sujeto, acompañado por su diminuto asesor político, don Julio Piñeres, quien aparece con todo y escarapela liberal. Su significación ya está siendo estudiada por una nueva generación de historiadores colombianos, entre quienes se destaca Carlos Eduardo Jaramillo, gran experto en los Mil Días tolimenses, quien está a punto de publicar un texto importante sobre la guerra: *Los guerrilleros del 900*.

Con todo, *el Negro* y general Marín no es el jefe mejor documentado de la historia, ni hay muchas descripciones suyas en su época de renombre, ni de la escena en que le tocó actuar. Por el viejo vicio de comprar libros de segunda mano, he hallado un texto con suficiente mérito para ser rescatado.

Es el libro de Herbert Spencer Dickey (los nombres de pila indican por lo menos que sus padres hacían alarde de cierta seriedad sociológica). Su título es *Misadventures of a Tropical Medico* (*Desventuras de un médico tropical*), y fue publicado en 1929, en edición inglesa de la respetable casa Bodley Head de Londres. Sospecho que hubo una edición anterior en los Estados Unidos, pues el autor era un médico nacido en Highland Falls, Nueva York, alrededor de 1877. Sin la más mínima pretensión, escribe muy bien: es un narrador nato. Y, como en el caso de mucho narrador nato, puede ser que a veces robe anécdotas o las elabore un poco, pero su texto es el de un buen observador, con muy pocos prejuicios.

Partió de Nueva York en vísperas de la Navidad de 1899, con 100 dólares, su nuevo título médico y una carta del cónsul general de Colombia en esa ciudad recomendando sus servicios al comandante en jefe de las fuerzas del gobierno. Llega a Barranquilla, donde la opinión general, del capitán del puerto y de los empedernidos del bar de la pensión inglesa es que tal carta no vale nada y que los dólares no van a durar mucho tiempo. Sin embargo, el amable general Gaitán, comandante local de las fuerzas del gobierno, lo nombra en el mismo bar médico del hospital con rango, nunca confirmado ni dado por escrito, de capitán. Pasa allí tres meses escalofriantes: el ejército conservador trae reclutas del interior para reforzar la guarnición, desde Cauca, Cundinamarca y Santander, y esos soldados no aclimatados mueren como moscas, de fiebre amarilla. El médico Dickey y sus colegas colombianos –a quienes reconoce su valor, pues "sin pararse en peligros hicieron concienzudamente todo lo que pudieron, sin preocuparse de su propia salud"–, sin otro remedio que jugo de limas y aceite de castor, ven morir a 1.500 en tres meses. El hospital es un "matadero indescriptible". La mortandad no cede hasta cuando, con ciertos cambios de la situación estratégica, el gobierno cesa de enviar reclutas. Mientras tanto, el Dr. Dic-

El Negro *Marín a fines de siglo.* Copia fotográfica en gelatina, Colección Academia Colombiana de Historia, Bogotá.

key consigue, a través de una lentísima correspondencia, el puesto de médico de cabecera de la Tolima Mining Company en su mina de Frías, Tolima.

La compañía es descendiente de la Colombian Mining Association de la década de 1820 y es todavía una empresa "inglesa". El superintendente es inglés, el ingeniero jefe es norteamericano y la mayoría de los otros responsables son también ingleses. Según Dickey, cantan, beben y pelean divinamente, y siembran en esa parte del Tolima sus indistinguibles nombres y apellidos: Roberts, Johns, Williams, Edwards, Hughes. En épocas de paz, la mina empleaba unos 1.000 trabajadores colombianos; el médico tiene bastante trabajo, sobre todo por las riñas de fin de semana. Además, como médico, gana cierta reputación en el área circundante.

Dickey llega a la mina de plata en plena época de los Mil Días. No se mofa de la guerra civil, como muchos extranjeros. Ha visto los horrores del hospital militar y, aunque opina que todavía no hay peor tirador que "el promedio de los revolucionarios sudamericanos" –les falta disciplina y se excitan demasiado–, tienen otro modo de matar a sus enemigos y a los que imaginan que son sus enemigos: el machete. Como médico atestigua los espantosos resultados de esta manera de pelear. Además, anota que por debajo de la guerra grande hay mucha guerra chica: "La revolución da a cualquiera la posibilidad de vengarse. Es muy fácil cambiar de filas y tender una emboscada. No es guerra, pero mata igual que la guerra".

Merodean alrededor de la mina de Frías las tropas del gobierno. Dickey los llama "federales": son una "compañía suelta", una guerrilla —es el término que usa Dickey— bajo oficiales federales. Son como 100 hombres, oriundos de Manizales. Hay 40 a caballo: sombrero de paja alón con cinta azul, blusas azules con galón rojo, pantalón caqui o blanco sucio, botas altas con espuelas grandes. Hacen un gran reclutamiento en la mina. Muchos de los reclutados desertan enseguida, y la Tolima Mining Company lleva su protesta al gobierno a través de la legación inglesa en Bogotá. Consigue la reintegración de la mayoría de los reclutas a las labores mineras.

La mina sufre menos a causa de las fuerzas de Marín. *El Negro* había trabajado antes de la guerra como *strawboss*, capataz de cuadrilla, en la mina de Frías, y tiene buenos recuerdos de sus jefes ingleses: "Había sido bien tratado antes de que empezara a hacer carrera militar". Dickey considera que en esta época tenía bajo su mando inmediato unos 1.000 hombres, y otros 1.000 dispersos en guerrillas, en bandos de 200. Todos son tolimenses. Los más temibles son los "macheteros", fuerzas de choque reclutadas, según nuestro autor, por ambos bandos, revolución y gobierno. Hombres particularmente malos, muchos sacados de las cárceles: como un nativo puede hacer generalmente cualquier cosa sin terminar preso, se puede uno imaginar el posible grado de maldad de esta gente. Todos condenados por homicidio, incendio, abigeato, rapto u otro crimen tremendo, y ocasionalmente alguien denunciado como favorecedor de los federales… Era fácil deshacerse entonces de un enemigo o acreedor… denunciándolo como conservador, si uno estaba tratando con los rebeldes, o como liberal, si uno trataba con el gobierno. Enseguida lo reclutaban como machetero. Dickey describe además muy bien el alegre sistema de distribución de vales que ambos lados utilizan para pagar sus compras.

Marín no molesta mucho en la mina, pero uno de sus subordinados, el general Figueroa, joven de unos 20 años, decomisa un bello caballo gris, propiedad de nuestro médico, y esto ocasiona la visita de Dickey al campamento del *Negro*. Resuelve pedir al jefe guerrillero, amigo de la mina, que ordene a Figueroa devolver el caballo a su legítimo dueño, aunque Dickey confiesa que la filiación política del caballo, que ya ha pasado por manos liberales y conservadoras, es un poco dudosa.

Dickey llega al campamento del general en San Lorenzo, solo, montado en un caballo bien inferior. Describe así a Marín: "Era un negro alto y muy fornido, y sus proezas físicas probablemente tenían mucho que ver con su elevada estatura. Sabía emplear el machete como los mejores, ¡y no era nada adverso a hacerlo en ocasiones!". El general está sentado en un cajón. Tiene sombrero alón de Panamá, con cinta roja, blusa de dril blanca bien almidonada, abotonada al cuello, y en las mangas ocho bandas de franela roja, "en indicación de su enorme rango, aunque nunca supe la designación exacta". Su pantalón blanco tiene también bandas de franela roja de cuatro pulgadas de ancho. "De alguna parte, Dios sabe de dónde, había adquirido una espada. Era una espada decorativa, de las de las sociedades secretas a las que les gustan los uniformes, y tenía una hoja grabada que deleitaba a Marín. La cargaba en una vaina de papel barnizado, atada a su bien llevada bandolera. Para uso serio tenía su machete colgado al otro lado, y un revólver, colgado de la misma bandolera". Detalle más, detalle menos, es el mismo hombre de nuestra fotografía.

Alrededor del jefe anda su numeroso séquito: "La mayoría —acaban de hacer un saqueo en Ambalema— tenía zapatos. Estos zapatos, según recuerdo, eran todos puntiagudos, de cuero lustroso y de paño, y no había rastro de calcetines. Tal vez no había calcetines en Ambalema. ¡Cómo sufrían estos pobres diablos con sus zapatos!; pocos los tenían abotonados, por sus tobillos gruesos; pocos habían tenido zapatos antes, y les apretaban mucho. Brincaban como loros en un techo caliente". *El Negro* Marín estaba sufriendo los horrores de un dolor de muela. Al fin se pone de acuerdo con Dickey: está dispuesto a ordenar a Figueroa la devolución del caballo, si Dickey le quita su dolor de muela. Dickey piensa primero en una inyección de cocaína en la boca, pero –tiempos inocentes– no se consigue cocaína. Le aplica a Marín una respetable dosis de morfina en un brazo y, antes de caer dormido, el general manda que suelten el caballo. Dickey regresa a la mina de Frías un poco preocupado por lo que pueda pasar cuando el general despierte y se encuentre otra vez víctima de los dolores. Manda enseguida un paquete de gotas y algodón. Marín no se pone bravo. "Tal vez", concluye Dickey, "pensaba que ya era otro diente el que le dolía".

Los esposos Dickey reciben una cabeza reducida, después de haber curado a un jefe jíbaro por una mordedura de culebra

El libro de Dickey no solo trae estos cuadros tan bien logrados de la guerra, sino asimismo un juicio sobre su desarrollo, más equilibrado del que es usual encontrar en un relato de viajero: "No debe suponerse que esta revolución colombiana se arrastró durante cuatro años porque la tropa y los generales federales fueran ineptos. Es cierto que había

El Negro *Marín en la guerrilla*

más de un poco de ineptitud, pero también hombres de coraje y devoción. Lo mismo puede decirse de los rebeldes. Tal vez había menos ineptitud entre la alta oficialidad de la revolución, porque los soldados rebeldes exigían cierta eficiencia a sus jefes, por simples razones de supervivencia... Los líderes de los bandos rebeldes solo seguían siendo líderes si tenían éxito en sus primeros encuentros. Quienes no lo tenían, pronto desaparecían". Dickey nos dejó este interesante relato sobre uno de los que sobrevivieron...

Fuente consultada: http://www.lablaa.org/blaavirtual/revistas/credencial/noviembre1990/noviembre1.htm

Biografía de José Cinecio Mina

Negro liberto del Cauca, coronel de la guerra de los Mil Días. Reconocido como hechicero por ser inmune a las balas, llegó a tener 100 hombres bajo su mando, y organizó y defendió a los terrajeros y campesinos negros de Barragán, Obando, Quintero, Guachené, Sabanetas y otras veredas del norte del Cauca. Los hombres de Cinecio Mina luchaban movidos por el terror de volver a ser esclavizados y por el dominio de la tierra. Cinecio murió envenenado por el terrateniente Jaime Gómez, después de compartir unas copas para celebrar un nuevo pacto. Tras la muerte de Cinecio, los campesinos continuaron organizándose y crearon la Unión Sindical del Cauca como todo un movimiento agrario.

Fuente consultada: http://axe-cali.tripod.com/cepac/hispafrocol/12.htm

Biografía de David Peña

El 24 de diciembre de 1876 fue inolvidable para los caleños, que vieron ese día un saqueo general de la ciudad. Hubo innumerables muertos y heridos, después de cinco días de enfrentamiento entre radicales y conservadores.

Los hechos formaron parte de las etapas finales de una guerra civil iniciada a mediados del año, cuando los conservadores del Cauca y Antioquia se rebelaron alegando la persecución religiosa y política del gobierno radical. En nombre de la religión y sobre todo de la enseñanza religiosa en las escuelas, los conservadores trataron de derribar el gobierno de don Aquileo Parra, pero sin mucho éxito: para fin de año, el gobierno tenía prácticamente ganada la guerra, que se decidió en los campos vallecaucanos de Los Chancos, y que culminaría al rendirse el gobierno antioqueño en Manizales, en mayo de 1877.

Cali había quedado durante la guerra bajo el control de los radicales, a quienes se acusaba de perseguir a sus opositores con diferentes formas de violencia, en una época conocida como "del perrero", probablemente por el látigo que llevaba este nombre en la región.

Las fuerzas del gobierno, conformadas ante todo por 200 reclutas liberales, se agrupaban en dos cuarteles, el de Santa Librada y la Casa Municipal, en cuya planta baja estaban presos 80 conservadores.

Los incidentes comenzaron el 18 de diciembre, cuando los conservadores, al mando del general Carlos Patiño, intentaron tomarse los cuarteles. Los atacantes se dividieron en dos grupos, uno de los cuales, a cargo de Avelino García, se apoderó de Santa Librada, mientras el otro, dirigido por Patiño, se dirigió a la plaza principal, donde estaba la Casa Municipal. El éxito fue inmediato y los rebeldes se adueñaron de los cuarteles, lo que les permitió liberar a los detenidos y apoderarse de un número considerable de armas de fuego, entre ellas cuatro piezas de artillería. La sorpresa debió desempeñar un gran papel en el triunfo, pues los sitiados apenas respondieron al ataque; los conservadores se enorgullecían de que la acción solo había producido dos víctimas: el centinela de Santa Librada, conocido como *el Mulato* Sierra, y un tambor de los liberales.

El jefe radical de la región, general David Peña, se enteró de lo sucedido cuando iba a Cartago para incorporarse al grueso del ejército del gobierno. Se dirigió entonces sin demora a Cali, y en el camino fue engrosando sus fuerzas con hombres y mujeres de Tuluá, Buga y Palmira. Cuando llegó a Cali, tenía ya unos 2.000 seguidores, cargados con toda clase de armas.

Los conservadores alegaron siempre que las mujeres tenían bateas, "armas muy a propósito cuando se trata de un saqueo", para indicar que se planeaba el pillaje y que este tenía la autorización del general Peña.

Antes de entrar a la ciudad, el jefe radical envió un comisionado para pedir a los insurrectos que se entregaran, ofreciéndoles un indulto general, que ellos no aceptaron. Alrededor de las cinco de la tarde se oyeron los primeros disparos. El general Patiño esperaba en el cementerio, en la entrada norte de la ciudad. Otros de sus hombres custodiaban, en las esquinas de la plaza, los cuatro cañones de los que se habían apoderado. Pero el gran número de atacantes doblegó la resistencia conservadora, que prácticamente desapareció hacia las 10 de la mañana.

A medida que los liberales se apoderaban de la ciudad, comenzó el saqueo: durante tres días estuvo sometida Cali a pillajes, asesinatos e incendios, y a la destrucción de viviendas y enseres domésticos.

Las casas de los conservadores, por supuesto, fueron las primeras afectadas, aunque algunos hogares liberales no escaparon al infortunio. En las calles, los radicales gritaban "¡Abajo los Borreros!", por ser esta familia la principal representante de los conservadores. Se dice que el general Peña vociferaba:

"Muchachos, el triunfo es nuestro. Donde los Olanos, Borreros y Velascos".

El botín de la casa de Miguel Borrero Piedrahíta, juez del circuito de Cali, fue significativo: numerosas cajas de licores, lujosas vajillas de plata, servicios antiquísimos de porcelana, riquísimas alhajas, incluidos 18 rosarios de oro y uno de perlas.

Muchos salvaron sus vidas escondiéndose entre los muebles, o lograron huir por los solares buscando refugio en casas cercanas. Otros lograron escapar por la solidaridad de sus vecinos, por encima de las diferencias de filiación política. El día 26, el desorden amainó y los liberales reasumieron su control habitual de la ciudad.

Prácticamente todo lo que sabemos de estos días proviene de las narraciones de dos descendientes de los principales protagonistas. Manuel Sinisterra, sobrino del general Carlos Patiño, escribió sobre eso el 24 de diciembre de 1876 en Cali, y ese texto fue publicado en 1937; en él, contrasta la actitud pacífica de los conservadores con la violencia de los liberales. El año siguiente, el político Francisco Eladio Ramírez, nieto del general Peña, dio a conocer una biografía de su abuelo, para desagraviarlo y responder a las acusaciones de Sinisterra.

Poco sabemos del general Patiño. Nacido en Palmira, alcanzó el grado de general en las guerras civiles. Después de su derrota, logró escapar a Buenaventura con 13 compañeros, y en enero de 1877 emigró a Costa Rica, donde permaneció hasta que los gobiernos conservadores ganaron nuevamente el poder, durante la Regeneración, lo que le permitió regresar a ocupar algunos cargos sin mucha importancia.

Del general Peña sabemos que nació en Cali en 1826, en una casona de El Bayano, barrio popular de Cali. Su padre se ocupaba de diversos negocios, principalmente de la producción de licores: era de familia modesta, aunque con independencia económica. Estudió jurisprudencia en el colegio de Santa Librada, y a los 24 años fue profesor del plantel; primero enseñó Matemáticas, luego Filosofía y Francés, y finalmente fue rector.

En 1848, ingresó a la Sociedad Democrática de la ciudad, invitado por Juan Nepomuceno Conto, profesor también en Santa Librada. En 1867, fue su presidente, y en 1868, fundó la Democrática de Palmira. En las sociedades se destacó como excelente orador, campechano y sencillo. Uno de los discursos que pronunció en la Sociedad Democrática es buen ejemplo de su oratoria: "Muchachos: en estos momentos, todos estamos obligados a ayudar a nuestro partido, con lo que podamos. Supongamos que se trata de hacer una gran olla de sancocho. Pues bien; que el uno traiga las tulpas para hacer el fogón; el otro el carbón, el otro la olla; el otro la sal; el otro las yucas; el otro los aliños, y así, hasta completar todos los elementos necesarios. Los que no tengan nada que traer, esos, soplan". El discurso es semejante a uno de Jaime Bateman publicado por Patricia Lara en *Siembra vientos y recogerás tempestades*, lo que muestra lo poco que ha cambiado la retórica política en el país. Con su participación en las Democráticas, Peña logró una gran popularidad, que según algunos se debía a su cercanía al pueblo y según otros, a la simple demagogia.

Como dijo Santiago Eder, extranjero radicado en el Valle, el general Peña "comandaba una gran fuerza y era inmensamente popular entre el pueblo bajo, e indudablemente tenía sus buenas cualidades, pero era ante todo un gran demagogo".

David Peña, en un siglo en que la política estuvo muy ligada a la actividad militar, había iniciado su vida de soldado como sargento mayor en 1860, y cinco años después era ya general de las milicias del Cauca. Había participado en la toma de Bogotá en 1861, efectuada por Tomás Cipriano de Mosquera, y actuó en la batalla de Los Chancos, en la que los liberales caucanos derrotaron a los conservadores de Antioquia. Fue también regidor del Cabildo caleño en 1851, y entre 1860 y 1873, fue juez municipal, secretario del Tribunal de Occidente, diputado y presidente de la Legislatura del Cauca, jefe municipal de Cali y Palmira. Entre 1873 y 1875, fue designado a la presidencia del estado del Cauca, y como la mayoría de los políticos del siglo XIX, fue periodista: dirigió *La Matraca*, *La Voz Liberal* y *El Estandarte Liberal*, periódicos publicados en Cali.

Peña murió aún joven, en 1878, tras una penosa enfermedad, pero en medio de gran popularidad. Más de 6.000 personas lo acompañaron en su entierro, costeado por la municipalidad, dada su condición de extrema pobreza. En el funeral, los discursos lo dibujaban como poseedor de un tipo extraño, con una hermosa figura "árabe" y con un ímpetu revolucionario jacobino y dogmático. Se le atribuían un gran heroísmo y una generosidad sin límites: según su nieto, alguna vez se quitó el vestido para darlo a un mendigo y en otra ocasión obsequió todo su dinero a un antiguo soldado en estado de necesidad.

Aunque importante en el Valle, Peña nunca llegó a ser uno de los jefes principales del liberalismo. Sin embargo, su carrera puede ilustrar un proceso característico del siglo XIX. Nacido en un estrato bajo, la educación y la participación militar le permitieron avanzar, y sus habilidades periodísticas y oratorias le permitieron adquirir poder y ascender socialmente.

Otro hombre del pueblo, *el Negro* Manuel María Victoria, había prosperado asimismo por su habilidad militar, aunque no se destacó como político.

Este proceso fue mucho más frecuente durante la época radical, cuando hubo una mayor flexibilidad en la estructura social. Esto explica que un hombre modesto y con rasgos definitivamente mulatos hubiera podido llegar a ocupar tantos cargos importantes dentro de una sociedad considerada como una de las más tradicionalistas, cerradas y racistas del país. Y muestra cómo esta movilidad social se apoyaba a veces más en la creación de redes de solidaridad local y en elementos de prestigio político que en los vínculos económicos, como se cree con frecuencia.

Fuente consultada: http://www.lablaa.org/blaavirtual/revistas/credencial/septiembre1990/septiembre2.htm

De los bandidos y políticos caucanos: el general Manuel María Victoria, *El Negro*

Por Alonso Valencia Llano
(Departamento de Historia, Centro de Estudios Regionales, Universidad del Valle)

En este artículo, se hace una presentación de las condiciones que llevaron al surgimiento de bandidos en el Valle del Cauca, Colombia, durante el siglo XIX. También se exponen algunos elementos teóricos acerca del bandidaje y su relación con la sociedad en que surgen.

La intención es mostrar el papel que el bandidaje cumple en la sociedad y su participación política en la construcción del Estado republicano y en la transformación de las formas sociales heredadas del período colonial.

También se hace un seguimiento biográfico de uno de los principales "bandidos" caucanos, quien, gracias a una destacada actividad política y militar, llegó a ser uno de los más importantes generales de la República y, quizás, el primer "negro" que en Colombia alcanzó tal distinción.

Se mira no solo su actividad política, sino también la percepción que sus contemporáneos tenían acerca de una persona que, a pesar de su desempeño político público, llegó a ser considerado un bandido famoso.

El ambiente de insurgencia social que tuvo lugar en las décadas del 40 y 50 del siglo XIX caucano tuvo, entre otras muchas consecuencias negativas para la tradicional elite regional, que los montes de las márgenes de los grandes ríos que cruzan el Valle –como el Cauca, el Amaime, la quebrada de Murillo, el río Palo–, así como los de las Bocas del Toro y del curso del Risaralda, se convirtieran en zonas de refugio para esclavos huidos de las haciendas y para caucanos que rechazaban las conscripciones forzosas que durante las guerras civiles se hicieron para los ejércitos y milicias, o para los que huían de la justicia o se dedicaron a cultivos y a producciones clandestinas. En esos montes construyeron sus chozas de paja y se alimentaron mediante la caza, la pesca y la recolección de frutos silvestres.

De estos hombres "enmontados" habrían de salir en 1860 supuestos bandidos como Peñaloza –considerado por la historiografía tradicional conservadora como uno de los más famosos criminales bugueños–, pero también los típicos campesinos vallecaucanos. Aunque buena parte de las memorias escritas en la época se caracteriza por calificar las acciones de estos hombres como delincuenciales, lo cierto es que ellas también permiten pensar que se trata solamente de hombres que no habían logrado asimilarse a la sociedad republicana, hecho que muchos de ellos solo lograrían después de la guerra civil de 1860, y en particular durante la consolidación del estado soberano del Cauca, cuando los caucanos del común –gracias al triunfo liberal– lograron que no se les clasificara más con categorías raciales –"los negros" y "libres de varios colores", como ocurría desde el período colonial–, sino con la de "ciudadanos". Esta conquista social y política que había comenzado a desarrollarse desde que el general Francisco de Paula Santander ordenó el censo de 1825.

Fuente consultada: http://historiayespacio.univalle.edu.co/TEXTOS/19/Articulo6.pdf

Biografía de Manuel Saturio Valencia Mena

Un abogado chocoano fue la última víctima de la pena de muerte en Colombia. Un séquito triste acompañó a Manuel Saturio Valencia por las calles de Quibdó la tarde de su ejecución. Trompetas y tambores marcaron el paso. Descalzo, humillado y maltratado, él presidió el tumulto que lo escoltó hasta el árbol de palosanto que hizo las veces de paredón.

Manuel Saturio Valencia Mena

Todos los fusileros del pelotón, aseguraron luego los testigos, le apuntaron directo al corazón.

"Esto a mí no me extraña", había escrito Manuel Saturio la víspera, inspirado en su desvelo de condenado a muerte. "Desde que tuve uso de razón, comprendí que la fatalidad me perseguía", añadió.

Manuel Saturio Valencia Mena, el último condenado a muerte en la historia del país, había nacido en los barrios marginales de Quibdó, cuarenta años atrás, en 1867, en tiempos en que el recuerdo de la esclavitud estaba aún fresco en la memoria. Quibdó, capital de una provincia minera del estado del Cauca, era una ciudad segregada, con las casas de la clase pudiente alineadas a lo largo de una sola calle larga, la Carrera Primera, que estaba vedada para los de piel oscura.

La aristocracia chocoana era boyante; había industria y había comercio. Además del oro y del platino, que vivía entonces sus mejores precios, del puerto de Quibdó partían por el río Atrato, rumbo al Darién, al Caribe y a los mercados del mundo, vapores cargados de maderas finas, caucho, quina y tagua.

A su regreso, los mismos barcos traían telas y porcelanas, vajillas y cubiertos de plata, solo para los ricos, claro. Cuando niño, Manuel Saturio cantó en el coro parroquial, y aprendió pronto el latín y el francés que le enseñaron los capuchinos. Fue un estudiante destacado, tanto que los mismos curas se encargaron luego de sus estudios superiores.

Manuel Saturio Valencia fue así el primer hombre de su color de piel admitido en la Universidad del Cauca, en su Escuela de Leyes.

De regreso a Quibdó, se alineó con el conservatismo, un partido minoritario en la región. Vino la guerra de los Mil Días y Valencia alcanzó el grado de capitán en las tropas gobiernistas. Luego, en tiempos de paz, fue abogado de los pobres, personero municipal y juez penal del circuito. Era, aseguran sus varios biógrafos, un hombre de buena presencia, educado, elocuente y, sobre todo, excelente bailarín. Un día, porque así son las cosas, nuestro próspero abogado sedujo a una jovencita blanca, de nombre Deyanira Castro, hija de un importante líder liberal. La joven salió embarazada de aquella aventura...

La venganza de la familia ofendida no tuvo que esperar mucho tiempo. En la madrugada del 1 de mayo de 1907, se dieron las circunstancias para el desquite. El plan que habían urdido era sencillo. Había que embriagar a Manuel Saturio y quitarle algunas prendas que lo inculparan luego en un incendio que ellos mismos provocarían. Fue así como se quemaron un par de casas de techo pajizo, en la famosa Carrera Primera. Entre las cenizas recuperaron, además de una bola de trapo con restos de petróleo, el cinturón de Manuel Saturio, y unos documentos con su nombre.

La Constitución Nacional de 1886, en su artículo 29, era explícita al castigar con pena de muerte a los incendiarios. No importaba que, como en este caso, el incendio no alcanzara mayores proporciones.

El juicio fue breve. Solo seis días transcurrieron entre los hechos y la ejecución de la condena, todo un registro de celeridad en la aplicación de la justicia en Colombia.

Resultaron inútiles, entonces, los lamentos de las mujeres de Quibdó, tanto blancas como negras, que clamaban perdón para el acusado. Inútil fue también el indulto que, estrenando telégrafo, le solicitaron los abogados de la defensa al presidente de la República Rafael Reyes.

Hoy los historiadores no creen que Manuel Saturio Valencia haya sido una víctima de la lucha racial, como algunos pretenden presentarlo. Blancos fueron, después de todo, sus abogados defensores. Muchos hombres y mujeres, blancos y negros, intercedieron en su favor. A este abogado chocoano, como al guajiro José Prudencio Padilla, lo que finalmente lo llevó al cadalso fue un enredo de faldas.

Sea como fuere, hoy la municipalidad de Quibdó ha decidido bautizar con el nombre de Manuel Saturio Valencia aquella misma Carrera Primera, la del incendio, en donde no se aceptaba entonces que caminara un negro.

"Esta es la ley del mundo: todo lo que nace tiene que morir", dijo Manuel Saturio Valencia en su última noche de insomnio. "A mí, por mi mala estrella, me toca hoy dar cumplimiento a esa inexorable ley".

Así fue. La descarga de los fusiles del gobierno resonó en las riberas del río Atrato ese 7 de mayo para ejecutar a un inocente. Eran las cuatro y treinta de la tarde.

Fuente consultada: http://www.barulegazette.com/bar%C3%BBle_gazette_personajes_afrocolombianos_-_valencia_mena,_manuel_saturio.htm

Epílogo

Sin embargo, a pesar de todo el heroísmo demostrado por los soldados afrodescendientes, en la guerra de independencia que liberó a Colombia del yugo español, sorprende sobremanera que al conmemorarse el Bicentenario de tal hazaña, en las efemérides oficiales brillen por su ausencia los miembros de la comunidad negra, tal como ocurrió con la réplica de la Ruta Libertadora, conmemoración en la cual se recreó el paso del Ejército Patriota por el páramo de Pisba, desde Tame, Arauca, hasta el famoso puente de Boyacá; actividades programadas y realizadas por el Ejército Nacional, el Ministerio de Cultura y la Consejería Presidencial para el Bicentenario de la independencia, entre el 22 de junio y el 7 de agosto de 2010. Los organizadores de dicha travesía "olvidaron" incluir a los famosos héroes afros, coroneles Leonardo Infante, Ramón Nonato Pérez y Juan José Rondón, quienes decidieron a favor de los patriotas las batallas de Paya, Boyacá y Pantano de Vargas en el año 1819.

Consideramos que como un simple acto de justicia histórica, debe incluirse a miembros de la comunidad negra en los actos de conmemoración del Bicentenario de la independencia, para que se cumpla el mandato superior consagrado en el artículo 7º de la Constitución Política de Colombia, según el cual: "El Estado reconoce y protege la diversidad étnica y cultural de la Nación colombiana". Amén de aprovechar tal conmemoración para realizar inversión social en dichas comunidades, para disminuir la pobreza, la desigualdad y la exclusión social a las que han estado condenadas.

Segunda Parte

Capítulo IV
Identidad cultural:
la segunda independencia

> *Ser afro es leer la historia*
> *de nuestro pueblo aguerrido,*
> *es rescatar su epopeya,*
> *que ha quedado en el olvido...*
>
> Oscar Maturana

El proceso de independencia, a pesar de todas sus contradicciones, contribuyó poderosamente con la formación de la identidad étnica y cultural de la comunidad negra o afrodescendiente, puesto que para los esclavizados constituía un gran honor ingresar como soldados al Ejército Libertador. Es cierto que miles de ellos murieron en combate, pero los sobrevivientes pudieron exigir el cumplimiento de las promesas de libertad e igualdad que les hicieron los dirigentes criollos para convocarlos a la guerra.

Con el avance de las nuevas ideas en boga (libertad, igualdad y fraternidad), surgen intelectuales, artistas, activistas, organizaciones y movimientos afros, que se destacan a nivel nacional e internacional, reivindicando la historia y la cultura de la comunidad negra, así como exigiendo los derechos y mejores condiciones de vida para sus miembros.

Entre los casos emblemáticos, en Colombia se destaca la figura gallarda del poeta y escritor Candelario Obeso, ya mencionado, quien se hizo famoso y pasó a la posteridad con su obra *Cantos populares de mi tierra*, donde se destaca la célebre e inmortal "Canción del boga ausente":

Qué trijte que ejtá la noche,
la noche qué trijte ejtá:
no hay en er cielo una ejtreya...
¡Remá! ¡Remá!
La negra re mi arma mía,
mientra yo brego en la má,
bañao en suró por eya.
¿Qué hará? ¿qué hará?
Tar vej por su zambo amáo
doriente sujpirará,
o tar vej ni me recuecda...
¡Yorá, yorá!
La j'embras son como toro
lo rejta tierra ejgracia;
con acte se saca er peje
¡der má, der má!...
Con acte s'abranda er gierro,
se roma la mapaná...
cojtante y ficmej la penaj;
¡no hay má, no hay má!...
Qué ejcura que ejtá la noche;
la noche qué ejcura ejtá;
asina ejcura ej l'ausencia...
¡Bogá! ¡Bogá!...

Fuente consultada: http://www.banrepcultural.org/blaavirtual/literatura/apoeta/apoeta75.htm

En los Estados Unidos

En los Estados Unidos de Norteamérica, sobresalen varios personajes afrodescendientes, cuyas biografías veremos a continuación.

Biografía de Frederick Douglass

Frederick Douglass (14 de febrero de 1818 - 20 de febrero de 1895) fue un escritor, editor y orador abolicionista estadounidense famoso como reformador social. Fue conocido como *el Sabio de Anacostia* o *el León de Anacostia*, y es uno de los escritores afroamericanos más importantes de su época y de toda la historia de los Estados Unidos.

Primeros años

Frederick Douglass

Frederick Augustus Washington Bailey, más tarde conocido como Frederick Douglass, nació esclavo en el condado de Talbot, Maryland, cerca de Hillsboro. Cuando todavía era un niño, fue separado de su madre, Harriet Bailey, la cual murió cuando él contaba con unos 7 años. La identidad de su padre es incierta; el escritor sostuvo en primer lugar que su padre era un hombre blanco, quizá su amo (el capitán Aaron Anthony), pero luego afirmó que no tenía idea de quién hubiera podido ser. Cuando Anthony murió, Douglass fue entregado a la señora Lucretia, esposa del capitán Thomas Auld; luego pasó al servicio del hermano de este, Hugh, que vivía en Baltimore, por lo que se trasladó allí. En 1830, la mujer de su nuevo amo, Sophia, quebrantó la ley al enseñar a Douglass los rudimentos del alfabeto. Desde ese entonces, tal como escribió en su *Relato de la vida de Frederick Douglass, un esclavo estadounidense* (publicada en 1845), el autor se esforzó en aprender a leer pagando a unos chicos blancos de su vecindario las clases con porciones de pan y observando cuantos escritos cayeron en sus manos; en su primer discurso abolicionista, Douglass aludirá a estas lecciones impartidas por su ama Sophia Auld.

En 1837, Douglass conoció a Anna Murray, quien sería su esposa y que vendió un cuadro para sufragar la documentación necesaria para que Douglass pudiera hacerse pasar por marino y escapar de los Auld. El 3 de septiembre de 1838, tomó un tren rumbo a Havre de Grace, Maryland, vestido de marinero y con la identidad prestada por un negro liberto de ultramar. Tras cruzar el río Susquehanna desde Havre de Grace en una pequeña balsa, Douglass continuó por ferrocarril hasta Wilmington, Delaware. Una vez allí, se subió a un vapor que se dirigía a Quaker City, Filadelfia, Pensilvania, para terminar al fin su camino en Nueva York en poco menos de 24 horas de trayecto.

Actividades abolicionistas

Douglass continuó su formación autodidacta leyendo cuanto pudo. Se unió a varias organizaciones antiesclavistas en Nueva Bedford (Massachusetts), incluyendo una iglesia para negros, y asistía regularmente a reuniones abolicionistas. Se suscribió al diario semanal *The Liberator* de William Lloyd Garrison, y en 1841 le escuchó hablar en persona en el encuentro anual de la Sociedad Antiesclavista de Bristol. Más adelante, declarará sobre este discurso: "*No face and form ever impressed me with such sentiments (the hatred of slavery) as did those of William Lloyd Garrison*" ["Ningún rostro ni estilo me impresionó tanto con tales sentimientos (el odio a la esclavitud) como lo hizo William Lloyd Garrison"].

Pero el sentimiento fue mutuo, pues Garrison mencionó a Douglass en su periódico y unos días después Douglass pronunció su primer discurso público en el ballenero puerto de

Nantucket, durante la convención anual de la Sociedad Antiesclavista de Massachusetts, a los 23 años de edad; dijo que sus piernas le temblaban, pero se sobrepuso y ofreció una charla memorable sobre su vida como esclavo.

En 1843, Douglass participó en el Proyecto Cien de la Sociedad Antiesclavista Estadounidense, que consistía en una gira de seis meses por salones a través del Este y el Medio Oeste de los Estados Unidos. Tomó parte en la Convención de Seneca Falls, lugar donde nació el movimiento feminista norteamericano, y fue uno de los firmantes de su declaración de sentimientos. Más adelante, intervino en una serie de periódicos: *North Star*, *Frederick Douglass Weekly*, *Frederick Douglass's Paper*, *Douglass' Monthly* y la *New National Era*.

El lema del *North Star*, periódico que editó entre 1847 y 1851, era "*Right is of no sex, truth is of no color, God is the Father of us all, and we are all Brethren*" ("El derecho no tiene sexo, la verdad no tiene color, Dios es el Padre de todos nosotros y nosotros somos todos hermanos").

El trabajo de Douglass se desarrolló inmediatamente antes de la guerra de Secesión y prosiguió también con ella; conocía a un abolicionista radical, el capitán John Brown, pero no aprobaba su plan de comenzar una revuelta armada de esclavos, pese a lo cual Brown lo visitó en su casa unos días antes del famoso ataque al arsenal de Harper's Ferry en octubre de 1859, cuyo propósito era armar la simultánea rebelión de esclavos de Virginia, insurrecciones sofocadas por el general Robert E. Lee y el teniente J. E. B. Stuart al mando de las milicias de Maryland y Virginia, y los soldados e infantería de Marina de Fort Monroe. Brown y sus partidarios fueron cercados en un sector del arsenal con varios rehenes blancos tomados a las familias esclavistas de la zona. Rechazó la propuesta de rendición de Lee del 18 de octubre y exigió como condición para liberar a los rehenes paso franco y expedito fuera de la ciudad; pero Lee envió a la infantería de Marina y tres minutos después había dos *marines* caídos y cuatro partidarios de Brown muertos. El mismo Brown fue gravemente herido y capturado, y Lee interrogó a los rebeldes y los entregó a las autoridades el 19 de octubre. A principios de diciembre, Brown fue ahorcado y muchos entre los habitantes del Norte lo aclamaron como un mártir, pero los blancos del Sur se convencieron de que el Norte no estaba dispuesto a mantener las libertades y su sistema de valores en la Confederación de estados que era entonces Estados Unidos de Norteamérica. Douglass instó a los demócratas sureños a permanecer en la Unión, pero estos por su parte nombraron su propio candidato presidencial y amenazaron con la secesión si los republicanos resultaban victoriosos; la mayoría en los estados sureños y fronterizos votó contra Lincoln, pero el Norte lo apoyó y ganó las elecciones.

La separación de Texas en 1861 era inminente; cualquier incidente que desequilibrara la balanza entre estados esclavistas y abolicionistas podía provocar la guerra civil. Tras el incidente de Brown, Douglass creyó oportuno refugiarse durante algún tiempo en Canadá, previendo ser arrestado por su presunta complicidad en el asalto al arsenal y porque creía que el ataque de Harper a la propiedad federal indispondría al público estadounidense contra él.

Douglass se reunió con el presidente Abraham Lincoln en 1863 para establecer qué trato se daría a los soldados unionistas negros en la guerra de Secesión, así como con Andrew Johnson por la cuestión de su derecho al voto; los abolicionistas blancos Lloyd y Wendell Phillips lo acompañaron en estas gestiones. Sin embargo, al comenzar la segunda mitad del siglo XIX, Douglass marcó distancias respecto de los garrisonianos sobre el tema de la Constitución de los Estados Unidos. En cuanto a su vida privada, Douglass tuvo cuatro hijos, dos de los cuales, Charles y Rossetta, le ayudaron con la publicación de su diario; además, fue ordenado pastor de la Iglesia Episcopal Metodista Africana.

Fuente consultada: es.wikipedia.org/wiki/Frederick_Douglass

Biografía de Harriet Tubman

Harriet Tubman

Harriet Tubman (nacida como Araminta Ross en 1820 y fallecida el 10 de marzo de 1913) fue una luchadora por la libertad de los afroamericanos y espía durante la guerra civil norteamericana. Tras escapar de la esclavitud, realizó 13 misiones de rescate en las que liberó a cerca de 70.000 esclavos utilizando la red antiesclavista conocida como "ferrocarril subterráneo".

Posteriormente, ayudó a John Brown tras su toma del arsenal de Harper's Ferry, y tras la guerra luchó por conseguir el sufragio para las mujeres. Nació en esclavitud en el condado de Dorchester, Maryland. Durante su niñez, fue apaleada y golpeada con látigo por varios de sus propietarios. Siendo adolescente, sufrió una fuerte herida en la cabeza cuando uno de sus propietarios la alcanzó accidentalmente con un objeto pesado que había lanzado contra otro esclavo. Como consecuencia de la herida, sufrió ataques de apoplejía, dolores de cabeza, visiones y episodios de hipersomnia a lo largo de toda su vida. Devota cristiana, atribuía sus visiones y sueños a premoniciones divinas.

En 1849, Tubman escapó a Filadelfia. Tras ello, regresó inmediatamente a Maryland para rescatar a su familia. Poco a poco, fue sacando del estado a sus diversos parientes, en ocasiones guiando personalmente a docenas de esclavos hacia la libertad. Viajando de noche y en extremo secreto, Tubman (o Moses, como era llamada) "nunca perdió un pasajero". A lo largo de los años se ofrecieron diversas recompensas por la captura de los esclavos huidos, pero nunca se supo que Harriet era quien estaba ayudándolos. Cuando la ley contra los esclavos fugitivos se aprobó en 1850, ayudó a muchos de ellos a huir hacia Canadá.

Al comenzar la guerra civil norteamericana, Tubman trabajó para el bando unionista, primero como cocinera y enfermera, y más tarde como espía. Se convirtió en la primera mujer en dirigir un batallón armado en la guerra, cuando dirigió el asalto a Combahee River, en el cual liberó a más de 700 esclavos. Tras la guerra, se retiró a su casa de Auburn, Nueva York, donde cuidó de sus ancianos padres. Fue activista del movimiento sufragista hasta que la enfermedad la obligó a retirarse a una residencia para ancianos afroamericanos. Tras su muerte en 1913, se convirtió en un icono estadounidense de coraje y libertad.

Fuente consultada: es.wikipedia.org/wiki/Harriet_Tubman

Biografía de Booker T. Washington

Booker T. Washington

Booker Taliaferro Washington (5 de abril de 1856, 1858 o 1859 - 14 de noviembre de 1915) fue un educador, orador y líder de la comunidad negra estadounidense. Liberado de la esclavitud en su infancia, y tras desempeñar varios trabajos de poca relevancia en Virginia Occidental, se procuró una educación en el Instituto Hampton y en el Seminario Wayland. Con la recomendación en 1881 del fundador del Instituto Hampton, Samuel C. Armstrong, fue designado como el primer líder del reciente Instituto Tuskegee de Alabama, que, por entonces, era una universidad de formación del profesorado para negros.

Washington creía que la educación era la clave para que la comunidad negra ascendiese en la estructura económico-social de los Estados Unidos. Se convirtió en su líder y portavoz a escala nacional. Aunque su estilo de no confrontación fue criticado por algunos (sobre todo por W. E. B. Du Bois, quien apodó a Washington *El gran acomodador*), tuvo mucho éxito en sus relaciones con grandes filántropos como Anna T. Jeanes, Henry Huddleston Rogers, Julius Rosenwald y la familia Rockefeller, que patrocinaron con miles de dólares la educación en Hampton y Tuskegee. Financiaron también cientos de escuelas públicas para niños negros en el Sur y realizaron donaciones para impulsar el cambio legal sobre segregación y derecho al voto.

Recibió honores de la Universidad Darmouth y la Universidad de Harvard, y fue el primer negro invitado con honores a la Casa Blanca.

Fue considerado el hombre negro más poderoso de la Nación desde 1895, hasta su muerte ocurrida en 1915, y cientos de escuelas e instituciones locales llevan su nombre.

Fuente consultada: es.wikipedia.org/wiki/Booker_T._Washington

Biografía de William Edward Burghardt Du Bois

William Edward Burghardt Du Bois (23 de febrero de 1868 - 27 de agosto de 1963) fue un estadounidense defensor de los derechos civiles, panafricanista, sociólogo, historiador, autor y editor.

El historiador David Levering Lewis escribió: "En el curso de su larga y turbulenta carrera, W. E. B. Du Bois ha intentado casi todas las soluciones posibles al problema del racismo del siglo XX. Becas, propaganda, la integración nacional, la

W. E. B. Du Bois

autodeterminación, los derechos humanos, culturales y económicos, el separatismo, la política internacional del comunismo, la expatriación del Tercer Mundo y la solidaridad".

Fue el primer graduado afroamericano de la Universidad de Harvard, donde obtuvo su doctorado en Historia; luego, se convirtió en un profesor de Historia y Economía en la Universidad de Atlanta.

También fue jefe de la Asociación Nacional para el Progreso de las Personas de Color (NAACP) en 1910, y fundador y editor de la revista de la NAACP, *The Crisis*.

Du Bois concitó la atención nacional en su oposición a Booker T. Washington, con respecto a las ideas de integración social entre blancos y negros, haciendo campaña en favor de una mayor representación política de los negros, con el fin de garantizar los derechos civiles, y la formación de una elite que trabajaría para el progreso de la raza afroamericana.

Desde 1900 se convirtió en uno de los mayores propulsores del panafricanismo, siendo el impulsor de los Congresos Panafricanos que condujeron a las independencias africanas, y recibiendo multitud de honores como el Premio Lenin de la Paz en 1958.

William Edward Burghardt Du Bois es considerado una de las personas de origen africano más influyentes de la historia.

Fuente consultada: http://es.wikipedia.org/wiki/William_Edward_Burghardt_Du_Bois

Biografía de Marcus Garvey

Marcus Garvey

Marcus Mosiah Garvey (17 de agosto de 1887 – 10 de junio de 1940) fue un editor, periodista y empresario jamaiquino, fundador de la Asociación Universal para la Mejora del Hombre Negro (UNIA).

Nació en St. Ann's Bay, un pueblo al norte de Jamaica. Garvey era hijo de un albañil calificado, dueño de una importante biblioteca.

Era el menor de 11 hermanos, de los cuales solo dos alcanzaron la madurez. Estudió en un colegio metodista. Se casó dos veces: la primera vez, con Amy Ashwood (de 1919 a 1922), y la segunda, con Amy Jacques, con quien tuvo dos hijos (de 1922 hasta su muerte en 1940).

Después de un tiempo como aprendiz en la imprenta de su tío, con 14 años se mudó a Kingston y trabajó en la imprenta de P. A. Benjamin, en la que llegó a ser maestro impresor y capataz. Este trabajo le fue de gran ayuda posteriormente a la hora de crear su propio periódico. En 1907, Garvey fue elegido vicepresidente del sindicato de Kingston. Fue despedido de este trabajo en 1908 a causa de su participación en la huelga de la Unión de Impresores, reclamando mejoras laborales.

A partir de aquí viajó, primero por Costa Rica y después por Panamá, donde editó un periódico antes de regresar a Jamaica en 1912. Viajó a Londres de 1912 a 1914 y de vuelta a Jamaica, en agosto de 1914, fundó la UNIA y se convirtió en su presidente. Entre los miembros fundadores estaba Amy Ashwood, que posteriormente sería su primera mujer.

La Asociación tenía como objetivo "unir a toda la gente de origen africano del mundo en un solo cuerpo para establecer un país y un gobierno absolutamente propios". La bandera de la UNIA tenía los colores rojo, negro y verde.

En 1916, Garvey se trasladó a los Estados Unidos y fundó un periódico llamado *Negro World*. En 1917, formó en ese país la primera sección de la UNIA fuera de Jamaica y empezó sus giras de conferencias, en las que abogaba por el retorno de los negros a África. Garvey dijo que "el éxito educativo, industrial y político se basa en la protección de una nación fundada por nosotros y esa nación solo puede estar en África", e incluso creó una compañía de barcos de vapor para el transporte a África, la Black Star Line.

En 1918, la UNIA decía tener 2 millones de miembros, y en agosto de 1920, durante una convención de la Asociación, 25.000 personas llenaron el Madison Square Garden para oír hablar a Garvey.

La UNIA afirmaba entonces tener 4 millones de miembros, lo que la convertiría en el mayor movimiento de su tiempo en favor del hombre negro.

En 1923, Garvey fue condenado por vender acciones de la Black Star Line con un folleto en el que se decía que eran propietarios de un barco que, según la acusación, no era suyo. Según sus partidarios, el juicio no fue justo. Garvey fue encarcelado en Atlanta y cumplió dos años de condena de los cinco a los que fue sentenciado. El presidente Coolidge le indultó y fue deportado a Jamaica, donde en 1929 fundó el primer partido moderno, el PPP (Partido Político del Pueblo); allí se presentó a las elecciones con un programa en el que reivindicaba el autogobierno, y ese mismo año fue elegido para el cargo de concejal, perdió su puesto por sus ausencias a causa de una sentencia de cárcel por desacato y fue reelegido en 1930 sin oposición, junto con dos compañeros del PPP. Se marchó de Jamaica en 1935 y murió en Londres en 1940.

Sus restos mortales fueron trasladados a Jamaica, donde fue proclamado el primer héroe nacional. Además, se considera que el movimiento cultural y religioso rastafari es en parte consecuencia de sus ideas, ya que anuncia la llegada de Haile Selassie I, diciendo que miren hacia África, donde un rey negro será coronado. En realidad, Garvey fue educado como metodista y posteriormente se convirtió al catolicismo. No creía en la violencia y exhortaba a sus seguidores a respetar la Constitución y a no provocar altercados.

Fuente consultada: http://es.wikipedia.org/wiki/Marcus_Garvey

Biografía de Paul Laurence Dunbar

Paul Laurence Dunbar

Paul Laurence Dunbar (27 de junio de 1872 – 9 de febrero de 1906) fue un escritor norteamericano. Hijo único de una familia de esclavos negros que vivía en territorio libre, se educó en su localidad natal y fue el único estudiante de color en su curso de enseñanza secundaria. Alumno muy aprovechado en literatura, llegó a ser muy popular entre estudiantes y profesores, y pensaba dedicarse a la abogacía; sin embargo, no pudo encontrar sino un empleo de ascensorista, remunerado con cuatro dólares semanales.

Publicó poesías en los periódicos y el libro *Encina y hiedra* (1893). Luego, dos amigos, Charles Thatcher y el doctor Henry A. Tobey, le ayudaron a lanzar un segundo volumen, *Mayores y menores* (1895); W. D. Howells publicó en *Harper's Weekly* una entusiasta crítica de la obra, que logró un notable éxito. Dunbar empezó a dar conferencias y en 1896 publicó *Líricas de la vida humilde*, su tercer libro y el más célebre.

En 1897, marchó a Inglaterra y escribió *El inútil* (1898). Apoyado por el coronel Robert G. Ingersoll, consiguió un empleo en la Biblioteca del Congreso, donde trabajó de 1897 a 1898; en este último año se casó. Escribió también el himno escolar del Instituto Tuskegee. Además de los *Poemas completos* (1913), su obra comprende las cuatro novelas mencionadas.

Dunbar fue un autor muy apreciado, tanto por los negros como por sus lectores de raza blanca. Fue el primer escritor norteamericano de color que alcanzó la fama en su nación.

Fuente consultada: http://www.biografiasyvidas.com/biografia/d/dunbar.htm

Biografía de Ralph Bunche

Ralph Bunche

Ralph Bunche (7 de agosto de 1904 - 9 de diciembre de 1971) fue un diplomático norteamericano, miembro clave de las Naciones Unidas durante más de dos décadas, y ganador del Premio Nobel de la Paz en 1950, por su exitosa negociación de una tregua entre árabes e israelíes en Palestina el año anterior.

En 1927, se graduó en la Universidad de California, en Los Ángeles. También obtuvo títulos de posgrado en Relaciones Internacionales en la Universidad de Harvard, y estudió en Inglaterra y en Sudáfrica. En 1928, se unió a la Facultad de la Universidad de Howard, en Washington D.C., donde creó el Departamento de Ciencias Políticas. Mientras tanto, viajó a través del África Occidental francesa con una Beca Rosenwald; se dedicó al estudio de la administración de Francia (Togo), un área de mandato, y Dahomey, una colonia. Más tarde, hizo una investigación post-doctoral en la Universidad de Northwestern, Illinois, y en la Escuela de Economía de Londres, antes de regresar a África para estudios posteriores sobre la política colonial.

Entre 1938 y 1940, colaboró con Gunnar Myrdal, el sociólogo sueco, en un monumental estudio de las relaciones raciales de Estados Unidos, publicado en 1944.

Durante la Segunda Guerra Mundial, sirvió a su país en el Departamento de Guerra, la Oficina de Servicios Estratégicos y el Departamento de Estado. Estuvo activo en la planificación preliminar de las Naciones Unidas en la Conferencia de San Francisco de 1945, y en 1947 se unió a la Secretaría Permanente de la ONU en Nueva York, como director del nuevo Departamento de Administración Fiduciaria.

Consultado por el secretario general Trygve Lie para que ayudara a conformar un comité especial de las Naciones Unidas para negociar un acuerdo entre beligerantes árabes palestinos y judíos, fue empujado de forma inesperada a participar cuando el principal mediador, el conde Folke Bernadotte, fue asesinado en 1948. Ralph Bunche finalmente negoció el armisticio entre febrero y mayo de 1949.

Elevado en 1955 al cargo de subsecretario y dos años más tarde a subsecretario de Asuntos Políticos Especiales, se convirtió en jefe especialista en la solución de problemas para el secretario general Dag Hammarskjöld. Una de las tareas que emprendió fue el Programa de las Naciones Unidas sobre los Usos Pacíficos de la Energía Atómica. En 1956, supervisó el despliegue de unos 6.000 hombres de la ONU, fuerza neutral en la zona del Canal de Suez, tras la invasión de esa zona por británicos, franceses e israelíes. En 1960, se encontró nuevamente a cargo del mantenimiento de la paz de las Naciones Unidas, esta vez en la región del Congo.

Finalmente, en 1964 se fue a Chipre para dirigir las 6.000 tropas neutrales que se interponían entre hostiles chipriotas, griegos y turcos.

Fuente consultada: www.biography.com/.../Ralph-Bunche-9231128

Biografía de Thurgood Marshall

Thurgood Marshall

Thurgood Marshall (2 de julio de 1908 – 24 de enero de 1993) fue un excelso jurista estadounidense conocido no solo por ser el primer afroamericano en alcanzar un sillón en el Tribunal Supremo de Estados Unidos, sino como el principal artífice del fin de la segregación racial y el arquitecto al que se deben los cimientos sobre los que se ha erigido la pacífica convivencia multirracial del siglo XXI.

La prolífica vida de Thurgood Marshall comenzó en Baltimore (estado de Maryland) y se desarrolló en el seno de una familia humilde, cuya ascendencia conocía bien el yugo de la esclavitud. El pequeño Thurgood enseguida empezó a dar sus primeros pasos en el mundo del Derecho, cuando correteaba por los pasillos de los juzgados de su ciudad natal en el intento de su padre por inculcarle el espíritu de los principios que regían la Constitución norteamericana.

Estudiante brillante y revolucionario pacífico, la trayectoria de Marshall es parcialmente deudora de su formación inicial en la Universidad de Lincoln (estado de Pensilvania). Allí, compartió ideas y proyectos con un distinguido grupo de jóvenes que, como él, sintió el irrenunciable deber de contribuir a erradicar el legado histórico del racismo. Langston Hughes; el posterior presidente de Ghana, Kwame Nkrumah; y el músico Cab Calloway compartieron inquietudes e impulsaron el camino de Marshall en su valiente cruzada.

Comprobó la cruel realidad de la sociedad norteamericana de principios de siglo en 1930, cuando solicitó su ingreso en la Escuela de Derecho de la Universidad de Maryland y fue rechazado por motivo de su raza. Tras ser aceptado en la Escuela Jurídica de la Universidad de Howard ese mismo año, Marshall terminó de perfilar su vocación de la mano de su maestro Charles H. Houston, que influyó decisivamente en la definición de su carácter emprendedor y en la adquisición de sus habilidades dialécticas.

Recién terminados sus estudios superiores, se embarcó sin demora en su histórica lucha por equiparar los derechos fundamentales de los ciudadanos de raza negra con los de los blancos. Así, en 1935, un abogado sin apenas experiencia forense demandaba a la Escuela de Derecho de la Universidad de Maryland exponiendo la injusticia que representaba la no admisión del joven Donald G. Murray por razón de su raza. La victoria, que alcanzó un trascendente eco social, no solo supuso el punto final a la segregación racial en esa universidad, sino que también reconfortó la incipiente carrera de Marshall, que años atrás estuvo a punto de ser truncada por la denegación de su ingreso en la misma universidad...

La lucha a largo plazo que programó Thurgood Marshall en los tribunales, como abogado primero, y como juez en una etapa posterior, se centró en el derrocamiento de la decimonónica doctrina jurisprudencial que consagraba el "iguales pero separados". Para ello, adoptó una estrategia basada en su honda convicción de que solo la verdadera integración permitiría al país tender un puente que acercase las orillas donde se bañaban los derechos de sus diferentes razas. No fue tarea fácil, si bien, desde el telescopio de la historia, se admiran hoy los logros alcanzados por Marshall en la equiparación de los derechos fundamentales al voto, a una vivienda, a la educación, a un proceso con las debidas garantías, sin registros ni embargos ilegales, o a un sistema contributivo no discriminatorio.

Aunque este abogado y juez enarboló la bandera de la protección de los derechos de la población negra, su contribución al mundo jurídico se convirtió en la piedra angular sobre la que se edificaría la moderna pirámide de derechos civiles para todos los norteamericanos. Thurgood Marshall fue la voz en los tribunales de todos aquellos que no tenían voz: mujeres, niños, inmigrantes, prisioneros y vagabundos...

La principal defensa de estos colectivos durante el siglo XX fue asumida por un Marshall al que incluso la prensa tuvo que agradecer la ampliación de sus libertades durante esa centuria.

La larga carrera profesional de Thurgood Marshall estuvo ligada a su participación activa en la Asociación Nacional para el Progreso de las Personas de Color, en la que se enroló en 1936, y en 1940 ya ocupaba el cargo de director de servicios jurídicos y educacionales. Pero, sin duda, las crónicas de la época elevaron al letrado Marshall a los altares por su actuación en el caso Brown contra el Departamento de Educación de la ciudad de Topeka. Tras veinte años de duras y exitosas batallas contra las injusticias patrocinadas desde los organismos estatales, Marshall asestaba un golpe mortal a la legalidad de la discriminación racial. El 17 de mayo de 1954, el Tribunal Supremo fallaba en favor de las tesis mantenidas por el abogado y juez, aboliendo la legalidad de la segregación en los colegios públicos norteamericanos. Tras este precedente sentado en el ámbito de la educación, el "iguales pero separados" tenía ya los días contados.

Los reconocimientos a la trayectoria de Thurgood Marshall no tardaron en llegar. En 1961, el presidente John F. Kennedy nombraba a Marshall miembro del Tribunal Federal de Apelaciones para el segundo circuito judicial. A pesar de la inicial oposición a su nombramiento de un grupo de senadores, finalmente Thurgood pudo comenzar a desarrollar su labor desde el otro lado de los estrados y, en tan solo cuatro años, dictó 112 sentencias, ninguna de las cuales fue revocada por el Tribunal Supremo. Eran tales la fuerza y la convicción de sus argumentos que, además, muchos de sus votos particulares fueron adoptados como propios por este tribunal.

El presidente Lyndon Johnson dirigió también su mirada hacia la persona que estaba cambiando el curso de la convivencia social en su país. Entre 1965 y 1967, Thurgood Marshall continuó con su estrategia de lograr la integración racial actuando desde la óptica de la administración estatal, y se integró al Cuerpo de Abogados del Estado. En apenas dos años, un imparable Marshall defendió 19 casos ante el Tribunal Supremo, que resolvió a su favor en 14 ocasiones.

El hecho de haberse convertido en el abogado que más éxitos había cosechado ante el Tribunal Supremo, unido a su admirada labor en defensa del reconocimiento de los derechos civiles de los ciudadanos de raza negra, catapultó a Marshall hacia la máxima instancia judicial. En 1967, tras la vacante causada por el juez Tom Clark, el presidente Johnson designó a Thurgood Marshall como nuevo miembro del Alto Tribunal, convirtiéndose así en el primer afroamericano en alcanzar tan alta responsabilidad y dignificación profesional.

Durante veinticuatro años, el juez Marshall ejerció su magisterio desde el Tribunal Supremo, lo cual le posibilitó una fecunda labor continuadora de su proyecto vital de asentar las bases para la equiparación de derechos entre ciudadanos de distintas razas.

En 1991, Thurgood Marshall decía adiós a su actividad judicial. Había sido una larga lucha y tocaba dejar el camino expedito a las nuevas generaciones. Poco después, en 1993, se alejaba definitivamente de su mujer y de sus dos hijos aquejado de una afección cardíaca. A ellos y a todos los ciudadanos estadounidenses les dejaba, a título de legado, su gran diseño de cómo debía procederse para superar las diferencias en una sociedad multirracial, el talón de Aquiles de la historia norteamericana.

Fuente consultada: http://www.uria.com/esp/estudiantes/juristas/j01.asp

El Renacimiento de Harlem

El Renacimiento de Harlem fue el reavivamiento del arte de los Estados Unidos durante la década de 1920 y principios de la década de 1930, liderado por la comunidad de afroamericanos residentes en Harlem, Nueva York.

Aunque en ocasiones se dice que incluye a todo el alto Manhattan, tradicionalmente Harlem limita por el sur en East 96th Street, donde la senda de las vías de tren emerge del túnel bajo de Park Avenue y al lado del Central Park; al oeste por Morningside Heights, en 125th Street hasta el río Hudson; por el norte en 155th Street y por el este con el río East.

La música *jazz*, la literatura y la pintura resaltaron de forma significativa entre las creaciones artísticas de los principales componentes de este movimiento artístico.

A principios de los años 20, tres obras clave mostraron la nueva creatividad literaria afroamericana. *Harlem Shadows* (1922), de Claude McKay, se convirtió en una de las primeras obras afroamericanas publicadas por una importante editorial de gran alcance nacional. *Cane* (1923), de Jean Toomer, es una novela experimental que combina poesía y prosa para mostrar la vida de los negros estadounidenses (la rural en el sur y la urbana en el norte). Finalmente, *Confusion* (1924), la primera novela de Jessie Fauset, representa la vida de la clase media afroamericana desde el punto de vista de una mujer.

Siendo estas tres obras los cimientos literarios, hubo además tres eventos entre 1924 y 1926 que lanzaron el Renacimiento de Harlem. El primero ocurrió el 21 de marzo de 1924, cuando Charles S. Johnson, miembro de la National Urban League, fue el anfitrión de una cena con el objetivo de reconocer el emergente talento literario afroamericano y presentar los jóvenes escritores a la elite literaria neoyorquina. Gracias a esta cena, *Survey Graphic*, revista de análisis social y crítica que estaba interesada en el pluralismo cultural, publicó un número sobre Harlem en marzo de 1925. El artículo principal trataba sobre la definición de la estética de la literatura y el arte afroamericano, y fue preparado por un afroamericano filósofo y profesor de Literatura llamado Alain Locke. Posteriormente, Locke expandió el número publicando la antología *The New Negro*. El segundo gran evento fue la publicación de Nigger *Heaven* (1926), del novelista blanco Carl Van Vechten. El libro gozó de gran popularidad y mostraba la vida de Harlem, a pesar de resultar ofensivo para algunos afroamericanos.

El Teatro Apollo

El Teatro Apollo es uno de los clubes de música popular más famosos de los Estados Unidos. Se le menciona en la canción de Lou Reed "Take a Walk on the Wild Side". Allí, muchos artistas de este movimiento encontraron un lugar donde plasmar su talento.

El club fue decayendo en la década de 1960, aunque hoy lo dirige una organización sin fines de lucro, The Apollo Theater Foundation Inc., y recibe 1,3 millones de visitantes anualmente. Es la sede de Showtime at the Apollo, una organización nacional de nuevos talentos.

Artistas destacados del Renacimiento de Harlem

En literatura, sobresalieron Nella Larsen, novelista; Langston Hughes, poeta y novelista; Jessie Fauset, editora, poeta, ensayista y novelista; y los poetas Countee Cullen, Claude McKay,

James Weldon Johnson, Arna Bontemps y Richard Bruce Nugent.

En pintura, John T. Biggers, Edward Burra, Aaron Douglas, William H. Johnson, Lois Mailou Jones, Jacob Lawrence y Hale Woodruff.

Por último, los músicos Louis Armstrong, Duke Ellington, Pops Foster, Fletcher Henderson, Luis Russell y William Merino.

Fuente consultada: es.wikipedia.org/wiki/Renacimiento_de_Harlem

Biografía de Langston Hughes

Langston Hughes (1 de febrero de 1902 – 22 de mayo de 1967) fue un poeta, novelista y columnista afroamericano. Se le conoce más por su vinculación al Renacimiento de Harlem, del que fue uno de sus impulsores.

Primeros años

Langston Hughes

El nombre completo de Langston Hughes es James Mercer Langston Hughes. Nació en Joplin, Estados Unidos, hijo de James Nathaniel Hughes y Carrie Langston Hughes. Su padre abandonó a su madre y se marchó a Cuba y luego a México, debido al racismo imperante en los Estados Unidos. Después de la separación, el pequeño comenzó a vivir con su abuela, Mary Langston, mientras su madre, que era profesora, se desplazaba buscando distintos empleos. Las leyendas que contaba su abuela tuvieron un gran impacto en Hughes. A través de ellas descubrió la tradición oral afroamericana que le hizo sentirse orgulloso de su raza.

Pasó la mayor parte de infancia en Lawrence, Kansas, y tras la muerte de su abuela vivió con unos amigos de la familia, James y Mary Reed, durante dos años. Se puede ver que su infancia no fue del todo feliz, pero esta inestabilidad influyó en gran manera en crear al poeta en que se iba a convertir. En adelante, viviría con su madre, la cual se había vuelto a casar, en Lincoln, Illinois, y en Cleveland, Ohio, hasta entrar en la Universidad de Columbia y comenzar la época de Harlem.

Educación

Mientras estaba en la escuela elemental, en Illinois, fue nombrado poeta de la clase, porque (como él mismo cuenta más tarde) existía en Norteamérica el estereotipo de que todos los afroamericanos nacían con un gran sentido del ritmo: "Fui una víctima del estereotipo; solamente había dos chicos negros en la clase, y el profesor de Inglés siempre estaba remarcando la importancia que tenía el ritmo en la poesía. Bien, todo el mundo sabe (menos nosotros) que todos los negros tienen un gran sentido del ritmo, así que me hicieron poeta de la clase".

Estando aún en el instituto, en Ohio, comenzó a escribir para el periódico escolar, editó el anuario y escribió sus primeros relatos, poesías y obras de teatro. Un ejemplo de esto es su primera poesía incorporando *jazz*, "When Sue Wears Red", o "The Negro Speaks of Rivers", uno de sus poemas más conocidos. Fue en esta época cuando descubrió su amor por las letras y descubrió a los autores que más influirían en su escritura: Paul Laurence Dunbar y Carl Sandburg. En 1919, Hughes vivió durante un tiempo con su padre en México, pero la relación entre ellos era tan traumática que el joven contempló la posibilidad del suicidio al menos una vez. Sin embargo, al acabar el instituto volvió a México, tratando que su padre le financiara los estudios en la Universidad de Columbia. Hughes cuenta en *The Big Sea* cómo, mientras viajaba a México, solía pensar sobre su padre y la extraña aversión que este tenía hacia su propia gente: "No podía entenderlo, porque yo soy afroamericano, y me gustan mucho los afroamericanos".

Inicialmente, su padre esperaba que Langston fuera a la universidad para estudiar Ingeniería, pero no en Estados Unidos. En estos términos, estaba dispuesto a financiar los estudios de su hijo, pues no aprobaba su deseo de ser escritor. Eventualmente, Hughes y su padre llegaron a un acuerdo: Langston estudiaría ingeniería, pero en Columbia.

En la universidad, Hughes mantuvo una media de notas bastante buena, pero abandonó en 1922 a causa de los prejuicios raciales dentro de la institución, y porque sus intereses se tornaban más hacia su vecindario de Harlem y lo que se cocía allí. Después de esto, ya sin financiación, Hughes viajó durante un par de años por África y América como marino, tras lo cual se estableció de nuevo en Harlem.

Vida laboral

Pasó por varios empleos antes de servir por un breve tiempo como tripulante a bordo del *S.S. Malone* en 1923, con el que pasó seis meses viajando por África Occidental y Europa, donde abandonó el barco para irse a París. Allí conoció a los escritores de la llamada "generación perdida", Ernest Hemingway y Francis Scott Fitzgerald.

En noviembre de 1924, Hughes regresó a los Estados Unidos para vivir con su madre en Washington D.C., entrando a trabajar como ayudante personal del historiador Carter G. Woodson, en la Asociación para el Estudio de la Vida y la Historia de los Afroamericanos, trabajo que dejó para emplearse en un hotel. Allí conoció al poeta Vachel Lindsay, que publicó su descubrimiento de un nuevo poeta negro, lanzándole a la fama.

En 1926, Hughes ingresó en la Universidad de Lincoln, graduándose en Arte en 1929 y consiguiendo el doctorado en

1943. En 1963, fue nombrado doctor *honoris causa* por la Universidad de Howard.

A excepción de algunos recorridos por el Caribe, no volvió a salir de Harlem, donde murió el 22 de mayo de 1967, por un cáncer de próstata. Sus cenizas están bajo un medallón del auditorio que lleva su nombre en el Arthur Schomburg Center for Research in Black Culture, en Harlem.

Renacimiento de Harlem

Aunque Langston Hughes alcanzó la fama como poeta del Renacimiento de Harlem, no se debe restringir la amplitud de su obra a este período o este género, aun cuando no cabe duda alguna sobre la importancia que tuvo en darle forma. Además de poeta, fue novelista, columnista, escritor de teatro y ensayista, y pese a que su temática está muy influenciada por Harlem, la experiencia de sus viajes también constituye una de las fuentes de su estilo.

Una de las características más relevantes del Renacimiento de Harlem (en su influencia posterior) es la imitación de los sonidos e improvisaciones del *jazz* en la poesía (*jazz poetry*), como los ritmos sincopados. Uno de los pioneros en adaptar los ritmos del *jazz* y los estribillos a la poesía fue Langston Hughes, muy involucrado en la extensión del orgullo racial y la conservación de la tradición afroamericana. Comenzó a estudiar cómo añadir a la poesía ritmos del *jazz*, el *blues* y otros tipos de música afroamericana, como la canción espiritual. Buscaba con esto dar una forma distintiva a su poesía, componiendo poemas como "Weary Man Blues" ("El *blues* del hombre cansado"), que adaptan ritmo, terminología y temática musical.

La *jazz poetry* vuelve a resurgir dos décadas más tarde con la generación *beat*, y contemporáneamente en la música *rap*, que también hace uso de estos ritmos sincopados.

Fuente consultada: es.wikipedia.org/wiki/Langston_Hughes

Biografía de Zora Neale Hurston

Zora Neale Hurston

Zora Neale Hurston (7 de enero de 1891 – 28 de enero de 1960) fue una antropóloga y escritora folclorista norteamericana, y una de las figuras más importantes del Renacimiento de Harlem. Su obra literaria, ampliamente reconocida en la actualidad, no fue apreciada mientras estuvo viva, y Hurston murió en la pobreza. La más conocida es *Their Eyes Where Watching God* (*Sus ojos miraban a Dios*, 1937), obra de contenidos semibiográficos.

Infancia y juventud

Durante años se ha creído que Hurston nació en Eatonville, Florida; este fue el primer poblado enteramente afroamericano en ser incorporado a Estados Unidos después de la Proclamación de Emancipación, la declaración firmada por Abraham Lincoln que otorgaba la libertad a los esclavos en los Estados Confederados de América. Dicho entorno influiría posteriormente en gran manera en la escritura de Zora Neale Hurston, en especial por la riqueza de su tradición oral y la espontaneidad y originalidad de sus cuentacuentos. En 1990, un director de cine aseguró que Hurston había nacido en realidad en Notasulga, Alabama, y a la edad de 3 años se trasladó a Eatonville, el pueblo que la acogió y que se convertiría en su fuente de inspiración; sin embargo, no existen datos suficientes para determinar la veracidad de esta afirmación. Su padre, John Hurston, era un predicador baptista que se convertiría en alcalde de Eatonville; sobre su madre, Lucy Ann Potts Hurston, no hay muchos datos objetivos, salvo su muerte cuando Hurston tenía 13 años y que había sido maestra de escuela. Sin embargo, su presencia es recurrente en la obra de Hurston en todo lo referente al folclorismo y la tradición.

Tras la muerte de su madre, fue enviada a un colegio privado en Jacksonville, o vivió con otros familiares; en sus propias palabras, fue "pasada de mano en mano como un penique", rechazada por su padre y su nueva esposa. Después de alcanzar la mayoría de edad, pasó largo tiempo trabajando como empleada doméstica, camarera, etc., y viajando por el estado de Florida. A pesar de su pobre educación era una gran lectora, y en 1917 entró en la Academia Morgan, en Baltimore. Tenía entonces 26 años, aunque en su solicitud de ingreso aseguró haber nacido en 1901, es decir, fingió tener diez años menos. Entre 1919 y 1924 se matriculó en la Universidad de Howard, en Washington D.C., donde encontró inspiración para seguir una carrera literaria en la figura de su profesor de Filosofía, la autoridad en cultura afroamericana Alain Locke.

Antropología, folclorismo y primeras publicaciones

Zora Neale Hurston publicó su primer relato, *John Redding Goes to Sea*, en 1921, en la revista de la universidad. En los años siguientes, varios de sus relatos aparecieron en diversas revistas. En 1924, se vio forzada a abandonar la carrera al no poder financiarla; sin embargo, sus relatos publicados llamaron la atención de las figuras que luego darían forma al Renacimiento de Harlem, como Langston Hughes o Countee Cullen, con los que luego colaboraría. En 1925, obtuvo una beca para estudiar Antropología en el Barnard College, afiliado a la Universidad de Columbia (Nueva York) gracias a la antropóloga Annie Nathan Meyer. Allí trabajó con el conocido antropólogo Franz Boas y se graduó en 1928.

Viviendo en Harlem, se convirtió en un miembro del Renacimiento, y se dedicó al estudio antropológico y folclorista de su lugar de nacimiento, Eatonville, fascinada por su naturaleza utópica: las canciones, historias, tradiciones y proverbios de la sabiduría popular. Recolectó datos sobre el folclore del Sur más profundo, y se lanzó a explorar las regiones más desconocidas de Florida, Mississippi y Louisiana, que luego recogería en sus colecciones de novelas y relatos, como *Mules and Men* (1935) *Jonah's Gourd Vine* (1934) y *Moses: Man of the Mountain* (1939).

Renacimiento de Harlem

El Renacimiento de Harlem representó un incremento en la producción creativa (en literatura, arte y música) liderado por la comunidad afroamericana que vivía en el gueto de Harlem, Nueva York, después de la Segunda Guerra Mundial y la Gran Depresión.

En Harlem, Hurston creó con Langston Hughes y Wallace Stevens la revista *Fire!*, que solo publicó un número. Viviendo en Nueva York, Hurston fue reconocida no solo por su obra literaria, sino también por su pensamiento político y lo extravagante de su personalidad (para la época). El Renacimiento de Harlem se promocionó en gran medida gracias a las donaciones de mecenas blancos, lo que constituye una de las críticas más frecuentes al movimiento. Con Zora Neale Hurston no fue diferente, y fondos de organizaciones filantrópicas, así como el patronazgo de editores y académicos blancos, le permitieron dedicarse a su obra de ficción y antropológica.

Uno de los rasgos más interesantes del aporte del Renacimiento de Harlem a la literatura norteamericana es que su representación del "hombre negro" no era ya la de una víctima de la esclavitud que se rebela y busca la compasión de sus lectores. Para los escritores de Harlem, la mayoría de ellos siendo la primera generación nacida ya libre, la idea era reflejar a un "nuevo negro", uno orgulloso de su raza y sus raíces, en resumen, alterar la forma en que el hombre negro se ve a sí mismo.

En el caso de Hurston, esta visión se amplía para envolver también a la mujer; en muchos de sus relatos, como en *Sweat* (*Sudor*), la mujer es fuerte e independiente (¿quizás un reflejo de su madre?), actitudes que se ven amenazadas por una figura masculina que no las aprecia.

Los que están más al Sur

En 1936, Hurston obtiene una Beca Guggenheim para estudiar la práctica del *Obeah* (vudú, santería) en el Caribe inglés. Viaja a Jamaica y Haití, donde escribe *Their Eyes Were Watching God*, pues encuentra en este entorno de folclore rural la inspiración y la energía para recuperarse de una relación fallida con un hombre más joven que ella, al que dejó atrás para continuar con su investigación. *Their Eyes Were Watching God* trata una situación muy similar. Vive en el Caribe durante dos años y la información que recolecta allí –descripción de costumbres y supersticiones, grabación de canciones, chistes, juegos y fotografías de danzas– aparece en su segunda compilación de folclore, *Tell My Horse* (1938). El estudio sobre la práctica del vudú y el judú (*Hoodoo*) en el Caribe inglés se transforma en mucho más de la mano ya más experta de Hurston. Trata el vudú como una práctica religiosa seria, algo que no se hacía por entonces, originaria de África y que existe entremezclada con el cristianismo. Tanto en sus compilaciones de folclore como en sus novelas y relatos, Hurston hace siempre un esfuerzo en plasmar el modo de hablar de sus personajes, sus dialectos, lo cual dificulta su lectura, pero a la vez dota a sus textos del "sabor a realidad" que falta en algunos de sus contemporáneos. Esta diferencia está fundada en su propio estilo al escribir. Hurston, con los años, da preferencia a la descripción de sus personajes a través de sus acciones, en lugar de optar por descripciones hechas por el narrador u otros personajes. Por otro lado, la temática que su obra suele tratar es más íntima, en el sentido de que se ocupa de las relaciones entre miembros de una comunidad afroamericana (normalmente Eatonville), en vez de hacerlo en las relaciones entre el hombre negro y el blanco. El texto de *Tell My Horse* es un ejemplo de la mezcla de estilos que caracteriza sus textos: antropología y ficción, crítica política, fotografía, etcétera.

Fuente consultada: es.wikipedia.org/wiki/Zora_Neale_Hurston

Biografía de Richard Wright

Richard Wright

Richard Nathaniel Wright (4 de septiembre de 1908 - 28 de noviembre de 1960) fue un conocido escritor estadounidense.

Nieto de esclavos africanos, Wright nació en la plantación Rucker's, cerca de Roxie (Misisipi), pequeña ciudad a unos 32 kilómetros al este de Natchez, en el condado de Franklin. Su familia se mudó al poco tiempo de su nacimiento a Memphis (Tennessee), y allí fue donde su padre, un antiguo aparcero analfabeto, los abandonó. Su madre, profesora de escuela, tuvo que ponerse a trabajar como empleada doméstica, hasta que cayó enferma, mudándose entonces con Wright y su hermano a Jackson (Misisipi), para vivir con su familia. Sería en esta ciudad, en la que se crió y asistió a la escuela, en donde Wright tuvo sus primeras y nunca olvidadas impresiones sobre el racismo, antes de regresar a Memphis en 1927, donde además de trabajar en diversos empleos, se familiarizó con las obras de escritores como H. L. Mencken o Sinclair Lewis.

Decidido a alejarse del ambiente racista y opresivo del Sur, se mudó a Chicago, donde comenzó a escribir y a participar activamente en los John Reed Clubs, uniéndose finalmente al Partido Comunista de los Estados Unidos. Se desplazó a Nueva York para ser el editor en Harlem del *Daily Worker*, un periódico comunista, contribuyendo además en la revista *New Masses*. Durante su activismo comunista en el Norte, Wright vivió positivos contactos con gente blanca –lo cual solo le había ocurrido una vez en el Sur–, pero acabó frustrado tanto a causa de la rigidez teórica del partido como por las purgas estalinistas en la Unión Soviética, a las cuales no podía ver sino como una atrocidad.

La primera vez que Wright se ganó la atención como escritor fue con una colección de (inicialmente) cuatro relatos cortos, *Uncle Tom's Children* (*Los hijos del Tío Tom*, 1937), obra donde recreó ficticiamente los linchamientos de negros en el profundo Sur.

Publicó a continuación la novela *Native Son* (*Hijo nativo*, 1940), que fue la primera escrita por un autor afroamericano en ser considerada libro del mes por el conocido Book of the Month Club. En ella, el protagonista, Bigger Thomas, fue concebido por Wright como una representación de las limitaciones que la sociedad blanca imponía a los afroamericanos, las cuales Thomas solo podía superar a través de su atroz comportamiento. Wright fue muy criticado tanto por su focalización en la violencia como por presentar el retrato de un hombre negro que podía verse como la confirmación de los peores temores de los blancos.

Wright es también muy conocido por su novela autobiográfica *Black Boy* (*Niño negro*, 1945), en la cual describe su vida en Roxie hasta su traslado a Chicago, sus conflictos religiosos con sus abuelos (que eran adventistas), sus dificultades con los patronos blancos y su aislamiento social.

American Hunger (*Hambre americana*, publicada póstumamente en 1977) fue concebida inicialmente como la segunda parte de *Black Boy*. En ella se detalla su relación con los John Reed Clubs y el Partido Comunista, el cual abandonó en 1942 aunque en el libro parece que fue antes, y el hecho es que no se hizo público hasta 1944. En la edición reformada, su estructura díptica refleja los dogmatismos y la intolerancia del comunismo organizado (su desprecio por la literatura "burguesa" y los miembros "apartados" del partido), mostrando su similitud con las religiones fundamentalistas. Durante el mccarthismo, su pertenencia al Partido Comunista provocó que tanto él como sus libros estuvieran en la lista negra de los jerarcas de los estudios de Hollywood durante los años 50.

En mayo de 1946, viajó a Francia como invitado del gobierno francés, siendo bien recibido por el mundo intelectual local, y haciéndose amigo de Jean-Paul Sartre y Albert Camus. Fue después de esta visita que se asentó en París y se convirtió en un norteamericano expatriado permanentemente. Wright se había casado en 1941 con una mujer blanca (Ellen Poplar, también miembro entonces del Partido Comunista), y le provocó una gran frustración el rechazo de aquellos con los que entraban en contacto cuando se presentaban como pareja.

En 1949, su ensayo "I Tried to be Communist" ("Yo intenté ser comunista") fue incluido en la antología de escritos anticomunistas *The God That Failed* (*El Dios que falló*); dicho ensayo había sido publicado previamente en 1944 en la revista *Atlantic Monthly*. Esto condujo a que fuera invitado al Congreso por la Libertad Cultural, cosa que él rechazó, sospechando acertadamente que detrás de ello estaba la CIA. Tanto esta organización como el FBI tuvieron bajo vigilancia a Wright desde 1943.

Durante los años 50, Wright viajó mucho por Asia, África y Europa, escribiendo varios libros sobre temática sociológica y política, relacionados con la situación de los países de lo que entonces se conformaba ya como el Tercer Mundo.

Fruto de su viaje por España surgió *Pagan Spain* (*España pagana*, 1957), un relato desgarrador de ese país bajo el régimen franquista.

Otras obras suyas son *The Outsider* (*El intruso*, 1953) y *White Man, Listen!* (*Hombre blanco, ¡escucha!*, 1957), así como una colección de relatos cortos, *Eight Men* (*Ocho hombres*, publicada en 1961, después de su muerte). Sus obras tratan fundamentalmente de la pobreza, la ira y las reivindicaciones de los negros urbanos del Norte y el Sur.

En los últimos años de su vida, Wright se enamoró de la forma poética japonesa del *haiku*, escribiendo cerca de 4.000 en ese estilo. En 1998, se publicó una recopilación con sus 817 *haikus* preferidos. Richard Wright murió en París el 28 de noviembre de 1960 a consecuencia de un ataque al corazón, tal vez originado en una enfermedad tropical contraída en sus viajes por África. Está enterrado en el Cementerio Père-Lachaise de la capital francesa.

Fuente consultada: es.wikipedia.org/wiki/Richard_Nathaniel_Wright

National Association for the Advancement of Colored People (NAACP)

La Asociación Nacional para el Progreso de las Personas de Color fue fundada el 12 de febrero de 1909 por un grupo estadounidense de activistas multirraciales que respondían al nombre de The Call (La Llamada); inicialmente se llamaron National Negro Committee (Comité Nacional Negro).

Sus fundadores fueron Ida Wells-Barnett, William Edward Burghardt Du Bois, Henry Moskowitz, Mary White Ovington, Oswald Garrison Villiard y William English Walling, un grupo de diferentes razas y religiones que condujo a la institución a renovar la lucha por la libertad civil y política de Estados Unidos.

Historia

En 1905, un grupo de 32 afroamericanos se reunieron para hacer frente a los desafíos que sufría dicha minoría en los Estados Unidos a través de estrategias y posibles soluciones, debido a la segregación existente en los hoteles del país. Estos hombres decidieron reunirse bajo el liderazgo del académico de Harvard, W. E. B. Du Bois, en un hotel situado en el lado canadiense de las cataratas del Niágara. Como resultado, el grupo fue conocido como el Niagara Movement (Movimiento Niágara). Un año después, tres personas de raza blanca entraron a formar parte del movimiento: el periodista William E. Walling, la trabajadora social Mary White Ovington y el trabajador social judío Henry Moskowitz.

El grupo de reciente creación, que luchaba con recursos limitados, decidió aumentar su número de miembros para incrementar la efectividad de su lucha. Recibieron más de 60 solicitudes de apoyo por parte de personalidades estadounidenses de la época. El día del discurso se estableció el 12 de febrero de 1909 para coincidir con el centésimo cumpleaños de Abraham Lincoln, pero no se pronunció sino hasta tres meses después, aunque la primera fecha es la que se cita normalmente como fecha de fundación de la organización.

El 30 de mayo de 1909, la conferencia del Niagara Movement tuvo lugar en Henry Street Settlement House, en la ciudad de Nueva York. Debido a esta conferencia, surgió una organización de más de 40 personas, la cual se hacía llamar National Negro Committee. Du Bois se encargó de organizar y presidir el evento, al que también acudió la periodista afroamericana Ida Wells-Barnett, cofundadora de la NAACP. Una segunda conferencia se llevó a cabo en mayo de 1910, donde se eligió el nombre que ahora lleva la institución, National Association for the Advancement of Colored People. El nombre se adquirió el 30 de mayo, aunque no se incorporarían sus siglas hasta 1911. La Asociación realizó una carta de principios en la que daba a conocer su misión: "Para promover la igualdad de derechos y para erradicar los prejuicios de casta y raza entre los ciudadanos de Estados Unidos. Para avanzar en el interés de los ciudadanos de color, asegurarles un sufragio imparcial y aumentar sus oportunidades para garantizar la justicia en los tribunales, educación para los niños, empleo según su capacidad y completa igualdad ante la ley".

La conferencia fortaleció a la organización. En la dirección predominaban personas de raza blanca, en su mayoría judíos. De hecho, al ser fundada, la NAACP solo tenía un afroamericano en su Junta Directiva; se trataba de Du Bois. No se eligió a un presidente negro hasta 1975. La comunidad judía contribuyó de forma positiva a la fundación de la NAACP y a su continuo financiamiento.

Du Bois siguió desempeñando diversos trabajos en la Asociación y sirvió como redactor en la revista *The Crisis*, que tuvo una tirada de más de 30.000 ejemplares.

El presidente de la Asociación, desde su fundación hasta 1915, fue el liberal de raza blanca Moorfield Storey. Storey era un defensor de los derechos civiles, y no solo defendía los derechos de las personas de raza negra, sino también los de los nativos americanos e inmigrantes, y se opuso a las restricciones de inmigración.

Organización

La sede central se encuentra en Baltimore, Maryland. Cuenta también con oficinas regionales en California, Nueva York, Michigan, Missouri, Georgia y Texas.

La NAACP funciona a nivel nacional, con 64 miembros en la Junta Directiva que a su vez es dirigida por un presidente, elegido por la propia Junta. El actual presidente es Bruce S. Gordon, elegido en 2005 tras la dimisión de Kweisi Mfume, quien ocupó el cargo durante nueve años. En marzo de 2007, Gordon fue reelegido.

La organización cuenta con diferentes departamentos de acción, como el Departamento Legal, el cual se dedica a casos judiciales referentes a minorías, discriminación en el trabajo, el gobierno o la educación. La oficina de Washington D.C. se ocupa de proponer leyes al gobierno de Estados Unidos y a su Departamento de Educación para mejorar la educación pública a nivel local, estatal y federal.

Fuente consultada: es.wikipedia.org/.../National_Association_for_the_Advancement_of_Colored_People

Movimiento de la negritud

La negritud (en francés, *négritude*) es una corriente literaria que reunía a escritores negros francófonos.

Aimé Césaire acuñó en 1935 este término en el número 3 de la revista *L'Étudiant Noir* (*El Estudiante Negro*). Con el concepto se pretende reivindicar la identidad negra y su cultura, en primer lugar frente a la cultura francesa dominante y opresora, y que era además el instrumento de la administración colonial francesa (*Discurso sobre el colonialismo*, *Cuaderno de un retorno al país natal*). El concepto es retomado más adelante por Léopold Sédar Senghor, que lo profundiza, oponiendo la razón helénica a la emoción negra.

Por otro lado, la negritud es un movimiento de exaltación de los valores culturales de los pueblos negros. Es la base ideológica que va a impulsar el movimiento independentista en África. Este movimiento transmitirá una visión un tanto idílica y una versión glorificada de los valores africanos.

El nacimiento de este concepto y el de la revista *Présence Africaine* (en 1947), de modo simultáneo en Dakar y París, tendrá un efecto explosivo. Reúne a jóvenes intelectuales negros de todas partes del mundo, y consigue que a él se unan intelectuales franceses como Jean-Paul Sartre, quien definirá la negritud como "la negación de la negación del hombre negro". Uno de los aspectos más provocadores del término es que utiliza para forjar el concepto la palabra *nègre*, que es la forma despectiva de denominar a los negros, en lugar de la estándar *noir*, mucho más correcta y adecuada en el terreno político.

Según Senghor, la negritud es el conjunto de valores culturales de África negra. Para Césaire, esta palabra designa en primer lugar el rechazo. Rechazo ante la asimilación cultural; rechazo de una determinada imagen del negro tranquilo, incapaz de construir una civilización. Lo cultural está por encima de lo político.

A continuación, algunos escritores negros o criollos criticaron el concepto, al considerar que era demasiado simplificador: "El tigre no declara su tigritud. Salta sobre su presa y la devora" (Wole Soyinka). El propio Césaire se apartó del término, al considerarlo casi racista. De cualquier modo se trató de un concepto que se elaboró en un momento en que las elites intelectuales indígenas de raza negra, tanto antillanas como africanas, se encontraban en la metrópoli, y tenían unos puntos en común bastante difusos (color de piel, idioma colonizador), y sobre los que no resultaba sencillo establecer vínculos. De hecho, algunos autores opinan que se trató más de relaciones de amistad personal, las que forjaron unas identidades comunes que no existían en la realidad.

Se considera en general a René Maran, autor de *Batouala*, como precursor de la negritud.

Fuente consultada: http://es.wikipedia.org/wiki/Negritud

Biografía de Léopold Sédar Senghor

Léopold Sédar Senghor (Joal, Senegal, 9 de octubre de 1906 – Verson, Francia, 20 de diciembre de 2001) fue un poeta senegalés que llegó a la jefatura del Estado de Senegal; cate-

Léopold Sédar Senghor

drático de Gramática, fue ensayista, político y miembro de la Academia Francesa.

Senghor llega a Francia en 1928, iniciando así lo que él llamaría sus "dieciséis años errantes". Comienza sus estudios en la Sorbona, pero, decepcionado, entrará, gracias a la ayuda del diputado de Senegal Blaise Diagne, en el Liceo Louis-le-Grand, donde prepara el concurso de entrada en la Escuela Normal Superior Allí frecuenta la compañía de Paul Guth, Henri Queffélec, Robert Verdier y Georges Pompidou, y encuentra por primera vez al martiniqués Aimé Césaire.

Durante su época de estudiante, creó junto a Césaire y el guayanés Léon-Gontran Damas la revista *L'Étudiant Noir*, en 1934. En esas páginas expresará por primera vez su concepto de la negritud, noción introducida por Aimé Césaire, en un texto titulado "Négrerie". Fue el primer profesor de raza negra que impartió clases de Lengua Francesa en Francia.

Mientras representaba a Senegal en la Asamblea Nacional Francesa, junto a Lamine Guèye (también socialista, pero que votaba contra la huelga de ferroviarios de la línea Dakar-Níger que paralizaba la colonia), él la apoyó, y consiguió con ello una enorme popularidad. Envalentonado con su éxito, al año siguiente dejó la Sección Africana de la Sección Francesa de la Internacional Obrera que había sostenido financieramente en gran parte el movimiento social al que pertenecía, y fundó el Bloque Democrático Senegalés, que ganó en las elecciones de 1951.

Fue uno de los impulsores de la Federación de Malí junto a Modibo Keïta, y llegó a la presidencia de la Asamblea Federal. Tras el desmembramiento de la Federación de Malí y la independencia de Senegal en agosto de 1960, se convirtió en el primer presidente de la República de Senegal, tras la elección del 5 de septiembre de ese año.

Apoyó la creación de la Francofonía y fue vicepresidente del Alto Consejo de la Francofonía.

Su poesía, esencialmente simbolista, fundada en el canto de la palabra encantatoria, se construye sobre la esperanza de crear una civilización de lo universal, que una las tradiciones por encima de sus diferencias. Senghor opinaba que el lenguaje simbólico de la poesía podía constituir la base de este proyecto. Fue elegido para la Academia Francesa el 2 de junio de 1983.

Pasó los últimos años de su existencia junto a su esposa, en Verson, Normandía.

Fuente consultada: es.wikipedia.org/wiki/Leopold_Sedar_Senghor

Biografía de Aimé Césaire

Aimé Césaire

Aimé Fernand David Césaire (Basse-Pointe, Martinica, Francia, 26 de junio de 1913 – Fort-de-France, Martinica, Francia, 17 de abril de 2008) fue un poeta y político, ideólogo del concepto de la negritud, cuya obra ha estado marcada por la defensa de sus raíces africanas.

Nacido en una familia de seis hijos, su padre era profesor y su madre, costurera. Su abuelo había sido el primer profesor negro de Martinica y su abuela, en oposición a muchas de las mujeres de su generación, sabía leer y escribir, y enseñó a hacerlo a sus nietos desde muy jóvenes.

Entre 1919 y 1924, Aimé Césaire acude a la escuela primaria en Basse-Pointe en la que trabajaba su padre, y luego consigue una beca para el Liceo Victor Schoelcher en Fort-de-France. En septiembre de 1931, se traslada a París como becario del gobierno francés y pasa a estudiar en uno de los más famosos liceos de la ciudad: el Liceo Louis-le-Grand, en donde conoce desde el primer día al senegalés Léopold Sédar Senghor, futuro presidente de su país, con el que entablará una amistad que durará hasta la muerte de Senghor.

El concepto de negritud

En contacto con los jóvenes africanos que se encontraban estudiando en París, Aimé Césaire y su amigo de la Guayana Francesa, Léon-Gontran Damas, al que ya había conocido en Martinica, van descubriendo una parte desconocida de su identidad, el componente africano, víctimas de la alienación cultural características de las sociedades coloniales de Martinica y Guayana Francesa.

En septiembre de 1934, Césaire funda, junto a otros estudiantes de las Antillas, de Guayana y africanos (entre los que estaban Léon-Gontran Damas, el guadalupeño Guy Tirolien, y los senegaleses Léopold Sédar Senghor y Birago Diop), la revista *L'Étudiant Noir*. En las páginas de esta revista aparecerá por primera vez el término "negritud". Este concepto, ideado por Aimé Césaire como reacción a la opresión cultural del sistema colonial francés, tiene como objetivo, por una parte, rechazar el proyecto francés de asimilación cultural y, por otra, fomentar la cultura africana, desprestigiada por el racismo surgido de la ideología colonialista.

Edificado pues en contra de la ideología colonial francesa de la época, el proyecto de la negritud es más cultural que político. Se trata, más allá de una visión partidista y racial del mundo, de un humanismo activo y concreto, destinado a todos los oprimidos del planeta. En efecto, Césaire declarará: "Soy de la raza de los que son oprimidos".

Tras superar en 1935 las pruebas de acceso a la Escuela Normal Superior, Césaire pasa el verano en Dalmacia, en casa de su amigo Petar Guberina, y allí empezará a escribir el *Cahier d'un Retour au Pays Natal* (*Cuaderno de un retorno al país natal*), o, como él mismo declarará, "la evocación desde la costa dálmata de mi isla", que finalizará en 1938. En 1936, lee la traducción de la *Historia de la civilización africana* de Frobenius. Finaliza sus estudios en la Escuela Normal Superior en 1938 con un trabajo sobre "El tema del Sur en la literatura negro-americana de los Estados Unidos". Tras casarse en 1937 con una estudiante martiniquesa, Suzanne Roussi, Aimé Césaire, catedrático de Letras, vuelve a Martinica en 1939, para ejercer, al igual que su padre, la docencia en el Liceo Schoelcher.

Evolución durante la Segunda Guerra Mundial

La situación en Martinica a finales de los años 30 era la de una zona encaminada hacia la total alienación cultural, ya que la elite local prefería siempre cualquier referencia proveniente de la metrópoli colonial, Francia. En temas literarios, las escasas obras martiniquesas de la época suelen estar teñidas de un exotismo biempensante, y adoptan la mirada exterior que se puede encontrar en los libros franceses que hablan de Martinica. Este duduísmo, que utilizan autores como Mayotte Capécia, ha sido el principal motivo por el que han aumentado los clichés a los que se ve sometida la población de Martinica.

Como reacción a esa situación, el matrimonio Césaire, apoyado por otros intelectuales martinqueses como René Ménil y Aristide Maugée, funda en 1941 la revista *Tropiques*. Durante la Segunda Guerra Mundial, los Estados Unidos proceden a bloquear Martinica, debido a la desconfianza que sienten ante los representantes del régimen colaboracionista de Vichy, lo que hace que las condiciones de vida en la isla se deterioren. El régimen instaurado por el almirante Robert, enviado especial del gobierno de Vichy, es racista y represor. En los pueblos, los representantes electos de color son cesados y sustituidos por representantes de la aristocracia criolla, los *békés*. En ese contexto, la censura apunta de modo directo contra la revista *Tropiques*, que solo irá apareciendo con dificultades hasta 1943.

El conflicto mundial también marca el paso por Martinica del poeta surrealista André Breton (que cuenta sus experiencias en un breve opúsculo, *Martinica, encantadora de serpientes*). Breton descubre la poesía de Césaire por el *Cuaderno de un retorno al país natal* y se encuentra con él en 1941. En 1943, redacta el prólogo de la edición bilingüe del *Cuaderno...*, que se publica en el número 35 de la revista *Fontaine* que dirige Max-Pol Fouchet, y en 1944, el del compendio *Las armas milagrosas*, que marca la adhesión de Césaire al surrealismo. Apodado *El negro fundamental*, influirá en autores como Frantz Fanon, Édouard Glissant (alumnos de Césaire en el Liceo Schoelcher), el guadalupeño Daniel Maximin y muchos otros. Su pensamiento y su poesía también marcaron a los intelectuales africanos y afroamericanos en su lucha contra el colonialismo y la desculturización.

Carrera política tras la Segunda Guerra Mundial

En 1945, Aimé Césaire se afilia al Partido Comunista Francés (PCF), y a la cabeza de ese partido es elegido alcalde de la capital de la isla, Fort-de-France. También se presenta y sale elegido diputado a la Asamblea Nacional por Martinica, escaño que conservará sin interrupción hasta 1993. Aunque durante mucho tiempo se declaró independentista, sus aspiraciones una vez elegido eran más modestas, teniendo en cuenta la situación económica y social de Martinica, muy deteriorada tras años de bloqueo y tras el desplome de la industria azucarera, y trató de conseguir el estatus de departamento para Martinica, cosa que se produjo en 1946.

Era esta una reivindicación que databa de finales del siglo XIX y que se había consolidado en 1935, en el tricentenario de la unión de Martinica a Francia que llevó a cabo Belain d'Esnambuc. La postura de Césaire no fue bien entendida entre los muchos movimientos de izquierda martiniqueses, que eran más favorables a la independencia, e iba a contracorriente de los movimientos de liberación de Indochina, India o el Magreb. La medida tenía como objetivo, según Césaire, luchar contra la preponderancia *béké* en la política martiniquesa, contra el clientelismo, la corrupción y el conservadurismo estructural que llevaban aparejados. Según Césaire, adoptó dicha decisión para conseguir un saneamiento, una modernización, y para permitir el desarrollo económico y social de Martinica.

En 1947, Césaire crea junto a Alioune Diop la revista *Présence Africaine*. En 1948, aparece la *Anthologie de la Nouvelle Poésie Nègre et Malgache*, con prólogo de Jean-Paul Sartre, que consagra el movimiento de la negritud.

Opuesto a las valoraciones que el PCF hizo con respecto a la revolución de Hungría, Aimé Césaire abandona el PCF en 1956, y funda dos años después el Partido Progresista Martiniqués (PPM), desde el que reivindicará la autonomía de Martinica. Alineado con los "no inscritos" de la Asamblea Nacional entre 1958 y 1978, y en el grupo socialista de 1978 a 1993, Césaire seguirá siendo alcalde de Fort-de-France hasta el 2001. El desarrollo de la capital de Martinica a partir de la Segunda Guerra Mundial se caracterizó por un masivo éxodo rural, provocado por el declive de la industria azucarera y la explosión demográfica provocada por la mejora de las condiciones sanitarias de la población. La política social llevada a cabo favoreció la creación de una base electoral estable para el PPM.

La política cultural de Aimé Césaire se simboliza con la creación del Servicio Municipal de Acción Cultural (SERMAC), a través de talleres de arte popular (baile, artesanía, música) y el prestigioso Festival de Fort-de-France.

Aimé Césaire se retiró de la vida política (en especial, de la alcaldía de Fort-de-France, dejando el puesto en manos de Serge Letchimy), pero sigue siendo un personaje imprescindible para entender la historia de Martinica. Tras la muerte de su compañero y amigo Senghor, permanece como uno de los últimos fundadores del pensamiento de la negritud.
Fuente consultada: es.wikipedia.org/wiki/Aime_Cesaire

Biografía de Léon-Gontran Damas

Léon-Gontran Damas

Léon-Gontran Damas (Cayena, Guayana Francesa, 28 de marzo de 1912 - Washington D.C., Estados Unidos, 22 de enero de 1978), poeta y político, fue uno de los fundadores del movimiento de la negritud.

Hijo de Ernest Damas, un mulato de ascendencia europea y africana, y de Bathilde Damas, una mestiza de ascendencia americana y africana, en 1924 fue enviado a Martinica a estudiar al Liceo Victor Schoelcher, en donde conoció a Aimé Césaire.

En 1929, Damas se mudó a París para continuar con sus estudios. Allí se reunió con Césaire y conoció a Léopold Sédar Senghor. En 1935, los tres jóvenes publicaron el primer número de la revista literaria *L'Étudiant Noir*, la cual sirvió de base para la fundación del movimiento de la negritud.

En 1937, Damas publicó su primer volumen de poesía, *Pigments*. Se enlistó en el Ejército de Tierra Francés durante la Segunda Guerra Mundial y posteriormente fue elegido para la Asamblea Nacional de Francia como diputado de Guayana. Durante los próximos años, Damas viajó y enseñó en diferentes partes del mundo, incluyendo África, los Estados Unidos, Latinoamérica y el Caribe. También contribuyó como editor de la revista *Présence Africaine* y como consejero y delegado de la Unesco.

En 1970, Damas se mudó a Washington D.C., en donde enseñó en la Universidad de Georgetown y posteriormente en la Universidad de Howard, donde continuó enseñando hasta su muerte en enero de 1978. Fue enterrado en la Guayana Francesa.

Fuente consultada: es.wikipedia.org/wiki/Leon-Gontran_Damas

Biografía de Frantz Fanon

Frantz Fanon, iniciador del Movimiento de Descolonización

Frantz Fanon (Fort-de-France, Martinica, Francia, 20 de julio de 1925 – Bethesda, Maryland, Estados Unidos, 6 de diciembre de 1961) fue un pensador neomarxista del siglo XX, quien se enfocó en el tema de la descolonización y psicopatología de la colonización. Sus trabajos, principalmente *Les Damnés de la Terre* (*Los condenados de la Tierra*), han inspirado movimientos de liberación anticolonialista durante más de cuatro décadas.

Frantz Fanon nació en la isla de Martinica, en la época en que esta era una colonia francesa, en el seno de una familia con mezcla de antepasados africanos, tamiles y blancos, que vivía una situación económica relativamente buena para el estándar de la región, pero lejos de lo que consideraríamos como clase media.

Después de que Francia se rindiera ante los nazis en 1940, las tropas navales de la Francia de Vichy se establecieron en Martinica. Esas tropas presuntamente se comportaron de forma abiertamente racista, dando pie a muchas acusaciones de abuso sexual y conductas impropias. Estos abusos ejercieron una gran influencia en Fanon, quien, como muchos, tuvo que ocultar su alienación y disgusto frente a la realidad del racismo colonial francés.

A los 18 años, Fanon abandona la isla y viaja a Dominica, donde se suma a las Fuerzas de Liberación Francesa, para después alistarse en el Ejército de ese país en la guerra contra la Alemania nazi, destacando especialmente en la batalla de Alsacia, por lo que en 1944 recibe la Croix de Guerre. Cuando la derrota alemana se hizo inminente y los aliados cruzaron el Rin hacia Alemania, el regimiento de Fanon fue "blanqueado", lo que significó que él y todos los soldados no blancos fueron concentrados en Toulon (Provenza).

Post-Segunda Guerra Mundial

En 1945, Fanon volvió a Martinica por un período corto pero significativo. A pesar de que él nunca se declaró comunista, trabajó en la campaña electoral de su amigo y mentor intelectual Aimé Césaire, uno de los creadores de la teoría de la negritud, quien se presentó como candidato comunista a la Asamblea de la Cuarta República Francesa. Fanon se mantuvo en la isla solo lo suficiente como para terminar su *baccalauréat*, volviendo a Francia para estudiar Medicina y Psiquiatría. Estudió en Lyon, donde conoció a Maurice Merleau-Ponty. Se graduó como psiquiatra en 1951 y empezó a ejercer bajo la supervisión del médico catalán François de Tosquelles, de quien absorbió la idea de la importancia de lo cultural en la psicopatología.

Fanon permaneció hasta 1953 en la Francia metropolitana. Durante este período, escribió el primero de los libros por los cuales es conocido: *Peau noire, masques blancs* (*Piel negra, máscaras blancas*), que fue publicado en 1952.

Ese libro responde una pregunta que probablemente Fanon comenzó a hacerse cuando presenció el abuso de sus vecinos en Martinica y cuando su regimiento fue "blanqueado": ¿por qué un negro está dispuesto a arriesgar la vida por quienes lo desprecian y abusan? La respuesta que el libro ofrece es que ser colonizado es más que ser subyugado físicamente, es serlo culturalmente. Ser colonizado es también perder un lenguaje y absorber otro. En sus palabras: "Hablar (un idioma)… significa sobre todo asumir una cultura, (implica) absorber el contenido de una civilización".

En 1953, asumió como jefe de servicio en el Hospital Psiquiátrico de Blida-Joinville en Argelia, donde revolucionó el tratamiento, introduciendo prácticas de terapia social, basándose en la idea de la relevancia de lo cultural tanto para la psicología normal como para la patología.

Guerra de Liberación de Argelia

Siguiendo el comienzo de la guerra de Liberación de Argelia (noviembre de 1954), Fanon se unió en secreto al Frente de Liberación Nacional (FLN), como resultado de su contacto con el Dr. Chaulet y de su experiencia directa de los resultados de las prácticas que el Ejército francés estaba empleando. A su hospital llegaban tanto los torturadores como sus víctimas a recibir tratamiento.

Durante este período viajó muchísimo por Argelia, con el aparente propósito de extender sus estudios culturales y psicológicos acerca de los argelinos, lo que produjo estudios tales como *Le Marabout de Sidi Slimane*. Esos viajes también servían para propósitos clandestinos, especialmente los realizados a la estación de esquí de Chréa, donde se encontraba una base del FLN.

En el verano de 1956, escribió su famosa *Carta Pública de Renuncia al Ministro Residente* y como consecuencia fue expulsado de Argelia en enero de 1957. En esa carta, Fanon rechazaba de una vez por todas su pasado "asimilacionista". Después de una estancia muy corta en Francia, viajó en secreto a Túnez donde formó parte del colectivo editorial El Moudjahid.

Sus escritos de ese período fueron coleccionados y publicados después de su muerte bajo el nombre *Hacia la revolución africana*. En ellos, Fanon se revela como uno de los estrategas del FLN.

También actuó como embajador del gobierno provisional argelino en Ghana y atendió numerosas conferencias en Accra, Conakry, Addis Abeba, Leopoldville, El Cairo y Trípoli.

Enfermedad y muerte

Después de una agotadora travesía por el Sahara para abrir un tercer frente en la lucha por la independencia, Fanon fue diagnosticado con leucemia. Viajó entonces a la URSS y experimentó alguna mejoría. A su vuelta a Túnez, dictó su testamento, el libro que aseguraría su importancia en los desarrollos políticos del siglo XX: *Los condenados de la Tierra* (publicado post mórtem en 1961). Cuando su condición lo permitía, daba clases a los oficiales del FLN en la frontera de Argelia y Túnez, y fue a Roma para visitar, por última vez, a Sartre.

Más tarde, se trasladó a Estados Unidos para recibir tratamiento, logrando ingresar al país con la ayuda de la CIA, bajo el nombre de Ibrahim Fanon. Murió el 6 de diciembre de 1961 en el Hospital de Bethesda (Maryland).

Después de recibir un funeral de honor en Túnez, fue enterrado en el Cementerio de los Mártires (Chouhada), en Ain Kerma (en el este de Argelia). Le sobrevivieron su esposa, Josie

Dublé, y sus hijos Olivier y Mireille, hija de un matrimonio anterior, quien se casó con Bernard Mendès-France, hijo del conocido político francés Pierre Mendès-France.

Obra: esbozo crítico

La obra política de Fanon es a la vez compleja y controvertida. Ha sido, por ejemplo, acusado de tener una visión simplista y casi maniquea tanto de los problemas como de las soluciones. Por otra parte, se ha dicho que sus ideas anteceden a pensadores tales como Michel Foucault, formando una de las bases del posmodernismo y del poscolonialismo. Ciertamente ha servido de inspiración a muchos pensadores y movimientos profundamente críticos o revolucionarios, influyendo indirectamente incluso en corrientes tales como el feminismo y la teología de la liberación.

Fanon publicó *Peau noire, masques blancs* en París, en 1952. En este libro trata –a través de reminiscencias sobre su vida personal y utilizando métodos críticos derivados del psicoanálisis– de entender por qué los negros adoptan los valores de los subyugadores blancos y los resultados que eso produce, especialmente entre los subyugados. En sus palabras: "Estamos tratando de entender por qué al negro de las Antillas le gusta tanto hablar francés".

La respuesta de Fanon sitúa conceptos tales como raza, clase, cuerpo, lenguaje y cultura en el centro de problemas que abarcan fenómenos tales como marginación y desigualdad social, desprecio de sí mismo, inseguridad, servilismo, patologización tanto de sí mismo como forzada. Como hemos dicho, el libro es complejo, pero la tesis central puede ser resumida en la idea de que los subyugados tratan de superar su condición asumiendo el bagaje cultural de los subyugadores, especialmente el lenguaje (poniéndose las máscaras blancas del título), pero al hacer esto, absorben normas que son inherentemente discriminatorias o, en su caso, racistas; lo que a su vez lleva a sentimientos profundos de inseguridad e inferioridad. Aceptar el concepto del opresor de lo que son los oprimidos es aceptar que se es salvaje, no completamente humano, inferior, etcétera.

Sin embargo, Fanon insiste que el ser blanco no puede existir sin su complemento el "ser negro". Ambos son las caras opuestas de un proceso dialéctico que podría llevar a una nueva relación o sociedad que no se base en la discriminación "del otro": "¿Qué busca el hombre? ¿Qué busca el negro? A riesgo de molestar a mis hermanos de color, diré que el negro no es un 'hombre' (Fanon caracteriza el 'ser negro' como carecer de 'resistencia ontológica' frente al blanco. 'El negro' solo existe frente a y es definido por 'el amo blanco'), hay una zona de 'no-ser', una región extraordinariamente estéril y árida, una degradación totalmente deprimida en la cual una auténtica revolución puede nacer".

Jean-Paul Sartre comentó que el libro es "la negación de la negación del negro". Sin embargo, algunos autores lo han criticado por parecer olvidar que la "oralidad" puede tener un papel positivo de resistencia entre los oprimidos, dando poder a los sujetos (en su doble sentido de individuos y sometidos).

Considérense, por ejemplo, y en relación a los tiempos y problemática de Fanon, tanto a Albert Camus como a Jean Genet, Jacques Derrida, etc., sin olvidar, paradójicamente, a Fanon mismo.

La segunda publicación fundamental de Fanon tuvo lugar en 1961, después de su muerte. El título, *Les Damnés de la Terre*, es una referencia explícita al primer verso de "La Internacional", que, en francés, dice: "*Debout!, les damnés de la Terre! Debout!, les forçats de la faim!*" ("¡Arriba, los condenados de la Tierra!, ¡En pie, famélica legión!").

Sin embargo, esos condenados de la Tierra no son el proletariado de Marx sino más bien el lumpen-proletariado, quizá lo que pasó a ser llamado "los marginalizados" o "el pueblo". Fanon específicamente usa el término para referirse a quienes no toman parte en la producción industrial, especialmente el campesinado pobre que vive en las afueras de las ciudades, argumentando que solo ese grupo tiene o conserva la suficiente autonomía del aparato colonizador como para montar exitosamente una rebelión. Para él, tanto el proletariado urbano como las clases burguesas son "asimilados" y carecen de la motivación o necesidad de poner en efecto una revolución verdadera.

Igualmente controversial es la introducción de Sartre. En ella, Sartre interpreta el libro como un llamado inequívoco a la lucha armada. Esto se deriva del primer capítulo del libro ("Acerca de la violencia"), que discute el papel de la violencia como catarsis de la subyugación. Argumentando –con Fanon– que la colonización en sí misma es un acto de violencia. Sartre escribe: "Harían bien en leer a Fanon, porque muestra claramente que esta violencia irreprensible no es ni ruido sin sentido ni la resurrección del espíritu salvaje, ni siquiera el producto del resentimiento: es el hombre recreándose a sí mismo... no hay acto de ternura que pueda borrar las marcas de la violencia, solo la violencia misma puede destruirlas".

La visión sartriana puede ser vista como apología o glorificación de la violencia, en que sugiere que solo ella es el motivo del cambio y solo ella producirá la nueva sociedad y el hombre nuevo. Fanon mismo parece más sutil. Dice en las páginas siguientes: "La violencia del régimen colonial y la contra-violencia del nativo se equilibran con un grado extraordinario de homogeneidad recíproca... Los actos de violencia por parte de los pueblos colonizados serán proporcionales al grado de violencia ejercido por el régimen colonial amenazado".

Fanon parece sugerir que el uso de la violencia, más que deseable, es inevitable. Pero su uso no carece de peligros. Fanon agregó, en un discurso a intelectuales africanos, refiriéndose tangencialmente al problema de la violencia, una advertencia:

"La liberación de una nación es una cosa. Los métodos y contenido popular de la lucha, otra. Me parece que el futuro de la cultura nacional y sus riquezas son tanto expresión como parte de los valores que han dirigido esa lucha por la libertad".

El libro es más profundo que lo que una lectura rápida sugiere. Fanon examina no solo las maneras directas a través de las cuales un poder metropolitano ejerce y mantiene su dominación, sino también las maneras más sutiles, las que hacen que los mismos dominados se transformen en instrumentos, por un lado, de su opresión y, por el otro, agentes de liberación. Y el mecanismo central en todos esos casos es la cultura. Fanon agrega (en el mismo discurso): "Hemos visto la aparición del movimiento (hacia la independencia) en formas culturales y hemos visto cómo ese movimiento y esas nuevas formas culturales están ligados al estado de madurez de la conciencia nacional".

Ahora, ese movimiento tiende cada vez más a expresarse de manera objetiva, en instituciones. Es de ahí que viene la necesidad de una existencia nacional, cualquiera que sea su costo.

Si hay algo que se puede criticar de Fanon es que parece muy cercano a una idea común en esos días en África tanto de la libertad como de sus consecuencias. La idea de que bastaría lograr la independencia para solucionar todo. Fanon agrega que "después del conflicto hay no solo la desaparición del colonialismo, sino del colonizado... Esta humanidad nueva no puede hacer otra cosa que definir un humanismo nuevo para sí mismo y para otros". Sin embargo, Fanon no estaba ciego a los peligros que la situación implica.

Advierte contra el culto del líder y de la personalidad, la retirada a concepciones romantizadas de un pasado heroico y el reemplazo de elites extranjeras con elites locales que buscan imitar y son serviles a los intereses de esos mismos extranjeros ("asimilados", en el lenguaje de Fanon).

Fanon cree que estos y otros peligros se derivan principalmente de la tentativa de imitar a Europa y agrega en el capítulo 6 ("Conclusiones"), después de acusar a Europa de inhumanidad y genocidio contra los no blancos en el nombre de la humanidad y su progreso: "Así, camaradas, no rindamos tributo a Europa creando Estados, instituciones y sociedades que derivan inspiración de ella. La humanidad espera de nosotros alguna otra cosa que una imitación, algo que sería una caricatura obscena... Por Europa misma, por nosotros y por la humanidad, camaradas, debemos dar vuelta a la hoja, debemos desarrollar concepciones nuevas, y debemos tratar de ayudar a dar los primeros pasos al hombre nuevo".

Otra crítica frecuentemente dirigida a Fanon, especialmente en Estados Unidos, es que adolece de una visión maniquea de la sociedad europea u occidental: el blanco es bueno y el negro, malo, y por lo tanto se oponen absolutamente, requiriendo en consecuencia un mundo totalmente nuevo para superar esa dicotomía. En favor de Fanon se puede alegar que las experiencias de su vida dejaron poco espacio para concepciones intermedias. Al fin y al cabo, alguien que arriesga su vida para defender lo que considera su país, para recibir después como gracias el ser removido de las filas a punta de fusil a fin de evitar que aparezca en el desfile de honor debido al color de su piel, tiene el derecho a pensar que ese color presenta, a lo menos para los otros, un problema insoluble que le impide lograr el derecho a ser tratado no solo como ciudadano con igualdad de derechos, sino sobre la base de sus actos.

Influencia y legado

Las ideas centrales de la visión de Fanon pueden resumirse en tres postulados:
- La absorción de culturas o ideologías dominantes por parte de los sometidos produce resultados patológicos, tanto a nivel social como individual.
- El reemplazo de formas discriminatorias de relación social es producto de la expresión de nuevas formas

culturales y políticas que aparecen entre los subyugados. Esas formas político-culturales son la expresión de la esencia existencial de grupos marginados por la cultura dominante y producen inevitablemente una nueva humanidad.

- El poder catártico de la violencia revolucionaria. Solo la violencia puede liberar totalmente del legado de la subyugación, eliminando los sentimientos de inferioridad y produciendo una conciencia de control sobre el destino propio.

Esas ideas se han hecho comunes entre muchos, nutriendo, aunque no siempre en su totalidad o exclusivamente, movimientos tan diferentes como el grupo Baader-Meinhof en Alemania y la comunidad cristiana pacifista en Iona (Escocia), que se define, entre otras cosas, como luchando cultural y políticamente contra el racismo. Esas ideas contribuyeron a, entre otras, formar las percepciones básicas de desarrollos por un lado académicos, tales como la psicología crítica y el poscolonialismo, y por el otro, sociales, tales como el movimiento por la igualdad de géneros sexuales (por ejemplo, el feminismo) y movimientos de liberación y renovación cultural en los pueblos africanos, latinoamericanos, palestinos, tamiles, afroamericanos, irlandés, etcétera. Recientemente, el movimiento sudafricano Abahlali baseMjondolo ha sido influenciado por sus percepciones.

Notable entre esas influencias fue la que tuvo sobre tres de sus más conocidos lectores: Ernesto *el Che* Guevara en América Latina, Steve Biko en Sudáfrica y Alí Shariati en Irán. Pero aun entre ellos esta influencia no fue una aplicación rígida a otras realidades.

Para Guevara, por ejemplo, la idea del hombre nuevo adquiere un significado derivado del socialismo, y el papel de la violencia pasa de ser una expresión cultural popular a una herramienta que las vanguardias utilizan casi como mecanismo terapéutico, a fin de producir ese cambio cultural. Esta aproximación pasó a ser llamada "foquismo" o "guevarismo"; Shariati trató de revolucionar la interpretación del Islam, cuyos valores él creía están siendo destruidos por, de un lado, concepciones degradantes de la vida producto de la sobrevaloración de la tecnología y la ciencia, etc., en su mayoría provenientes de Europa, y del otro, concepciones petrificadas de los *ulemas*. Para él, la verdadera revolución será la concretización del mundo unido de los creyentes (*umma*), lo que se logrará cuando los fieles adquieran una fe verdadera y se dediquen totalmente (llegando a ser el hombre nuevo o *muyahid*), y que den incluso la vida por sus ideales. Es importante entender que Shariati no está llamando aquí necesariamente a usar violencia física.

El concepto islámico de *yihad* es primordialmente uno de dedicación (lucha) en la vida personal, pero también uno de estar dispuesto a confrontar las desigualdades e injusticias (en el sentido de violaciones de la voluntad divina) donde se encuentren, incluso en el Islam mismo (o los países que se declaran islámicos). La *umma* implicará el fin de toda contradicción e injusticia, en la medida en que será, por decirlo así, la encarnación del dios monoteísta, el triunfo del bien y lo divino sobre el mal y lo satánico.

La violencia es entonces, más que expresión cultural, expresión de fervor religioso, utilizada no tanto contra poderes coloniales, sino contra lo que se ve como elites asimilacionistas y corruptas, especialmente manifestaciones culturales occidentalizadas, tales como formas de vestir, estilos musicales, cinemas, etcétera. Junto a ello es común, en esta visión, afirmar que la democracia liberal es ajena a los valores culturales islámicos, proponiéndose en su lugar repúblicas islámicas.

Biko fue quizá quien se mantuvo más cerca de la concepción original. Frente al separatismo impuesto por el sistema de *apartheid*, buscó revitalizar los valores culturales y éticos de los oprimidos, empezando por crear la "conciencia de ser negro", a fin de llegar a una entonces nueva concepción de lo que significa ser sudafricano. Y la violencia se ve como formas de resistencia, expresándose de maneras propias a los desposeídos o marginados: revalorización de formas culturales tradicionales (canciones, cuentos populares, etc.), violencia sobre ellos mismos (desde huelgas de hambre hasta negación a prestar servicios), violencia directa contra los asimilados y los opresores.

Interesantemente, *Los condenados de la Tierra* es todavía objeto de estudio en colegios militares de Estados Unidos, en el presente, como ayuda para entender la situación en Irak.
Fuente consultada: http://es.wikipedia.org/wiki/Frantz_Fanon

Biografía de Nicolás Guillén

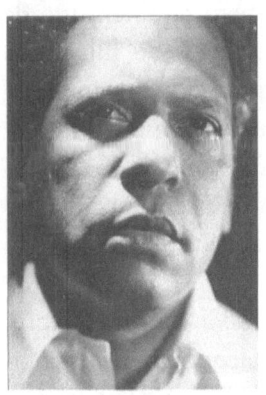

Nicolás Guillén

Nicolás Cristóbal Guillén Batista (Camagüey, Cuba, 10 de julio de 1902 - La Habana, Cuba, 16 de julio de 1989) fue ante todo un gran poeta, pero esta definición tan genérica no le haría justicia porque sin lugar a dudas fue mucho más que un poeta cubano, o mucho más que un poeta cubano más. Guillén fue, junto con José Martí, el poeta cubano por antonomasia.

Su producción poética gira alrededor de dos grandes temas: la exaltación del negro y la situación social. Gracias al valor intrínseco de su obra, así como al de la de Emilio Ballagas y Luis Palés Matos, los problemas de la raza negra han adquirido relieve y categoría dentro del ámbito de la literatura de la lengua española. En Guillén, esos temas cobran aliento superior. Junto a composiciones que imitan el ritmo de las danzas negras están las de intención social, en las que se mezcla una especie de mesianismo racial. Su militancia comunista, que data de 1937, le valió prisiones y persecuciones. En 1954, fue galardonado con el Premio Lenin de la Paz.

Al advenimiento del régimen revolucionario de 1959, fue uno de sus más destacados defensores. Tras la Revolución, compuso poemarios como *Tengo* (1964) o *El diario que a diario* (1972).

En 1961, fue elegido presidente de la Unión Nacional de Escritores y Artistas de Cuba.

Muchos de sus poemas han sido musicalizados por artistas como Quilapayún, Paco Ibáñez, Inti Illimani y Xulio Formoso, quien grabó en el año 1975 un álbum enteramente dedicado a su obra, titulado *Guillén el del son entero*.

Fuente consultada: es.wikipedia.org/wiki/Nicolas_Guillen

Biografía de René Depestre

René Depestre (Jacmel, Haití, 29 de agosto de 1926) es un poeta, ensayista y novelista comunista. Fue encarcelado durante el régimen dictatorial de François Duvalier. Estudió en Francia, pero tras ser expulsado del país, viajó a Praga, República Checa. Posteriormente se exilió en La Habana, Cuba, donde enseñó durante veinte años, y participó de la vida política cubana.

Fuente consultada: es.wikipedia.org/wiki/Rene_Depestre

Biografía de Jacques Roumain

Jacques Roumain (Puerto Príncipe, Haití, 4 de junio de 1907 – México, 18 de agosto de 1944) fue un escritor, intelectual y militante, uno de los fundadores de la *Revue Indigène* en 1927 y más tarde el gran inspirador de la toma de conciencia por los haitianos de su negritud. Fundó en

Jacques Roumain

1934 el Partido Comunista Haitiano. Exiliado, no volvió a su país hasta 1941, año en que fundó el Instituto de Etnología de Haití. Su obra póstuma, *Gobernadores del rocío* (1944), tuvo una gran repercusión en todo el mundo de raza negra. Otras obras suyas son *La Proie et l'Ombre* (1930), *Les Fantoches* (1931), *La Montagne Ensorcelée* (1931) y *Bois d'Ébène* (1945).

Fuente consultada: www.epdlp.com/escritor.php?id=2236

Biografía de Toni Morrison

Toni Morrison

Toni Morrison (Lorain, Ohio, Estados Unidos, 18 de febrero de 1931) es una escritora ganadora del Premio Nobel de Literatura en 1993.

En sus obras habla de la vida de los negros, en especial de las mujeres, y ensalza a esa comunidad. Es una combatiente a favor de los derechos civiles y está comprometida con la lucha en contra de la discriminación racial.

Morrison nació en el seno de una familia negra muy pobre. Bautizada con el nombre de Chloe Anthony Wofford, adoptaría el nombre literario Toni Morrison, tomando el nombre de su apodo familiar y el apellido de su marido, el arquitecto Harold Morrison, con el que estuvo casada (desde 1958 hasta 1964) y con quien tuvo dos hijos.

En 1949, comenzó sus estudios en la Universidad de Howard, en Washington D.C., y continuó en la Universidad de Cornell hasta que en 1955 se graduó en Filología Inglesa.

Carrera académica

Morrison fue profesora de Inglés en la Universidad de Texas hasta 1955 y profesora en la Universidad de Howard.

En 1964, comenzó a trabajar como editora literaria en la editorial Random House de Nueva York.

Fue asimismo profesora en la Universidad Estatal de Nueva York (SUNY), en Albany, y profesora en la Universidad de Princeton.

Es miembro de la Academia Estadounidense de las Artes y las Letras, y miembro del Consejo Nacional de las Artes.

Obras

- Su primer libro apareció cuando rozaba los 40 años: *Ojos azules* narra la historia de una niña negra, Pecola, que quiere tener los ojos del color de las muñecas de las niñas blancas.
- *La canción de Salomón* es un relato sobre la reunión del materialismo y el poder del amor, convirtiéndose en un rápido éxito popular.
- En 1981, *Tar Baby* fue traducida como *La isla de los caballeros*.

- *Beloved* relata la historia de una esclava que encuentra la libertad, pero que mata a su hija en edad infantil para salvarla de la esclavitud.
- *Jazz* y *Jugando en la oscuridad* fueron éxitos de ventas.
- *Love* narra la historia de odio entre dos mujeres que aman al mismo hombre.
- *Una bendición* es el título escogido en castellano para la historia de una joven afroamericana en el siglo XVII, en la que trata temas como la esclavitud, el racismo y la segregación, como trasfondo de una historia de amor y amistad.

Fuente consultada: es.wikipedia.org/wiki/Toni_Morrison

Biografía de Alex Haley

Alex Haley

Alexander Palmer Haley (Ithaca, Nueva York, Estados Unidos, 11 de agosto de 1921 – Seattle, Washington, Estados Unidos, 10 de febrero de 1992) fue un escritor con ascendencia afroamericana, irlandesa y cherokee. Es conocido por la *Autobiografía de Malcolm X* y por su libro *Raíces*.

No fue un alumno destacado en sus estudios medios ni universitarios y tuvo que trabajar de guardacostas. A pesar de desempeñar este oficio durante mucho tiempo, Haley no cejó en su empeño de convertirse en escritor. En 1958, se desplazó a Nueva York, donde comenzó a desempeñar labores de periodista para la revista *Playboy*.

De hecho, sus entrevistas al trompetista de *jazz* Miles Davis y al político Malcolm X le ofrecieron la oportunidad que deseaba, pues le permitieron salir del anonimato. Especialmente fructífero fue su encuentro con Malcolm X, pues este le propuso coescribir con él su biografía, oferta a la que el escritor accedió gustoso; de este modo, en 1965 salió a la luz la *Autobiografía de Malcolm X*, texto muy leído por los nacionalistas negros de los años 60, ya que por aquel entonces luchaban por sus derechos civiles. Este libro fue muy bien acogido por la crítica, que lo ensalzó; además, con el tiempo, fue lectura obligada entre los estudiantes de Literatura e Historia.

El éxito permitió a Haley centrarse en su siguiente libro, *Raíces*, que se publicó en 1976. El argumento de esta obra no era otro que la propia investigación del autor en busca de sus ancestros, novelada, pues evidentemente era imposible recabar toda la información, que fue completada con la imaginación del autor.

Esta saga familiar se iniciaba en un pueblo de África Occidental, del que supuestamente procedía su primer antepasado venido a América, Kunta Kinte, y continuaba con su descendencia a través de la historia estadounidense.

La obra recibió docenas de premios y fue candidata al Premio Pulitzer y al National Book Award; además, llegó a ser un gran *best-seller* traducido a 26 idiomas. Su masiva acogida y su impacto en la sociedad estadounidense provocaron que en 1977 se adaptase como guión de una serie televisiva.

Fuente consultada: http://www.biografiasyvidas.com/biografia/h/haley_alex.htm

JORGE ARTEL SIGUE VIVO

Por Guillermo Tedio
(Universidad del Atlántico)

Jorge Artel, o mejor, Agapito de Arco, que era su nombre de pila, nace en Cartagena el 27 de abril de 1909. A pesar de que nos abandonó físicamente, su poesía sigue vigente, recordándonos, desde su raza, que la poesía, además de cantar la belleza del mundo, también debe mirar la injusticia.

En 1930 viaja a Bogotá, a los 21 años, lo que de alguna manera le va a servir para crear un distanciamiento espacial y cultural que lo llevaría a la confirmación de los temas y tópicos que lo obsesionaban y a una madurez estética de su palabra.

Tambores en la noche, su primer libro, contiene poemas escritos entre 1931 y 1934. El libro aparece publicado en 1940, por la Universidad de Cartagena. La segunda edición es realizada en México en 1955, por la Universidad de Guanajuato.

Artel forma parte del grupo de poetas que cultivan la temática negra, como el cubano Nicolás Guillén, los colombianos Helcías Martán Góngora y Candelario Obeso, el puertorriqueño Luis Palés Matos, Manuel del Cabral y Langston Hughes. Expresa influencias del *Tuerto* López, César Vallejo y Neruda. Consideraba que León de Greiff era el poeta más grande de Colombia y *el Tuerto* López, el más grande y original poeta costeño.

Vivió seis años en Nueva York, siendo traductor de *Reader's Digest*. Vivió igualmente en México, donde escribió guiones para cine. También residió en Panamá.

Se consideraba poeta por provenir de dos razas musicales (india y negra) y nacer frente al mar. Lo criaron unas tías. *Tambores en la noche* es su *Biblia* estética; el poema que más le gustaba era "Velorio del boga adolescente", aunque los lectores prefieren "La cumbia".

Su poesía toca las temáticas de lo negroide, lo marino y lo sociopolítico, lo que nos lleva a pensar que debía buscar una conciencia de la raza, una conciencia de la naturaleza marina y portuaria en que vivió y una conciencia de clase. Estas tres conciencias, de algún modo, solo podían manifestarse en su poesía si alcanzaba la plenitud de una conciencia artística y estética, búsqueda en la que se mantuvo toda su vida.

Jorge Artel

Los temas y sentimientos de la primera vertiente, la negroide, le venían de un padre negro y de una madre indígena, así que se sentía miembro del indio-mulataje.

El lado marino y portuario le provenía de haber nacido en Cartagena y de sus viajes. Desde pequeño se comunicó con el mundo de los marineros y los viajes, y con el perfil de las proas y los mástiles.

Y finalmente, su posición de militante político y su extracción de clase lo llevaron a ubicarse del lado de las luchas populares.

Fuente consultada: http://casadeasterion.homestead.com/v2n5vivo.html de

Biografía de Sofonías Yacup

Nació en Guapí, Cauca, en 1894. Abogado de la Universidad Libre de Bogotá, parlamentario, fue siempre una figura representativa de la región, sobre la cual escribió su obra *Litoral recóndito*, donde define todo su proceso histórico, geográfico, antropológico, sociológico y político, y marcó en él caminos e ideas altruistas benéficas para la región.

Fue un verdadero paladín a favor de la Costa Pacífica.

Su labor tesonera inició el largo proceso de concientización y aglutinamiento de intelectuales y juventudes de la Costa Pacífica en la búsqueda del destino mejor a que está llamada.

Murió en Cali el 10 de mayo de 1947.

Fuente consultada: buenaventura.uuuq.com/personajes.html

Biografía de Rogerio Velásquez

Rogerio Velásquez

Rogerio Velásquez Murillo nació el 9 de agosto de 1908, en Sipí, uno de los pueblos cuyo río del mismo nombre forma parte de los 130 afluentes que alimentan al majestuoso río San Juan, en el departamento del Chocó. A raíz de los desplazamientos de sus padres, Miguel Asprilla y Aurora Velásquez, Rogerio pasó su infancia y sus años escolares en Istmina y luego en Condoto, dos poblados de tradición minera, igualmente localizados en las cuencas del San Juan chocoano.

En estos municipios, Velásquez se empapó de muchas de las realidades de sus paisanos del Chocó, la mayoría de ellos negros, pobres, sentenciados a muerte entre las montañas, más allá de las cuales, como decía el propio Rogerio, quedaba un país llamado Colombia.

Los estudios secundarios los inició en el Colegio Ricardo Carrasquilla de Quibdó, los prosiguió en la Normal de Varones de Bogotá y los concluyó en la Normal de Institutores en Tunja, Boyacá, de la cual se graduaría en 1938. A continuación, como recogiendo sus pasos, Rogerio Velásquez regresó a su Chocó natal. A su retorno, se desempeñó como maestro del Colegio Ricardo Carrasquilla y el Instituto Pedagógico de Quibdó en el área de Español y Literatura, y como catedrático en la misma especialidad en la Normal de Señoritas de Istmina. Años más tarde, regresó a Tunja, donde fue nombrado profesor de planta de la Normal Superior de dicha ciudad.

Posteriormente, se desplazó a Popayán, ciudad en la que obtuvo el título de etnólogo de la Universidad del Cauca. Una vez más regresó a su idílico Chocó. Allí ejerció cargos públicos, algunos de ellos concernientes a su especialidad académica. En 1948, fungió como magistrado del Contencioso Administrativo, y en 1949 fue nombrado director de Educación Departamental. Subsiguientemente, durante la década de 1950, con filiación al Partido Conservador, fue elegido representante suplente a la Cámara por su departamento, de manera que se trasladó a Bogotá, ciudad en la que asistió a tertulias con personajes de la vida cultural nacional como Eduardo Carranza, Nina S. de Friedemann, Manuel Zapata Olivella y Miguel Ángel Caicedo. A continuación, de vuelta al Chocó, Velásquez trabajó como investigador auxiliar del Instituto Etnológico Nacional y jefe de la Sección Folclórica del Instituto, cargos en los cuales emprendió sus investigaciones alrededor de la historia y el folclore chocoano.

Finalmente, terminó recalando, una vez más, como rector del Colegio Ricardo Carrasquilla, cargo en el que transcurrió el resto de su vida junto a su esposa Belitza Ayala y sus 10 descendientes.

La obra académica de Rogerio Velásquez está sustentada principalmente en la investigación histórica y etnográfica desarrollada alrededor de los complejos procesos sociales del Chocó.

Entre sus títulos se cuentan *Rectificaciones sobre el descubrimiento del río San Juan*, *Fragmentos de historia, etnografía y narraciones del Pacífico colombiano negro* y *El Chocó en la independencia de Colombia*. A través de este último, Velásquez investiga las condiciones históricas que condujeron a los negros chocoanos en el siglo XIX a rebelarse en contra del sistema esclavista, y además plantea una aproximación a la comprensión y valoración de los aportes de este grupo a la independencia nacional. Es significativo de igual manera reseñar su participación en los boletines bibliográficos de la Biblioteca Luis Ángel Arango, del Banco de la República de Bogotá, a través de los cuales da cuenta de la rigurosidad y periodicidad de sus trabajos investigativos.

Al margen de sus investigaciones de carácter estrictamente histórico y antropológico, es importante resaltar su labor alrededor de la narrativa, las cuales no dejan de poseer cierto carácter académico e investigativo. Entre ellas se tiene su célebre *Memorias del odio*, que merece capítulo aparte.

En lo concerniente a la poesía, cantó y escenificó *La muerte de Carlos Quinto* y *Los esclavos de Novita*.

Dejó inédita *El cantar de los tres ríos*, una obra a través de la cual, como resultado de un fuerte trabajo investigativo, pretendió rescatar y sacar a la luz la tradición oral de los campesinos chocoanos. Igual suerte corrieron *Lámparas de la tierra*, *Geografía e historia del Chocó de acuerdo con la toponimia americana*, *Así jugamos los negros*, *El diablo a través de la historia* y *Diccionario de medicina popular*.

Rogerio Velásquez también sostuvo una carrera prolífica alrededor del periodismo. Bajo el seudónimo de Canna escribió notas en las que a menudo era posible percibir un sensible contenido social, en publicaciones como *A.B.C.* de Quibdó;

igualmente se cuenta con su colaboración para *Mundo al Día* y *Diario Nacional* de Bogotá; *Mármol* y *El Heraldo* de Antioquia; *Ariel* de Tunja y *Tierra Nativa* de Santander.

Cuando ejercía el cargo de rector del Colegio Carrasquilla, Rogerio Velásquez muere el 7 de enero de 1965, a los 58 años de edad.

Este autor es hoy por hoy considerado uno de los pioneros en la antropología colombiana, dada su vasta obra que comprende, en diversidad de tipologías textuales, la etnografía histórica del Pacífico colombiano negro, vista en consonancia con el respeto a la tierra y la sabiduría nativa que ha permitido, desde tiempos remotos, mantener viva una cultura que se ha visto acechada desde varios sucesos y políticas estatales.

Fuente consultada: www.barulegazette.com/barûle_gazette_-_personajes_afrocolombianos_-_velasquez_murillo,_rogerio.htm

Biografía de Helcías Martán Góngora

Helcías Martán Góngora

El poeta Helcías Martán Góngora (Guapí, Cauca, Colombia, 27 de febrero de 1920 - Cali, Colombia, 16 de abril de 1984) creció en el hogar formado por don Helcías Martán Arroyo y doña Enriqueta Góngora de Martán. Conocido como *el Poeta del Mar*, decía: "Nací a ocho kilómetros de la desembocadura del río Guapí, en el Mar del Sur. La población negra me infundió, conjuntamente con el ritmo de las mareas, el sentido de la justicia social. De allí que mis poemas no puedan renunciar al acompañamiento táctico de marimba y tambor, y que pregone en otros el pregón del esclavo de ayer y de hoy".

Martán Góngora hizo el bachillerato en Pasto, Medellín y Popayán. En la Universidad Externado de Colombia recibió el título de doctor en Derecho y Ciencias Sociales y Políticas.

Después de este largo periplo por pueblos y ciudades de Colombia y del exterior, elige a Cali, en las colinas del Bosque Norte, como su patria adoptiva, al lado de su esposa doña Adelaida Hurtado de Martán y de sus hijos Aleida y Martín Helcías, quienes inspiraron muchas de sus creaciones poéticas.

Fue miembro correspondiente de la Academia Colombiana de la Lengua; Caballero de la Orden de Alfonso X el Sabio; Grand'Croix d'Honneur de la Orden Imperial Bizantina de Constantino el Grande; Profesor Honorario de la Cátedra Guillermo Valencia de la Facultad de Humanidades de la Universidad del Cauca; miembro de la Academia de Historia de Popayán y de la Sociedad Bolivariana de Colombia; miembro del Grupo Esparavel; cofundador de la revista *Vanguardia de Guapí*; director y fundador de *Esparavel, Revista Internacional de Poesía*; colaborador de los periódicos *El Tiempo*, *El Siglo* y *El Colombiano*, y de revistas nacionales e internacionales; desempeñó cargos públicos como personero de Popayán, alcalde de Buenaventura, diputado a la Asamblea del Cauca, director del Teatro Colón de Bogotá y representante a la Cámara por la circunscripción del Cauca.

En 1980, el Frente de Afirmación Hispánica de México le otorgó el Premio Vasconcelos; en ese mismo año, fue condecorado con la Cruz al Mérito Cívico de Santiago de Cali, por ser el autor de la letra del himno a la ciudad; en 1982, con la Medalla Cívica Pascual de Andagoya del municipio de Buenaventura, y el 3 de julio de 1984, en homenaje póstumo rendido a su memoria, el Concejo Municipal de Cali, con ocasión del Segundo Congreso de las Ciudades Confederadas del Valle del Cauca, le confirió la Orden de la Independencia de Santiago de Cali, en el Grado de Caballero.

Sobre su primer libro *Océano*, el poeta Eduardo Carranza dijo lo siguiente: "'Ha trepado usted, para siempre, el trinquete del laúd de la belleza', escribió Juan Ramón Jiménez a Rafael Alberti en 1925, tras la primera lectura asombrada de *Marinero en tierra*. Algo similar podría decirse a Helcías Martán Góngora, subido como un joven marinero en su poético mástil de colores. Porque el nuevo gran poeta del sudoeste caucano y colombiano podría también elevar como el dichoso andaluz –ya no en la meseta de Castilla sino en la cima del aire andino– este pregón:

> Alerta que en estos ojos,
> del sur, y en este contar,
> yo os traigo toda la mar.
> ¡Miradme que pasa el mar!".

Y Meira Delmar, poeta del mar y del amor y mujer plena, desde Barranquilla señaló: "… ola magnífica de poesía, tu océano. Y cómo sube, de las hermosas páginas, olor a mar y a sal, y cómo en el perfume apaga ardores la sed de claridad que llevamos los nacidos frente al milagro cotidiano del azul, que se dobla en cielo y agua, como un espejo. Es un libro bien logrado este que ahora enriquece mis manos y mi emoción; se va por él como por una ruta de viajes, donde encontramos islas para detenernos largamente".

Sus poemas han sido traducidos a gran número de lenguas contemporáneas; muchos compositores les han puesto música a sus estrofas y académicos de todas las latitudes se han ocupado de su obra, tanto en la elaboración de antologías como en las tesis de grados y en el ensayo crítico. Entre ellos:

Mosses Harris, de la Universidad de Washington, escribe su tesis doctoral con el título de *Image Structure in the Poetry of Helcías Martán Góngora*; el escritor caucano Guido Enrique Ruiz, de la Universidad del Cauca, se doctora con *Magia del agua y rito del silencio en Martán Góngora*; Manuel Briceño, de la Academia Colombiana de la Lengua, titula su ensayo sobre la poesía de Helcías *El mar: esencia lírica de Martán Góngora*; entre otros trabajos sobre "el más grande, el más sereno, el más vibrante poeta marino de Hispanoamérica en los últimos cuarenta años", según dijera Hugo Salazar Valdés, la tarde del 17 de abril de 1984, al despedir al poeta y al amigo.

Fuente consultada: dintev.univalle.edu.co/cvisaacs/martan/index.htm

Biografía de Miguel Ángel Caicedo

Miguel Ángel Caicedo

Poeta y escritor, autor de 25 libros, este destacado poeta y escritor nació en La Troje, corregimiento de Quibdó, Chocó, el 30 de agosto del año 1919. Fueron sus padres Amador Caicedo Ibargüen y Emilia Mena Valencia. Hizo sus estudios primarios en la Escuela Modelo de Quibdó (hoy Palacio Municipal) y los secundarios en el Colegio Carrasquilla de la misma ciudad (hasta 5º de bachillerato), que finalizó en el Liceo Antioqueño.

En 1946, obtuvo el título de licenciado en Lenguas Clásicas y Modernas en el Instituto Filosófico de la Universidad de Antioquia. Mientras realizaba sus estudios en la Capital de la Montaña, fundó en compañía de Manuel Mejía Vallejo, William Namen H., Jorge Bechara Hernández, Dolly Mejía Morales y otros que hoy son personajes sobresalientes en el campo de la literatura colombiana, la Tertulia Guillermo Valencia, la cual tuvo como órgano de difusión el periódico *El Tertuliano*. De 1947 a 1972, se distinguió como profesor de Idiomas y Literatura en todos los planteles oficiales y privados de Quibdó, y también se desempeñó como tal en la Normal para Varones de Pitalito, Huila, y en el Colegio Santander de Honda, Tolima. Contrajo matrimonio con doña Dora Osorio Córdoba en 1949 y tuvieron siete hijos: Emilia, Eyda, Miguel, Ramón, Dora, Eladio y Berna.

En 1970, fue llamado por el entonces gobernador del departamento, Carlos Hernán Perea, para que le organizara la educación secundaria local. Aceptó el cargo y siguió desempeñándose como profesor de 5º y 6º del Instituto de Enseñanza Media y Profesional en 1972; junto a un destacado grupo de intelectuales, fue fundador de la Universidad Tecnológica del Chocó. Fue jefe de la Extensión Cultural en dicha institución, director de la Fundación para el Desarrollo de la Cultura Ramón Lozano Garcés, así como de la Escuela Literaria José A. Rivas Polo.

Tanto en sus obras en prosa como en las poéticas, hay un marcado sabor a tierra chocoana. Él mismo ha dicho: "Voy a referirme primero a los del Chocó y luego a los de Colombia y el mundo".

Ha publicado *Veinte poemas y un grito* (poemario romántico, 1950); *La paliza* (novela costumbrista, 1952); *Versos para olvidar* (sonetos, 1960); *Recuerdos de la orilla* (poemas folclóricos, 1961); *Cuando las madres lloran* (novela pedagógica, 1966); *El regreso de Jorge* (continuación de *Palizada*, 1968); *El festival de los puentes* (novela costumbrista, 1968); *El sentimiento en la poesía popular chocoana* (1973); *Panorámicas chocoanas* (historia y geografía, 1975); *Chocó mágico folclórico* (relatos mágicos,

1977); *Los cuentos de abuelita* (recopilación, 1977); *Chocó: verdad, leyenda y locura* (variedades, 1977).

Chocó mágico folclórico ganó el Concurso Nacional sobre Relatos Mágicos Populares, organizado por Colcultura. Con *Negro y dolor* le adjudicaron el premio en el Concurso Capacitación de la Cultura Negra.

El profesor Caicedo ha prestado grandes servicios como compositor de himnos para diversos planteles de educación: Normal de Señoritas de Istmina, 1948; Normal para Varones de Quibdó, 1950; Colegio de la Presentación de Pitalito, 1957; Instituto Politécnico de Quibdó, 1958; Liceo de Bachillerato y Comercio, 1964; Instituto General Santander de Honda, 1968; Instituto Femenino Integrado, hoy Instituto de Enseñanza Media y Profesional de Quibdó, 1971.

Aunque tiene poemas románticos de gran valor como son: "Canción ante la tumba del abuelo", "Canción de la luz ante la ausencia", "Llévame", "Canción con penas y amor", "Campesinita", "Huellas", "Negra esquiva" y "Canción de la espera marina", entre muchas otras, es más conocido por sus poemas folclóricos, pues la grabación de casetes con este contenido y la popularidad del programa "Mensajes del crepúsculo" han determinado tal circunstancia; pero Miguel A. Caicedo fue creador de un género lírico al que llamó "plusoneto", por su semejanza con el soneto en cuanto consta de cuatro estrofas; pero se diferencia de este en que consta de 18 versos distribuidos en dos quintetos y dos cuartetos, en lugar de dos cuartetos y dos tercetos.

En 1992, el profesor Caicedo batió todas las marcas en el campo editorial al publicar seis libros. Como decía el autor de *El Quijote*: "Produce libros como buñuelos". He aquí sus títulos: *El testamento de Guavina, El quebrador, El castellano en el Chocó 500 años, Sólidos pilares de la educación chocoana, Manuel Saturio (El hombre)* y *La décima y la espinela*.

Fuente consultada: www.barulegazette.com/barûle_gazette_-_personajes_afrocolombianos_-_caicedo_mena,_miguel_angel.htm

Biografía de Manuel Zapata Olivella

Manuel Zapata Olivella

Manuel Zapata Olivella (SantaCruzdeLorica, Córdoba, Colombia, 17 de marzo de 1920 - Bogotá, Colombia, 19 de noviembre de 2004) fue un médico, antropólogo y escritor, el más importante representante de la literatura afrocolombiana.

Siendo niño Manuel Zapata Olivella, su padre, el profesor Antonio María Zapata Vásquez, se trasladó con su familia a Cartagena de Indias, en donde refundo el Colegio La Fraternidad, donde el ser humano y su entorno eran los ejes fundamentales de estudio desde una óptica científica y humanista, que reñía con la cátedra religiosa imperante para la época.

Estudió Medicina en la Universidad Nacional de Colombia, en Bogotá. De 1943 a 1947, viajó por América Central y México ejerciendo los más diversos oficios. En la ciudad de México, trabajó en el Sanatorio Psiquiátrico del Dr. Ramírez y después, en el Hospital Ortopédico del Dr. Cantante Alfonso Ortiz Tirado. También colaboró para las revistas *Time* y *Sucesos para Todos*. Discutía contra su hermano Virgilio defendiendo a los Estados Unidos, cambiando de manera de pensar después de un viaje a este país donde sufrió discriminación racial.

Durante su estancia en México, escribió la novela no publicada *Arroz amargo*. Como etnógrafo, publicó varios estudios sobre las culturas de los negros de Colombia. Enseñó en varias universidades de Estados Unidos, Canadá, Centroamérica y África. Fundó y dirigió la revista de literatura *Letras Nacionales*.

El tema principal de la narrativa de Zapata Olivella es la historia y la cultura de los habitantes del Caribe colombiano, en especial la vivencia de los negros e indígenas.

Su obra más importante es la novela *Changó, el Gran Putas* (1983), una extensa obra que se propone como la epopeya de los afroamericanos, narrando sus orígenes en África, las historias de los negros cimarrones en Cartagena y la independencia de Haití, hasta llegar a la lucha contra la segregación en Estados Unidos. Su novela anterior, *En Chimá nace un santo* (1964), fue finalista en dos concursos legendarios, el Esso de 1963, en que fue derrotada por Gabriel García Márquez con *La mala hora*, y el Premio de Novela Breve Seix Barral, cuyo primer puesto fue para *La ciudad y los perros*, de Mario Vargas Llosa.

Obras

Manuel Zapata Olivella ha escrito las novelas *Tierra mojada* (1947), *La calle 10* (1960), *Detrás del rostro* (1963), *Chambacú, corral de negros* (1963), *En Chimá nace un santo* (1964) y *Changó, el Gran Putas* (1983); los relatos breves *Pasión vagabunda* (1948), *He visto la noche* (1952), *China 6 a.m.* (1954), *Cuentos de muerte y libertad* (1961), *El cirujano de la selva* (1962) y *¿Quién dio el fusil a Oswald?* (1967); las obras de teatro *Hotel de vagabundos* (1954), *Los pasos del indio* (1960), *Caronte liberado* (1961) y *El retorno de Caín* (1962).

Fuente consultada: http://es.wikipedia.org/wiki/Manuel_Zapata_Olivella

Homenaje al escritor Arnoldo Palacios, autor de *Las estrellas son negras* (1949), reeditada en 2007 por Intermedio Editores

Por **Color de Colombia**
(13 de agosto de 2009)

Color de Colombia *se suma al homenaje con esta foto de Guillermo Torres, cortesía de* Semana, *y recuperando un artículo de 2007 en* El Tiempo, *del crítico literario Alfonso Carvajal*

El Ministerio de Cultura y la Embajada de Francia les rindieron homenaje a él, Arnoldo Palacios, y a Aimé Césaire, escritor francocaribeño, fallecido en 2008. Comprobamos por teléfono que el maestro conserva su buen humor. A los 85 años sigue imbatible en fortaleza de espíritu. Hacemos fuerza por que su *Madrededios* alcance a estar publicada para la Feria del Libro en Bogotá.

Las estrellas son negras

Por Alfonso Carvajal
(publicado en El Tiempo, *lunes 4 de junio de 2007)*

En 1943, Arnoldo Palacios llega a Bogotá. Viene de Certeguí, un pueblo aurífero de las selvas del Chocó. Como equipaje trae una poliomielitis –que lo obliga a moverse en muletas–, el corazón grande de su raza y el sueño de estudiar Lenguas Clásicas en Europa.

Termina el bachillerato en el Camilo Torres y regresa a Quibdó. La literatura corre caudalosa por sus venas. Escribe un drama sobre Manuel Saturio Valencia, el último fusilado en Colombia por la Constitución. Con actores naturales, se monta la obra y antes de la presentación circulan rumores de que un grupo de blancos los fusilará en el escenario. En un país donde la realidad supera a la ficción, deciden no hacer la función.

En 1947, está de vuelta en la capital. Vive humildemente, pero la literatura le da fuerzas para vencer obstáculos casi imposibles. Comienza a escribir *Las estrellas son negras*. Es el grito rebelde de su raza contra una nación feudal y conservadora. Carlos Martín le permite utilizar la máquina de escribir del despacho del Ministerio de Educación. El ambiente está enrarecido por toques de queda, y el 8 de abril de 1948 pone punto final a la novela.

El 9 de abril, el pueblo lastimado saquea el centro de Bogotá y el edificio Cadena es incendiado. La novela de Palacios es un montón de cenizas que la efímera insurrección se llevó. En medio de la conmoción nacional, el escritor vive su propia desgracia. Algunos amigos, entre ellos el profesor Cardona Londoño, le dan ánimos para reconstruir el libro, y con el arma ferviente de la memoria lo rehace en dos semanas.

Clemente Airó, un refugiado y editor catalán, imprime 500 ejemplares de *Las estrellas son negras*. La novela recibe la bendición crítica de Ulises (Eduardo Zalamea) y, al poco tiempo, Palacios es becado para estudiar Lenguas Clásicas en la Sorbona.

El 1 de septiembre de 1949, zarpa en barco desde Cartagena al Viejo Mundo. En Francia permanece más de medio siglo, donde, según dice la leyenda, se casa con una condesa en decadencia y vive en un palacete de las afueras de París.

En el 2007, Intermedio Editores reedita este drama canónico que no cesa de sorprendernos. Unas líneas del libro resumen su poderío narrativo: "Algunos nacemos para morir sin tregua... Otros nacen para la alegría. Son estrellas diferentes. Las de ellos titilan eternamente y tienen el precio del diamante. Y la mía, Señor, es una estrella negra... ¡Negra como mi cara, Señor!".

La fuerza interna de Arnoldo Palacios venció la adversidad, y sus estrellas siguen brillando refulgentes en el estrecho firmamento de la literatura colombiana.

Fuente consultada: www.eltiempo.com/.../homenaje-al-escritor-arnoldo-p.php

Movimiento por los Derechos Civiles en Estados Unidos

Martin Luther King hablando durante la Marcha por los Derechos Civiles de 1963, en el Monumento a Lincoln

El Movimiento por los Derechos Civiles en Estados Unidos fue una lucha larga, y principalmente no violenta, para extender el acceso pleno a los derechos civiles y la igualdad ante la ley a los grupos que no los tienen, sobre todo a los ciudadanos negros.

Han sido numerosos los movimientos a favor de otros grupos en Estados Unidos a través del tiempo, pero generalmente se usa el término para referirse a las luchas que tomaron lugar entre 1955 y 1968 para terminar con la discriminación contra los afroamericanos y con la segregación racial, especialmente en el Sur de Estados Unidos.

Usualmente consideran que este período comienza con el boicot a los autobuses de Montgomery en 1955 y termina con el asesinato de Martin Luther King en 1968, aunque el Movimiento por los Derechos Civiles en Estados Unidos sigue de muchas formas hasta nuestros días.

Antecedentes

La decisión de la Corte Suprema de los Estados Unidos en el famoso caso Brown vs. Board of Education (1954) fue un momento decisivo en la historia de los Estados Unidos: tras años de hacer campaña contra las leyes de la segregación Jim Crow y la opresión racial, el Movimiento por los Derechos Civiles había obtenido una decisión unánime de la Corte Suprema que rechaza la doctrina de "separados pero iguales" que había sido utilizada para justificar el racismo oficial durante el previo medio siglo. Aunque Brown en sí fue solo el primer paso para desmembrar la segregación escolar en el Sur –un proceso que tomaría décadas de procesos legales, con resultados inciertos–, era más importante por su utilidad política inmediata, en tanto que le dio al Movimiento por los Derechos Civiles la legitimidad de la decisión de la Corte Suprema al declarar que la segregación patrocinada por el Estado era injustificada e inapropiada.

El asesinato de Emmett Till, 1955

El asesinato de afroamericanos por parte de blancos era todavía común en los años 50 y en gran parte del Sur no se castigaba a los culpables. Pero el asesinato de Emmett Till, un adolescente de Chicago de visita con su familia en Money, Mississippi, durante el verano de 1955, no pasó desapercibido. La edad de la víctima, la naturaleza del "crimen" –supuestamente le silbó a una mujer blanca en una tienda– y la decisión de su madre de dejar el féretro abierto durante el funeral, mostrando las huellas de la paliza que le habían propinado los dos secuestradores blancos antes de dispararle y arrojar su cuerpo al río Tallahatchie el 28 de agosto, todo contribuyó para que el caso se convirtiera en una *cause célèbre*.

Unas 50.000 personas pudieron haber visto el cuerpo de Emmett Till durante el funeral en su casa de Chicago y muchos miles más fueron expuestos a la evidencia, cuando una fotografía del cadáver fue publicada en la revista *Jet*.

Los dos asesinos fueron arrestados el día después de la desaparición de Till. Fueron declarados inocentes un mes más tarde tras una deliberación de 67 minutos por parte del jurado. El asesinato y la subsecuente absolución galvanizaron al público en el Norte de forma análoga al caso de los Scottsboro Boys en los años 30.

Rosa Parks y el Boicot de Autobuses de Montgomery, 1955-1956

El 1 de diciembre de 1955, Rosa Parks (*la Madre del Movimiento por los Derechos Civiles*) rehusó levantarse de su asiento en un autobús público para dejárselo a un pasajero blanco. Rosa fue arrestada, enjuiciada y sentenciada por conducta desordenada y por violar una ley local. Cuando el incidente se conoció entre la comunidad negra, 50 líderes afroamericanos se reunieron y organizaron el Boicot de Autobuses de Montgomery para protestar por la segregación de negros y blancos en los autobuses públicos. El Boicot duró 382 días, hasta que la ley local de segregación entre afroamericanos y blancos fue levantada. Este incidente es frecuentemente citado como la chispa del Movimiento por los Derechos Civiles.

Acciones de masas reemplazan las acciones legales

Hasta 1955, el Movimiento por los Derechos Civiles en el Sur se había centrado en las cortes: mientras la NAACP trataba de registrar votantes mediante sus oficinas en el Sur y protestaba la discriminación, sus esfuerzos carecían con frecuencia de coordinación y las autoridades locales solían hostigar a los locales y a sus miembros activistas.

Pero tras el incidente de Brown, la estrategia cambió a la de "acción directa" entre 1955 y 1965 –principalmente mediante boicots, tomas de edificios, *freedom rides* (viajes en autobús por grupos multirraciales de jóvenes para poner a prueba la segregación) y tácticas similares basadas en la movilización de masas, la resistencia no violenta y la desobediencia civil–. En parte este giro fue resultado del intento de las autoridades locales por prohibir y hostigar a las organizaciones de derechos civiles más visibles en todo el Sur profundo. El estado de Alabama había prohibido a la NAACP en los hechos, al requerirle en 1956 una lista de todos sus miembros y bloqueando sus operaciones por rehusarse. Aunque la Corte Suprema de los Estados Unidos revocó la decisión, por algunos años a mediados de los 50 la NAACP no pudo funcionar.

Las iglesias y organizaciones de base locales llenaron el vacío y trajeron al movimiento un estilo mucho más energético y amplio que el de grupos como la NAACP que centraban su actividad en las cortes.

El paso adelante más importante se dio en Montgomery, Alabama, donde los activistas veteranos de la NAACP, Rosa Parks y Edgar Nixon, persuadieron a Martin Luther King para que dirigiera el Boicot de Autobuses de Montgomery de 1955-1956. Activistas y líderes religiosos de otras comunidades, como Baton Rouge, Louisiana, habían usado el boicot en años recientes, aunque esos esfuerzos con frecuencia se desvanecían después de algunos días. En Montgomery, por otro lado, la Montgomery Improvement Association, creada para dirigir el boicot, logró mantenerlo durante un año, hasta que la Corte Federal ordenó a Montgomery desegregar sus autobuses. El éxito en Montgomery volvió a King una figura nacional e inspiró otros boicots de autobuses, como el de Tallahassee, Florida, de 1956-1957, que fue muy exitoso.

Los líderes de la Montgomery Improvement Association, el Dr. King y el reverendo Ralph Abernathy, se unieron a otros líderes de la Iglesia que habían organizado esfuerzos de boicot similares, para formar la Southern Christian Leadership Conference en 1957. La SCLC, con cuarteles centrales en Atlanta, Georgia, no trató de crear una red de oficinas locales, como la NAACP, sino que ofreció entrenamiento y otro tipo de asistencia a esfuerzos locales en contra de la segregación, mientras recolectaba fondos, principalmente en el Norte, para apoyar estas campañas. Hizo de la no violencia su pilar central y su método principal para enfrentar el racismo.

Terminando con la segregación en Little Rock, 1957

Tras la decisión de la Corte Suprema en el caso Brown, el Comité Escolar de Little Rock, Arkansas, votó en 1957 para integrar el sistema escolar. La NAACP había elegido Little Rock para bregar por la integración, en lugar del Sur profundo, debido a que Arkansas era considerado un estado sureño relativamente progresista. Sin embargo, surgió una crisis cuando el gobernador de Arkansas, Orval Faubus, llamó a la Guardia Nacional de Arkansas el 4 de septiembre para evitar que nueve estudiantes negros que habían demandado por el derecho a estudiar en una escuela integrada pudieran atender la escuela vocacional (*high school*) del centro de Little Rock.

El gobernador mismo no era un extremista segregacionista, pero había recibido mucha presión de parte del ala más conservadora del Partido Demócrata de Arkansas, que controlaba la política estatal en ese entonces, después de haber declarado el año anterior que investigaría la posibilidad de poner al estado de Arkansas en línea con la decisión tomada en el caso Brown. Faubus se declaró en contra de la integración y en contra de la orden de la Corte Federal que la requería.

La orden de Faubus lo enfrentó al presidente Dwight D. Eisenhower, que estaba determinado a implementar las órdenes de las cortes federales, aun cuando no le entusiasmara mucho el terminar con la segregación en las escuelas públicas. Eisenhower ordenó a la Guardia Nacional desplegada por el gobernador que volviera a sus cuarteles, y desplegó elementos de la 101º División Aerotransportada del Ejército a Little Rock para proteger a los estudiantes.

Los estudiantes pudieron atender la escuela vocacional, aunque para esto debieron pasar por una muralla de blancos insultándolos y escupiéndoles el primer día de clases y el resto del año tuvieron que soportar el hostigamiento continuo de sus compañeros. Faubus fue reelecto como gobernador al año siguiente y sería reelecto tres veces más.

Ocupación de edificios y viajes por la libertad

El Movimiento por los Derechos Civiles recibió una inyección de energía cuando los estudiantes de Greensboro (Carolina del Norte), Nashville (Tennessee) y Atlanta (Georgia), empezaron a "ocupar" los mostradores de tiendas locales a la hora de la comida en protesta por la segregación de los establecimientos. Se recomendaba a los manifestantes vestirse formalmente, sentarse callados y ocupar asientos alternados por simpatizantes blancos que querían unirse. Muchas de estas ocupaciones resultaron en desalojos físicos y brutales por parte de autoridades escolares.

Esta técnica no era nueva –el Congress of Racial Equality (Congreso por la Igualdad Racial) la había utilizado para protestar contra la segregación en el Medio Oeste durante los años 40–, pero en 1960 logró atraer la atención nacional. El éxito de las ocupaciones en Greensboro provocó una epidemia de campañas estudiantiles en todo el Sur del país.

Probablemente, la mejor organizada y disciplinada de estas y la que trajo frutos más inmediatos fue la de Nashville. A finales de los 60, las ocupaciones se habían propagado a cada estado sureño y fronterizo, e inclusive habían alcanzado a Nevada, Illinois y Ohio. Los manifestantes no se concentraron solamente en los mostradores de comida, sino también en parques, playas, librerías, cines, museos y otros espacios públicos. Cuando se les arrestaba, los manifestantes estudiantiles hacían votos de *jail-no-bail*, es decir, se rehusaban a pagar las fianzas y pasaban en la cárcel el tiempo sentenciado para evitar que la campaña gastara todos sus fondos en fianzas, y también para llamar la atención del público.

Los activistas que dirigieron estas ocupaciones, como Ella Baker, formaron el Student Nonviolent Coordinating Committee (SNCC, o Comité Coordinador Estudiantil No Violento) en 1960 para profundizar estas tácticas de confrontación no violentas. Su primera campaña, en 1961, fue la de los llamados *freedom rides* ("viajes por la libertad"), que consistían en viajes por autobús de parte de los activistas hasta el Sur profundo para terminar con la segregación de estas compañías en las terminales de autobuses, como lo requería la ley federal.

Estos viajes resultaron una misión extremadamente peligrosa. En Anniston, Alabama, un autobús fue atacado con bombas incendiarias, obligando a sus pasajeros a huir por sus vidas. En Birmingham, un informante del FBI reportó que el comisionado de seguridad pública Eugene *Bull* Connor había motivado al Ku Klux Klan para que atacara un grupo de pasajeros por la libertad "hasta que pareciera que un *bulldog* los había pescado". Los pasajeros fueron golpeados brutalmente. En el pueblo lúgubremente callado de Montgomery, una muchedumbre atacó otro autobús lleno de pasajeros por la libertad, provocando que John Lewis perdiera el conocimiento con una caja de madera y golpeando al fotógrafo de la revista *Life*, Don Urbrock, con su propia cámara. Una docena de hombres rodearon a Jim Zwerg, un estudiante blanco de la Universidad Fisk, y lo golpearon con una maleta hasta romperle los dientes.

Cuando eran llevados a la cárcel, también les iba muy mal. Los amontonaban en celdas sucias y pequeñas y eran golpeados esporádicamente. En Jackson, Mississippi, algunos prisioneros hombres tuvieron que hacer trabajos forzados bajo un calor de 100° Fahrenheit. Otros fueron transferidos a la Penitenciaría de Parchman, donde se salaba intencionalmente su comida y se removieron los camastros de sus celdas.

Algunas veces se les amarraban las muñecas a las paredes y sus celdas eran cerradas excesivamente en días calurosos, dificultando su respiración.

Movilizaciones en Mississippi

En 1962, Robert Moses, representante del SNCC en Mississippi, unió a las organizaciones por los derechos civiles del estado –SNCC, NAACP y CORE– para formar el COFO (Consejo de Organizaciones Federativas). Mississippi era el más peligroso de todos los estados sureños, y a pesar de esto, Moses, Medgar Evers de la NAACP y otros activistas locales emprendieron proyectos de educación electoral de puerta en puerta en las áreas rurales de Mississippi, tratando al mismo tiempo de reclutar estudiantes a su causa.

Evers fue asesinado al año siguiente.

Aunque el COFO trabajaba directamente con la gente de Mississippi, James Meredith demandó exitosamente a la Universidad de Mississippi para que le permitiera estudiar ahí. Ganó su demanda en septiembre de 1962, pero el gobernador del estado, Ross R. Barnett, bloqueó su admisión, proclamando que "ninguna escuela será integrada en Mississippi mientras yo sea gobernador". Después de que la Corte de Apelaciones del quinto circuito declaró al gobernador y su lugarteniente Paul B. Johnson Jr. en desacato, con multas de más de 10.000 dólares a cada uno, ellos todavía se negaron a permitir que Meredith se inscribiera en la universidad. Entonces, Meredith tuvo que ser acompañado por *marshals* del Ejército de los Estados Unidos para poder entrar al *campus* el 30 de septiembre de 1962.

Estudiantes blancos y otros blancos iniciaron disturbios esa misma noche, arrojando piedras a los *marshals* que estaban cuidando a Meredith en el Lyceum Hall, y posteriormente disparándoles. Dos personas resultaron muertas, incluyendo un periodista francés, 28 *marshals* recibieron heridas de bala y otros 160 resultaron heridos. Después de que la Policía de carreteras de Mississippi salió del *campus*, el presidente Kennedy envió al Ejército regular para suprimir el levantamiento segregacionista. Meredith pudo iniciar sus clases al día siguiente, gracias a la presencia del Ejército.

El movimiento de Albany, 1961-1967

Algunos activistas estudiantiles habían criticado a la SCLC y a otras organizaciones por los derechos civiles más visibles, por no haberse comprometido con los viajes por la libertad. Como respuesta, la SCLC comprometió una buena parte de su prestigio y recursos a una campaña de desegregación en Albany, Georgia, en noviembre de 1961. King, que había sido criticado personalmente por algunos activistas del SNCC por su distancia de los peligros enfrentados por organizadores locales, intervino personalmente en la campaña dirigida por organizadores del SNCC y por líderes locales.

La campaña fue un fracaso en términos inmediatos, debido en gran parte a las tácticas cautelosas de Laurie Pritchett, el jefe de Policía local, que logró contener el movimiento sin tener que recurrir a ataques violentos contra los manifestantes que indignaran la opinión nacional, y también debido a divisiones entre la comunidad negra. Pritchett también se puso de acuerdo con todas las prisiones dentro de un radio de 100 kilómetros de Albany, para que recibieran a manifestantes arrestados y quedara bastante espacio en su cárcel. Además de estos arreglos, Pritchett consideró que la presencia de King era un peligro, y permitió su liberación para evitar que la comunidad negra se movilizara por él. King se retiró en 1962 sin conseguir ninguna victoria significativa. El movimiento local, sin embargo, siguió con la lucha y obtuvo logros significativos en los años siguientes.

La campaña de Birmingham, 1963-1964

El movimiento de Albany resultó muy educativo para la SCLC cuando esta emprendió la campaña de Birmingham en 1963. La campaña se enfocaba en una meta concreta, la desegregación de los comercios del centro de Birmingham, en vez de buscar la desegregación completa, como en Albany. La brutal respuesta de las autoridades locales jugó en favor de la campaña, en particular la actitud mostrada por Eugene *Bull* Connor, el comisionado de seguridad pública que recién había perdido la elección para alcalde ante un oponente menos rabiosamente segregacionista, pero que se rehusaba a aceptar la autoridad del nuevo alcalde. La campaña utilizó una variedad de métodos no violentos de confrontación, incluyendo ocupaciones de edificios, protestas en iglesias locales y una marcha al edificio del condado para iniciar una campaña de registro de votantes. Sin embargo, la ciudad consiguió una orden judicial para prohibir todas estas protestas.

Con la convicción de que la orden era inconstitucional, la campaña la desafió y se preparó para la detención de sus partidarios. King fue escogido para estar entre los arrestados del 12 de abril de 1963.

Mientras estaba en la cárcel, King escribió (el 16 de abril de 1963) su famosa *Carta desde la cárcel de Birmingham* que debió redactar en los márgenes de un periódico y en recortes de papel, puesto que a él se le había prohibido cualquier papel para escribir, mientras que era mantenido incomunicado en confinamiento solitario. Los partidarios de los derechos civiles ejercieron presión sobre la administración de Kennedy para que mejorara las condiciones de detención. Se permitió entonces a King llamar a su esposa, que se recuperaba en casa después del nacimiento de su cuarto niño, y fue liberado el 19 de abril. La campaña, sin embargo, vacilaba en este momento sobre si debía seguir basándose en manifestantes que querían arriesgarse a ser detenidos.

Los organizadores de la SCLC optaron entonces por una alternativa polémica y llamaron a los estudiantes de secundaria a participar en las manifestaciones. King libre se reunió con los muchachos y al ver, junto a los jóvenes, también a niños, debió considerar seriamente si también ellos debían participar. Contó que pensó en sus propios hijos y que, como era el futuro de esos niños el que estaba en juego, esos niños tenían el derecho de estar en las manifestaciones.

Cuando más de 1.000 estudiantes salieron de las escuelas el 2 de mayo para unirse a las manifestaciones que serían conocidas como la Cruzada de los Niños, los buses escolares fueron usados para llevarlos a prisión y más de 600 terminaron detenidos en la cárcel. Esto ya era inusitado, pero en esa primera oportunidad la Policía actuó con relativa moderación. Sin embargo, al día siguiente, cuando otros 1.000 estudiantes, que se habían reunido en una iglesia, marcharon hacia el centro de la ciudad cantando "¡Queremos libertad!", *Bull* Connor ordenó atacarlos con agua disparada por mangueras de bomberos y luego lanzó contra ellos perros policía. Además, había colocado una catapulta con ladrillos apuntándole al paso de los niños.

Las cámaras de televisión difundieron por toda la Nación las escenas de los chorros de agua de las mangueras de bomberos golpeando a niños y lanzándolos por los aires, y de los perros que atacaban a escolares indefensos.

Mientras el mundo se horrorizaba con las imágenes, el 5 de mayo, ante una nueva manifestación, los policías y bomberos desobedecieron la orden de Connor de volver a lanzar perros y agua contra los manifestantes, y simplemente los dejaron pasar.

La amplia difusión del ultraje público en Birmingham forzó a la administración Kennedy a intervenir con mayor decisión en las negociaciones entre la comunidad de empresarios blancos y la SCLC. El 10 de mayo, las partes enfrentadas anunciaron un acuerdo para terminar con la segregación en los restaurantes y otras instalaciones del centro de la ciudad, crear un comité para eliminar prácticas de empleo discriminatorias, liberar a manifestantes encarcelados y establecer mecanismos permanentes de comunicación entre los líderes negros y blancos.

No todos en la comunidad negra aprobaron el acuerdo: Fred Shuttlesworth era particularmente crítico, pues era muy escéptico sobre la buena fe de la estructura de poder de Birmingham, por su experiencia en tratar con ellos.

La reacción de parte de la comunidad blanca contra el acuerdo fue violenta. Bombas estallaron en el Hotel Gaston, sede informal de los líderes de la SCLC, al igual que en la casa del hermano de King, el reverendo A. D. King. Kennedy preparó a la Guardia Nacional, pero no llegó a hacerla actuar allí. Cuatro meses más tarde, el 15 de septiembre, los miembros del Ku Klux Klan atacaron con bombas la Iglesia Bautista de la calle 16, en Birmingham, matando a cuatro jóvenes muchachas.

Otros acontecimientos del verano de 1963

El 11 de junio de 1963, George Wallace, gobernador de Alabama, intentó bloquear la integración racial en la Universidad de Alabama. El presidente John F. Kennedy envió suficientes fuerzas federales para retirar del camino al gobernador y permitir la inscripción de dos estudiantes negros. Esa tarde, JFK se dirigió a la Nación por TV y radio, con un discurso histórico sobre los derechos civiles. Medgar Evers fue asesinado el día siguiente en Mississippi.

La semana siguiente, según lo había prometido, el 19 de junio de 1963, JFK presentó al Congreso el proyecto de Ley de Derechos Civiles.

Marcha sobre Washington, 28 de agosto de 1963

En 1941, A. Philip Randolph, Bayard Rustin y otros activistas habían planeado una marcha sobre Washington por la eliminación de la discriminación de empleo en la industria, pero la marcha fue suspendida cuando el presidente Franklin Delano Roosevelt promulgó la Orden Ejecutiva 8802 prohibiendo la discriminación racial en la industria de defensa y creando una agencia para supervisar el cumplimiento de la orden. Randolph y Rustin fueron los principales organizadores de la Segunda Marcha sobre Washington por el Empleo y la Libertad, que propusieron inicialmente para 1962.

La marcha en el Lincoln Memorial

El gobierno de Kennedy presionó mucho a los organizadores para que esperaran las nuevas leyes y no realizaran la marcha, pero sin éxito, pues fue llevada a cabo el 28 de agosto de 1963. Fue un esfuerzo gigante de colaboración entre todas las organizaciones por los derechos civiles, del ala más progresiva del movimiento sindical de los trabajadores, y de varias organizaciones más.

La marcha tenía seis metas oficiales: "Leyes significativas de derechos civiles; un programa de empleo federal masivo; pleno empleo justo; vivienda decente; ejercicio del derecho al voto; y educación integrada adecuada".

De estos, el foco verdadero de la marcha estaba en la aprobación de la Ley de Derechos Civiles, que la administración de Kennedy había propuesto después de las movilizaciones en Birmingham.

La marcha fue un gran éxito, aunque no estuvo ajena a la controversia. Más de 200.000 manifestantes se reunieron frente al Monumento a Lincoln, donde Martin Luther King pronunció su famoso discurso "I Have a Dream" ("Yo tengo un sueño"). Mientras que muchos oradores aplaudieron la administración de Kennedy por los esfuerzos (en gran parte ineficaces) orientados a la obtención de la nueva legislación de derechos civiles que protegía el derecho a votar y proscribía la segregación, John Lewis del SNCC criticó al gobierno porque había hecho poco para proteger a los negros del Sur y a los defensores de los derechos civiles allí sometidos a feroces ataques. Aunque él atenuó sus comentarios bajo presión de otros integrantes del movimiento, sus palabras aún resuenan: "*Marchamos hoy por el empleo y la libertad, pero no tenemos por qué sentirnos satisfechos, porque centenares y millares de nuestros hermanos no están aquí, porque ellos no tienen ningún dinero para su transporte, porque están recibiendo salarios de hambre... o ningunos salarios. En buena conciencia, no podemos apoyar la Ley de Derechos Civiles del gobierno. Porque esta legislación no protegerá a los niños, jóvenes y ancianas contra perros policía y las mangueras de los bomberos que agreden manifestaciones pacíficas. Esta ley no protegerá a los ciudadanos de Danville, Virginia, que deben vivir bajo el terror constante, en un Estado policíaco. Esta ley no protegerá a centenares de personas que han sido arrestadas con cargos fabricados, como en Americus, Georgia, donde hay cuatro hombres jóvenes en la cárcel, haciendo frente a la pena de muerte, por participar en una protesta pacífica. Deseo saber ¿de qué lado está el gobierno federal? La revolución es seria. El Sr. Kennedy está intentando llevar la revolución de las calles a las cortes. Escuche, Sr. Kennedy, las masas negras están marchando por empleo y por libertad, y debemos decir a los políticos que no habrá un período de tregua*".

Después de la marcha, King y otros líderes de los derechos civiles se reunieron con el presidente Kennedy en la Casa Blanca. Mientras que Kennedy parecía confiar sinceramente en la aprobación de la ley, no estaba claro si tenía los votos para hacerlo.

Pero tras su asesinato el 22 de noviembre de 1963, el nuevo presidente Lyndon B. Johnson logró utilizar su influencia en el Congreso para sacar adelante gran parte de la agenda legislativa de Kennedy.

Verano de la Libertad en Mississippi, 1964

El 20 de junio de 1964, Michael Schwerner, Andrew Goodman y James Chaney llegaron a Mississippi como parte de un grupo de voluntarios del Verano de la Libertad que educaban y registraban electoralmente a los afroamericanos.

Un grupo del Ku Klux Klan los asesinó y enterró en unas fosas ocultas en Filadelfia, una pequeña ciudad de Mississippi. Aunque las autoridades del lugar quisieron encubrir los hechos, seis semanas más tarde los cadáveres fueron hallados. El episodio fue llevado al cine en 1988 por el director Alan Parker, en la película *Arde Mississippi*.

Fuente consultada: wikipedia.org/.../Movimiento_por_los_derechos_civiles_en_Estados_Unidos

Biografía de Rosa Parks

Nacida con el nombre de Rosa Louise McCailey (Tuskegee, Alabama, Estados Unidos, 4 de febrero de 1913 – Detroit, Michigan, Estados Unidos, 24 de octubre de 2005), fue una figura importante del Movimiento por los Derechos Civiles en Estados Unidos, principalmente por haberse negado a ceder el asiento a un blanco y moverse a la parte de atrás del autobús (1955) en el Sur del país. La acción concluyó con su encarcelamiento y se cita frecuentemente como la chispa del Movimiento por los Derechos Civiles.

Derechos civiles y actividad política

Rosa Parks

En 1950, Parks se unió al Movimiento por los Derechos Civiles y se empleó como secretaria, en la rama de la NAACP en Montgomery (Alabama).

El 1 de diciembre de 1955, en Montgomery, Parks se negó a obedecer al chofer de un autobús público, el cual quería obligarla a ceder su asiento a una persona de raza blanca. Fue encarcelada por su conducta, acusada de haber perturbado el orden.

En respuesta al encarcelamiento, Martin Luther King, que era un pastor bautista relativamente desconocido en ese tiempo, condujo la protesta a los autobuses públicos de Montgomery, en los que colaboró también Johnnie Carr, activista y amiga de la infancia de Rosa Parks, lo que hizo necesario que la autoridad del transporte público terminara la práctica de segregación racial en los autobuses. Este suceso inició más protestas contra la gente que también se oponía a la segregación.

Mientras tanto, en 1956, el caso de Parks llegó finalmente a la Corte Suprema de los Estados Unidos (la cúspide del Poder Judicial estadounidense), que declaró que la segregación en el transporte estaba en contra de la Constitución Nacional.

Parks se convirtió en un icono del Movimiento por los Derechos Civiles. Se mudó a Detroit a principios de la década de 1960, donde trabajó junto al representante afroamericano John Conyers (demócrata por el estado de Michigan), desde 1965 hasta 1988.

Controversia sobre su papel en el Movimiento

Mientras que pocos historiadores dudan sobre la contribución de Parks al Movimiento por los Derechos Civiles y el valor de negarse a ceder su asiento, varios de ellos han cuestionado la veracidad de algunos de los elementos más míticos.

Muchos relatos del supuesto delito de mala conducta de Parks en 1955 la describen como una simple "costurera cansada". Sin embargo, Parks proclamó en su autobiografía *My Life* (*Mi vida*) que no es verdad que estuviera físicamente cansada, sino "cansada (harta) de ceder".

También, algunas historias intentan esconder su militancia anterior en la NAACP y la Highlander Folk School para caracterizarla como una persona normal y no una activista política.

Muchas historias aclaran que se sentaba en la sección designada para negros y como la sección para los blancos estaba ocupada por completo, la persona de raza blanca quería su asiento. Es decir que no fue un problema que se sentara, sino su negativa a ceder el asiento.

Parks no fue la primera persona en negarse a ceder su asiento a una persona de raza blanca. La NAACP había aceptado y proporcionado ayuda legal a otros casos similares, como el de Irene Morgan, diez años antes, que resultó en una victoria en el Tribunal Supremo respecto del comercio. Esta victoria solo terminó con la segregación racial en el comercio interestatal, tal como el viaje interestatal por medio de autobuses públicos. El caso de Rosa Parks se considera revolucionario porque aplicaba a las leyes segregacionistas estatales, no solo las de comercio interestatal.

En 2002, una escena de la película *Barbershop*, en que los actores discuten sobre los afroamericanos del pasado que se han negado a ceder sus asientos de autobús, provocó un boicot a la película liderado por los activistas Jesse Jackson y Al Sharpton.

Incidente de 1994

En 1994, Rosa Parks, con 81 años, fue atacada en su hogar en Detroit por Joseph Skipper. Skipper le robó un total de 53 dólares. Al encontrarla en la casa, le exigió dinero, a lo que Rosa reaccionó ofreciéndole 3 dólares, y tras exigirle más ella le dio otros 50 dólares. El incidente causó estupor en la opinión pública cuando Parks confesó haberle preguntado a Skipper antes de que le atacara: "¿Sabes quién soy?". Skipper (también afroamericano) contestó que no lo sabía y antes de abandonar la casa la golpeó en el rostro, tras lo cual ella tuvo que ser hospitalizada. Posteriormente, Joseph Skipper fue condenado a quince años y atribuyó su comportamiento al consumo de drogas, al mismo tiempo que asumió saber en casa de quién estaba entrando una vez puso un pie allí. Durante su estancia en prisión, declaró que esperaba pedir perdón a la señora Parks una vez saliera; sin embargo, ella murió antes de que él recobrara la libertad.

Demanda contra OutKast

Durante una condecoración junto al presidente Bill Clinton en 1999, los abogados de Parks demandaron al grupo musical OutKast por usar su nombre en la canción "Rosa Parks". La demanda inicial fue rechazada. Parks contrató al abogado Johnny Cochran para apelar la decisión en 2001, pero también fue rechazada con el argumento de que la Primera Enmienda los protegía. El caso fue finalmente aceptado por el Tribunal Supremo en 2003.

En 2004, el juez del caso eligió a un abogado imparcial, ya que sospechaba que los abogados anteriores perseguían el caso por su propio interés económico.

"Mi tía jamás haría todo esto solo para dañar a unos artistas jóvenes que están tratando de sobrevivir en el mundo", dijo la sobrina de Parks, Rhea McCauley, en una entrevista para Associated Press. "Como una familia, es nuestra preocupación que en los últimos días de tía Rosita no haya desconocidos tratando de hacer feria de su nombre".

La demanda está todavía pendiente. Los archivos médicos publicados durante la demanda de 2005 revelan que Parks sufrió demencia en los últimos años de su vida.

Premios y honores

En 1979, la NAACP otorgó a Parks su reconocimiento más alto, la Medalla Spingarn, y al año siguiente recibió el Premio Martin Luther King Jr.

Rosa Parks fue incluida en el Michigan Women's Hall of Fame en 1983 por sus logros en el progreso de los derechos civiles.

Después de una vida de batallar contra el racismo, Parks recibió la Medalla de Oro del Congreso en 1999, medalla en su honor que dice "Madre del Movimiento por los Derechos Civiles moderno". El Rosa Parks Library and Museum fue bautizado también en su honor, en noviembre de 2000. Aquí, uno puede conocer la vida entera de Parks, incluso antes de su "mala conducta", y cómo su simple acto se conecta con un movimiento más grande, el de los derechos.

Muerte

Rosa Parks murió a la edad de 92 años el 24 de octubre de 2005, en la casa de retiro en la que pasó sus últimos días. En 2004, le fue diagnosticada demencia progresiva.

El 30 de octubre de 2005, los restos of Parks fueron honrados en la Rotonda del Capitolio, convirtiéndose en la primera mujer y la segunda persona afroamericana en recibir este honor.
Fuente consultada: http://es.wikipedia.org/wiki/Rosa_Parks

Biografía de Martin Luther King

Martin Luther King Jr. (Atlanta, Georgia, Estados Unidos, 15 de enero de 1929 - Memphis, Tennessee, Estados Unidos, 4 de abril de 1968) fue un pastor de la Iglesia Bautista que desarrolló una labor crucial en Estados Unidos al frente del

Martin Luther King Jr.

Movimiento por los Derechos Civiles para los afroamericanos y que, además, participó como activista en numerosas protestas contra la guerra de Vietnam y la pobreza en general.

Por esa actividad encaminada a terminar con la segregación y discriminación racial a través de medios no violentos, fue condecorado con el Premio Nobel de la Paz en 1964. Cuatro años después, en una época en que su labor se había orientado especialmente hacia la oposición a la guerra y la lucha contra la pobreza, fue asesinado en Memphis, cuando se preparaba para liderar una manifestación.

Luther King, activista de los derechos civiles desde muy joven, organizó y llevó a cabo diversas actividades pacíficas reclamando el derecho al voto, la no discriminación y otros derechos civiles básicos para la gente de raza negra de los Estados Unidos. Entre sus acciones más recordadas están el Boicot de Autobuses en Montgomery, en 1955; su apoyo a la fundación de la Southern Christian Leadership Conference, en 1957 (de la que sería su primer presidente); y el liderazgo de la Marcha sobre Washington por el Trabajo y la Libertad, en 1963, al final de la cual pronunciaría su famoso discurso "I Have a Dream", gracias al cual se extendería por todo el país la conciencia pública sobre el Movimiento por los Derechos Civiles y se consolidaría como uno de los más grandes oradores de la historia estadounidense.

La mayor parte de los derechos largamente reclamados por el Movimiento serían promulgados legalmente con la aprobación de la Ley de los Derechos Civiles y la Ley del Derecho al Voto.

Martin Luther King es recordado como uno de los mayores líderes y héroes de la historia de Estados Unidos, y en la moderna historia de la no violencia. Se le concedió a título póstumo la Medalla Presidencial de la Libertad por Jimmy Carter en 1977 y la Medalla de Oro del Congreso de los Estados Unidos en 2004. Desde 1986, el Martin Luther King Day es día festivo en los Estados Unidos.

Fuente consultada: http://es.wikipedia.org/wiki/Martin_Luther_King

Biografía de Malcolm X

Malcolm X

Malcolm X (Omaha, Nebraska, Estados Unidos, 19 de mayo de 1925 – Nueva York, Nueva York, Estados Unidos, 21 de febrero de 1965), nacido como Malcolm Little y también conocido como El-Hajj Malik El-Shabazz, fue un orador, ministro y activista de los derechos humanos. Para sus admiradores, fue un valiente defensor de los derechos de los afroamericanos, un hombre que acusó a los estadounidenses blancos en las más duras condiciones de sus crímenes contra los estadounidenses negros. En cambio, sus detractores lo acusaron de predicar el racismo y la violencia. Ha sido descrito como uno de los mayores y más influyentes afroamericanos en la historia.

A los 14 años, su padre murió y su madre ingresó en un hospital psiquiátrico a causa de la locura que le produjo el hecho de que le quitaran la custodia de sus hijos injustamente. Después de vivir en una serie de casas de acogida, Malcolm X se involucró en el hampa en Boston y Nueva York, y en 1945 fue condenado de ocho a diez años de prisión.

En la cárcel, se hizo miembro de la Nación del Islam, y tras su libertad condicional en 1952, se convirtió en uno de los líderes de la Nación y en ministro. Durante casi una docena de años, fue la cara pública de la Nación del Islam, pero las tensiones entre él y Elijah Muhammad, jefe de la Nación del Islam, llevaron a su salida de la organización en marzo de 1964.

Tras abandonar la Nación del Islam, Malcolm X hizo la peregrinación a La Meca y se convirtió al sunismo. Viajó extensamente por toda África y el Oriente Medio, y fundó la Muslim Mosque Inc., una organización religiosa, y la secular Organización de la Unidad Afroamericana. Menos de un año después de abandonar la Nación del Islam, Malcolm X fue asesinado mientras daba un discurso en Nueva York.

Fuente consultada: http://es.wikipedia.org/wiki/Malcolm_X

El Congressional Black Caucus (CBC)

Los 13 miembros fundadores del CBC. De pie, de izq. a der.: Parren Mitchell (MD), Charles Rangel (NY), Bill Clay Sr. (MO), Ron Dellums (CA), George Collins (IL), Louis Stokes (OH), Ralph Metcalfe (IL), John Conyers (MI) y Walter Fauntroy (DC). Sentados, de izq. a der.: Robert Nix Sr. (PA), Charles Diggs (MI), Shirley Chisholm (NY) y Gus Hawkins (CA).

El Caucus Negro del Congreso es una organización que representa a los miembros negros del Congreso de los Estados Unidos. La membresía es exclusiva de los negros, y su silla en el 111º Congreso es la representante Barbara Lee de California.

Objetivos

El Caucus describe sus objetivos como "influir positivamente en el curso de los acontecimientos pertinentes a los afroamericanos y otros de experiencia similar a su situación" y "lograr una mayor equidad para las personas de ascendencia africana en el diseño y contenido de los programas nacionales e internacionales y servicios".

El CBC encapsula estos objetivos en las siguientes prioridades: el logro de cierre y las diferencias de oportunidades en la educación; asegurar una atención sanitaria de calidad para todos los estadounidenses, centrado en el empleo y la seguridad económica; asegurar la justicia para todos; garantizar la seguridad de jubilación para todos los estadounidenses, el aumento de fondos de bienestar social y el aumento de la equidad en la política exterior.

El representante Eddie Bernice Johnson, demócrata por Texas, ha dicho: "El Caucus Negro del Congreso es uno de los organismos más estimados del mundo, con una historia de activismo positivo sin precedentes en la historia de nuestra Nación. Si el problema es popular o impopular, simple o complejo, el CBC ha luchado durante treinta años para proteger los fundamentos de la democracia. Su impacto es reconocido en todo el mundo. El Caucus Negro del Congreso es el más estrecho grupo de legisladores en el Capitolio. Trabajamos juntos casi sin cesar, somos amigos y, más importante aún, una familia de luchadores por la libertad. Nuestra diversidad nos hace más fuertes, y la experiencia de todos nuestros miembros nos ha ayudado a ser efectivos más allá de nuestros números".

Barbara Lee, actual presidenta del CBC

Mark Anthony Neal, profesor de Estudios Afroamericanos y Cultura Popular en la Universidad de Duke, escribió una columna a fines de 2008 en relación con la pertinencia del Caucus Negro del Congreso y otras organizaciones como la NAACP en la elección de Barack Obama para la presidencia de los Estados Unidos. Neal escribió que cree que el Caucus Negro del Congreso y otros afroamericanos centrados en las organizaciones siguen siendo necesarios, pero deben adaptarse a un ambiente político cambiante y aprovechar "la voluntad política que la campaña de Obama ha generado".

Composición

El Cónclave es oficialmente no partidista, pero en la práctica se ha identificado con el Partido Demócrata, y tiende a funcionar como un grupo de presión.

Solo cuatro negros republicanos han sido elegidos para el Congreso desde que el Cónclave fue fundado: el senador Edward W. Brooke de Massachusetts, el representante Gary Francos de Connecticut, el delegado Melvin H. Evans de las Islas Vírgenes y el representante J. C. Watts de Oklahoma, quien se convirtió en el primer negro miembro del Congreso que no ha sido elegido para unirse al grupo debido a su afiliación demócrata.

Nunca han sido acogidos en el Caucus miembros del Congreso blancos, aunque el CBC por ley prohíbe expresamente toda discriminación.

El Caucus ha crecido constantemente a medida que más miembros negros han sido elegidos. En 1969, en el Cónclave había 9

miembros. A partir de 2008, había 43, incluyendo 2 que son miembros sin voto de la Cámara, en representación del distrito de Columbia y las Islas Vírgenes de los Estados Unidos.
Fuente consultada: http://en.wikipedia.org/wiki/Congressional_Black_Caucus

Congresistas afrodescendientes en Colombia

Durante la segunda mitad del siglo XX, se destacaron en Colombia varios congresistas afrodescendientes, encabezados por "los cinco grandes del Chocó". Quienes lograron ser elegidos senadores de la República y/o nombrados ministros de despacho son: Diego Luis Córdoba, Adán Arriaga Andrade, Manuel Mosquera Garcés, Eliseo Arango y Daniel Valois Arce. Además, participaron el caucano Natanael Díaz, el valluno Eusebio Muñoz Perea, el samario Jacobo Pérez Escobar, el tolimense Alfonso Gómez Méndez y la infatigable senadora Piedad Córdoba Ruiz.

Biografía de Diego Luis Córdoba

Diego Luis Córdoba

Diego Luis Córdoba fue un abogado y político colombiano, fundador del departamento del Chocó. Nacido el 21 de julio de 1907 en Neguá, Chocó, entonces perteneciente al departamento de Antioquia, falleció el 1 de mayo de 1964 en Ciudad de México.

Realizó sus estudios primarios y secundarios en Quibdó y Medellín, y tras estudiar Derecho en la Universidad de Antioquia y la Universidad Nacional de Colombia, se convirtió en el primer abogado chocoano. Durante su estadía en Bogotá como estudiante de Derecho, se convirtió en uno de los más importantes líderes estudiantiles del Partido Liberal, en el que empezó a destacar como representante del ala socialista.

En 1931 y con los votos de sus compañeros del movimiento estudiantil, fue elegido como diputado suplente del departamento de Cundinamarca. En 1933, fue elegido representante a la Cámara por Antioquia; en esa época, el territorio que corresponde hoy al departamento del Chocó pertenecía en su totalidad a Antioquia, y Diego Luis Córdoba fue elegido con los votos de ese sector del departamento. Durante catorce años, representó a la población negra de Antioquia en la Cámara, concentrada en la región del Chocó, hasta que logró que en 1947 se creara el departamento del Chocó, con el objetivo de que la región de mayor concentración de población negra en el país tuviera autonomía.

Desde la creación del Chocó, Córdoba fue senador en representación de su departamento, hasta el día de su muerte. A la par con sus responsabilidades legislativas, ejerció como profesor de Derecho Laboral y Romano, tanto en la Universidad Libre como en la Universidad Nacional; asimismo, llegó a ser miembro de la Dirección Nacional de su partido y embajador en México, cargo que desempeñaba cuando falleció.

Su apellido se convirtió en símbolo de un fuerte movimiento liberal del Chocó al que han pertenecido líderes como: William Halaby Córdoba, Francisco Wilson Córdoba, Piedad Córdoba, Carlos Escobar Córdoba y Darío Córdoba, entre otros.

Diego Luis Córdoba dejó su marca indeleble en cada uno de los chocoanos y chocoanas, y se inmortalizó con frases tan sabias como: "Por la ignorancia se desciende a la servidumbre, por la educación se asciende a la libertad".

Fuente consultada: http://es.wikipedia.org/wiki/Diego_Luis_C%C3%B3rdoba

Biografía de Adán Arriaga Andrade

Adán Arriaga Andrade

Adán Arriaga Andrade (24 de agosto de 1907 - 13 de junio de 1994) fue considerado por sus colegas, contemporáneos y discípulos como *el Padre del Derecho Laboral colombiano*.

Su tesis de grado, *Vicios fundamentales del Código de Minas*, con la que culminara sus estudios de Derecho en la Universidad de Antioquia, hizo que el gobierno local fijara sus ojos en el joven chocoano, que se atrevía a juzgar el régimen existente y llegar a pedirle su colaboración para redactar el Nuevo Estatuto de Minas.

En Medellín, inició una carrera política ascendente que lo llevó a ocupar la Personería de la ciudad, la Secretaría del Gobierno Departamental y un escaño como diputado a la Asamblea de Antioquia. Fue intendente y primer gobernador del Chocó, y llevado por sus coterráneos a la Cámara y al Senado, en diferentes períodos; magistrado de la Corte Suprema de Justicia; magistrado de la Corte Electoral; condecorado por el presidente Misael Pastrana Borrero, en 1973, con la Cruz de Boyacá en el grado de Gran Cruz; miembro de la Academia Colombiana de Jurisprudencia y miembro fundador del Colegio de Abogados del Trabajo.

Pero el hecho que marcó su vida fue el golpe de Pasto, el 10 de julio de 1944, cuando acababa de ser nombrado por el presidente Alfonso López Pumarejo como ministro de Trabajo, Higiene y Previsión Social. La encerrona y la incertidumbre compartidas con el presidente permitieron que en esas horas Arriaga le planteara al mandatario la necesidad de dar al país un marco social, y le habló entonces de pensiones, de cesantías, de seguro social, como parte de un proyecto de ley que venía preparando para dar garantías al trabajador, tan desprotegido hasta ese momento.

Develado el golpe y de nuevo en Bogotá, el doctor López llamó a su ministro y pidió le llevara el proyecto que había mencionado. Arriaga solicitó entonces algo de tiempo para darle una revisión final, reunió un grupo de amigos, colegas y colaboradores jóvenes como él –pues tenía apenas 36 años–, entre los que se contaban Blas Herrera Anzoátegui, Alberto Aguilera Camacho, Guillermo González Charry, Carlos Restrepo Piedrahíta, Carlos Angulo Garavito y José Gregorio Díaz Granados, y ellos noche tras noche fueron elaborando, bajo su dirección y guía, lo que se convertiría en un decreto legislativo que contiene los lineamientos básicos de la Ley 6 de 1945. Era esa seguridad social plena la que veía Adán Arriaga como la verdadera solución tanto para el trabajador como para el patrón.

Como decano de la Facultad de Derecho de la Universidad Nacional y como profesor emérito de esa institución y del Colegio Mayor de Nuestra Señora del Rosario, el doctor Arriaga expuso en su cátedra todo el alcance de sus reformas y encendió en sus alumnos una llama que hoy, no obstante el espíritu reformista y antirreformista que desgarra al país, sigue brillando.

Fuente consultada: http://www.eltiempo.com/archivo/documento/MAM-342424

Biografía de Manuel Mosquera Garcés

Manuel Mosquera Garcés

Al decir del ex presidente Mariano Ospina Pérez, a quien sirvió como ministro de Educación, Manuel Mosquera era un "católico ferviente y convencido; conservador doctrinario y militante; educador y catedrático; escritor castizo y orador elocuente".

Mario Laserna, fundador de la Universidad de Los Andes, se lamentó de la pérdida de un "periodista ágil y versado", que había sido el primer director de *La República*.

Nacido en Quibdó en 1907, estudió Derecho en el Externado de Colombia, ingresó muy joven al periodismo, fue representante a la Cámara, ministro de Trabajo de Roberto Urdaneta, ministro de Educación de Rojas Pinilla, presidente del Senado, y murió en 1972 siendo vicepresidente del Senado.

Intelectual respetado, autor de *La ciudad creyente con motivo de los 400 años de Bogotá*, Mario Laserna lo recuerda así: "Un hombre de piel negra, un intelectual venido del Chocó enseñaba a magistrados de la Corte, a médicos psiquiatras, a tratadistas de Derecho, a rubios y eruditos germanos, cuál era el sentido histórico de la catástrofe que vivía el mundo".

En Quibdó, un pueblo de tradición liberal, el parque principal lleva el nombre de Manuel Mosquera Garcés.

Fuente consultada: http://www.facebook.com/note.php?note_id=96962433828

Biografía de Eliseo Arango, *el Leopardo*

Eliseo Arango

Eliseo Arango (Bagadó, Chocó, Colombia, 16 de abril de 1900 – Bogotá, Colombia, 17 de diciembre de 1977) fue un político caracterizado por su gran cultura, sobriedad, amor por la lectura, especialmente los textos literarios, de gran sutileza, agudeza y riqueza al hablar, y de una oratoria impecable. Estudió en el Instituto Universitario de Caldas, en Manizales. Luego, ingresó a la Facultad de Derecho de la Universidad Nacional, donde fue compañero de Silvio Villegas, y se especializó, en la Sorbona de París, en Ciencias Económicas y Sociales.

"Lector omnívoro", observa Villegas, "conoce diversas literaturas y se pasea por varios continentes de la cultura. Sus compañeros de grupo lo llamaron *el Profeta*, porque sabe y dice con anticipación la hora exacta de la caída de todo gobierno indigno".

Fue catedrático, parlamentario, ministro de Estado, diplomático y, en plena juventud, secretario del maestro Guillermo Valencia, durante la segunda campaña presidencial, en 1930. Recibió de manos del presidente López Michelsen la Cruz de Boyacá.

"Eliseo Arango", escribe Antonio Álvarez Restrepo, "fue la inteligencia temperada de su grupo político. Sutil y agudo, su actividad predilecta ha sido la de explorar las tesis y las doctrinas que ha encontrado en sus lecturas innumerables... Escucharle en una de sus exposiciones sobre temas que le han apasionado es asistir a un espectáculo fascinante. Arango sabe descomponer las imágenes y describir el contorno de las ideas en forma tal que el interlocutor pueda apreciarlas como si las viera a través de un caleidoscopio encantado. Letrado hasta los tuétanos, su capacidad para juzgar un autor, un libro, un discurso, es asombrosa... Fue un orador impecable. Sobrio, sereno, razonador, elegante". No obstante todas estas cualidades, Eliseo Arango no dejó escrita la obra propia de sus talentos y conocimientos, y el único libro que se le atribuye son sus *Apuntes de Economía Política*.

Fuente consultada: www.lablaa.org/.../images/guerra3.jpg

Biografía de Daniel Valois Arce

Daniel Valois Arce (Tadó, Chocó, Colombia, 3 de diciembre de 1910 – Medellín, Colombia, 22 de julio de 1989) fue un político, escritor, diplomático y gran penalista.

Nació en el seno de una familia conservadora, conformada por don Daniel Valois Castillo, recaudador de impuestos municipales, y doña Arcenia Arce de Valois, matrona conservadora oriunda de Lloro-Chocó. Nadie escoge el hogar donde nacer, pero este hecho simplemente natural, en el Chocó de la época,

Daniel Valois Arce

condicionaba la filiación política de los hijos, de tal suerte que podemos afirmar que el doctor Valois Arce nace conservador, pero basta leer sus escritos para convenir que era un hombre liberal de izquierda. Fue el segundo entre nueve hijos, donde igualmente sobresalió como ingeniero civil Valentín Valois.

Cursa sus estudios primarios en la Escuela Urbana de Tadó y el bachillerato en el Colegio Carrasquilla de la capital chocoana, donde se destaca como el mejor bachiller de su promoción. Luego, viaja a la ciudad de Medellín, donde cursa estudios de Derecho en la Pontificia Universidad Bolivariana.

Fue senador de la República, representante a la Cámara por el departamento del Chocó, agregado cultural de la Embajada de Colombia en Venezuela, director de la Biblioteca Nacional en la ciudad de Bogotá y escritor consumado, dejando una prolija obra literaria que, en los actuales momentos por los que pasa la República, adquiere gran vigencia por sus posiciones críticas frente a las elites dominantes en Colombia.

Sus principales obras son: *Literatura en Colombia*; *Boceto de Jesús para profanos*; *Semblanza de un político y análisis de un régimen*; *Reseña histórica sobre los límites de Colombia y Venezuela*; *Los Monjes, un mito trágico: recuento histórico sobre el problema de límites entre Colombia y Venezuela por el archipiélago de Los Monjes*.

Fue sin duda alguna uno de los mejores abogados penalistas de su época, llegando a su clímax con la brillante defensa que efectuó ante el Senado de la República del dictador Gustavo Rojas Pinilla, verdadera obra maestra de Derecho Penal, de oratoria y de argumentación jurídica, que aún hoy en día es materia de consulta para estudiantes de Derecho, docentes de Derecho Penal y abogados litigantes.

Se casó en la ciudad de Medellín con la dama de la sociedad antioqueña María Luisa Montoya. Sus hijos fueron María Ángela, José Daniel, Lucía y Juan.

Su última gran obra fue recorrer el país con el profesor Caicedo Licona, con el fin de explicar las bondades de la construcción del canal interoceánico por el norte del departamento de Chocó (Canal Atrato-Truandó), lo que le mereció ser invitado por el Senado de la República para que expusiera sus tesis. Finalmente, murió en Medellín, en la soledad de su apartamento, el 22 de julio de 1989.

Biografía de Jacobo Pérez Escobar

Jacobo Pérez Escobar

El Retén es su tierra natal, que lo vio nacer en 1925. Jacobo Pérez Escobar fue secretario jurídico de la Presidencia de la República, magistrado de la Corte Suprema de Justicia y del Consejo de Estado, ministro de Gobierno y secretario general de la Asamblea Nacional Constituyente de 1991.

Catedrático y tratadista de Derecho Constitucional, autor de la conocida obra *Derecho Constitucional Colombiano*, fue cofundador de la Fundación Color de Colombia, de la que fue presidente honorario, un cargo honorífico y simbólico, reservado al colombiano negro mayor de 65 años que más lejos haya llegado en el servicio al Estado y a la sociedad.

Son conocidas sus amplias doctrinas sobre la estructura del Estado y en particular acerca del gobierno y la administración pública, que han sido incorporadas a los programas académicos de las mejores facultades de Derecho, con miras a colmar las expectativas de los alumnos en el proceso educativo del Derecho Constitucional.

Asimismo, Pérez Escobar afirmaba que los derechos de las personas constituyen un poder de voluntad que emana del ordenamiento jurídico para satisfacer sus intereses, con la posibilidad de que respetar ese poder se constituya en un deber para la otra u otras personas.

Se recuerdan también sus tesis sobre los derechos subjetivos, como facultad o poder concedido a una persona por las normas jurídicas para exigir de las demás una determinada conducta en relación con la suya.

En su período como gobernador del Magdalena se construyeron la Casa de la Cultura y el Parque San Miguel. La vida de Pérez Escobar transcurrió entre la órbita jurídica y el recuerdo macondiano de su tierra.

Fuente consultada: www.el-informador.com/detgen.php?id=35427

Biografía de Alfonso Gómez Méndez

Alfonso Gómez Méndez (Chaparral, Tolima, Colombia, 19 de agosto de 1949) es un político y jurista, miembro del Partido Liberal Colombiano. Fue fiscal general y procurador general de la Nación.

Primeros años y estudios

Alfonso Gómez Méndez

Nacido en una familia humilde, su padre, de raza negra y oriundo del Pacífico caucano, ejercía como sastre del pueblo con la ayuda de su madre. Alfonso Gómez Méndez realizó sus estudios de primaria y secundaria en el Colegio Público de su municipio, obteniendo el título de bachiller en 1967. En 1968, viajó a Bogotá y fue contratado como profesor de Historia y Geografía en un colegio nocturno, a la vez que buscaba la oportunidad para iniciar la carrera de Derecho en la Universidad Externado de Colombia, donde conoció a su futuro maestro Alfonso Reyes Echandía; gracias a este destacado jurista, consiguió ser admitido como asistente a las cátedras de la universidad. Al poco tiempo, las directivas permitieron que realizara matrícula extemporánea y a un costo menor al establecido, y desde entonces alcanzó la beca hasta obtener el título de abogado. Posteriormente, lograría nuevas becas para optar a los títulos de especialista en Derecho Constitucional (Universidad de París, Francia) y Derecho Penal (Universidad de Bonn, Alemania).

Vida profesional y académica

Gómez Méndez inició su carrera como juez penal del Tribunal de Bogotá en 1976, siendo posteriormente secretario general del Departamento de la Función Pública y magistrado suplente de la Corte Suprema de Justicia en 1983. Durante más de veinte años se destacó como profesor universitario de distintas instituciones, comenzando por su propia alma máter. Es conocido por su amplia erudición sobre la historia colombiana y, en especial, por sus estudios sobre el pensamiento político de su coterráneo el ex ministro Darío Echandía, y de su mentor y amigo personal el ex presidente Alfonso López Michelsen; ha sido un defensor activo de la vigencia de estos dos personajes como referentes del quehacer político del Partido Liberal.

Carrera política

En 1985, un grupo de dirigentes progresistas del Partido Liberal en el departamento del Tolima, encabezados por Guillermo Alfonso Jaramillo (futuro gobernador y senador), le propone a Gómez Méndez ser su candidato para la Cámara de Representantes como alternativa ante las candidaturas presentadas por el muy influyente senador Alberto Santofimio, jefe político de la región. En las elecciones legislativas de 1986, Gómez Méndez consigue el escaño luego de haber sumado a sus respaldos otros sectores progresistas y de izquierda, entre ellos el de la Unión Patriótica; esta elección marcó el principio del fin de la hegemonía del santofimismo en Tolima. Entre 1989 y 1990, fue procurador general de la Nación, afrontando el recrudecimiento del narcotráfico (su antecesor Carlos Mauro Hoyos había sido asesinado). En 1991, fue nombrado embajador de Colombia en Austria, ejerciendo hasta 1993 cuando regresa al país para postular al Senado de la República y, aunque resultaba uno de los candidatos favoritos para obtener escaño en las elecciones legislativas de 1994, pierde por 1.000 votos.

Fiscal general de la Nación

En 1997, Gómez Méndez es elegido por la Corte Suprema, de una terna enviada por el presidente Ernesto Samper, como fiscal general de la Nación, luego de la renuncia de Alfonso Valdivieso. Su gestión lo catapultó como figura política nacional, gracias a sus avances en la judicialización de los líderes de la guerrilla y los paramilitares, la promoción del Derecho Internacional humanitario y los derechos humanos, así como su demostrada idoneidad académica para el cargo, que puso a disposición de las dependencias regionales de la Fiscalía en todo el país.

Algunas de las principales actividades de Gómez Méndez como fiscal incluyen la reforma y modernización del Código Penal y el Código de Procedimiento Penal, así como la creación de la Unidad Especial de Derechos Humanos, lo que proyectó a la Fiscalía General como una de las entidades más importantes del país en este campo.

Proceso de paz del Caguán

Durante su gestión como fiscal general, Gómez Méndez vivió el proceso de paz entre el gobierno de Andrés Pastrana y la guerrilla de las FARC (Fuerzas Armadas Revolucionarias de Colombia) en las selvas del Caguán. A pesar de ser un claro defensor de la solución negociada al conficto armado, Gómez se convirtió en un fuerte crítico del proceso debido a la laxitud del gobierno para con la guerrilla, la impunidad creciente y la falta de claridad en los objetivos y procedimientos de la negociación.

Partido Liberal

Tras entregar el mando del órgano investigador en 2001, se dedicó a la academia, el periodismo (tanto escrito como televisivo) y el ejercicio político, participando activamente en las campañas nacionales y regionales del Partido Liberal y posicionándose como uno de los grandes referentes del ala izquierda del liberalismo, junto a Horacio Serpa y Piedad Córdoba. En 2005, lanzó su precandidatura a la presidencia de la República, pero declinó en el marco del Congreso Nacional Liberal ese mismo año.

Desde 2003, es el secretario internacional del Partido Liberal, y en 2008 fue elegido como vicepresidente de la Internacional Socialista durante su XXIII Congreso en Atenas, Grecia, en sustitución de Horacio Serpa.

Campaña presidencial 2009

El 23 de abril de 2009, Alfonso Gómez Méndez se inscribió oficialmente como precandidato a la presidencia de la República por el Partido Liberal, con lo que inició una campaña que se extendió por lo menos hasta la elección del candidato único del Partido en la consulta popular de septiembre. El ex fiscal comenzó la contienda electoral con un respaldo muy significativo en departamentos como Tolima, Boyacá, Cauca y Casanare, en los cuales ya había realizado actos proselitistas.

Sus lemas de campaña como "Liberal de verdad" y "Hacia la Tercera República liberal" dan a entender que se acerca el momento de recuperar los principios del liberalismo para una tercera época de progreso y prosperidad en Colombia, ya que considera que las épocas del Olimpo Radical y la Revolución en Marcha marcaron hitos clave en la historia del país.

Fuente consultada: http://es.wikipedia.org/wiki/Alfonso_G%C3%B3mez_M%C3%A9ndez

Biografía de Piedad Córdoba Ruiz

Piedad Córdoba Ruiz

Piedad Esneda Córdoba Ruiz (Medellín, Colombia, 25 de enero de 1955) es una destacada abogada y política. Senadora de la República desde 1994, ha sido miembro del Partido Liberal durante toda su vida política y es la líder del movimiento Poder Ciudadano Siglo XXI, ubicado en el ala izquierda de su partido. Como congresista, ha trabajado principalmente por los derechos de la mujer, las minorías étnicas y sexuales, y los derechos humanos.

En agosto de 2007, Córdoba se involucró en el tema del acuerdo humanitario entre las FARC y el gobierno del presidente Álvaro Uribe, autorizada por el gobierno del cual es opositora. Durante su mediación logró, junto con el presidente venezolano Hugo Chávez, la liberación unilateral de seis secuestrados que permanecieron en poder de las FARC durante varios años. Debido a sus posiciones políticas, recibió múltiples críticas y una percepción negativa en varios sectores de la opinión pública, mientras otros sectores respaldaron su gestión por la cual en 2008 fue nominada al Premio Príncipe de Asturias de la Concordia.

Córdoba es una de las personalidades políticas investigadas por las autoridades colombianas con base en algunos correos electrónicos encontrados en los computadores de Raúl Reyes, divulgados en los primeros meses de 2008, por presuntas relaciones con las FARC. Ha negado las acusaciones y habla de persecución política en su contra. El día 19 de junio del 2009, le fue abierta formalmente investigación por parte de la Procuraduría, con base en la información contenida en dichos computadores.

Córdoba continuó trabajando por la liberación de los secuestrados y logró convocar a un grupo de intelectuales de varios países para iniciar un diálogo epistolar con la cúpula de las FARC. Gracias al intercambio epistolar, las FARC respondieron los pronunciamientos de Córdoba y su grupo Colombianos y Colombianas por la Paz, y decidieron liberar unilateralmente a tres policías y un soldado y a los últimos dos rehenes políticos que permanecían en su poder. Para la operación de la liberación, llevada a cabo en febrero de 2009, la senadora contó con el apoyo del CICR y el gobierno de Brasil, así como con la autorización del gobierno colombiano.

El Premio Nobel de la Paz Adolfo Pérez Esquivel propuso públicamente, y de manera formal ante el Comité del Premio Nobel en Oslo, el nombre de Córdoba como candidata al Premio Nobel de la Paz 2009. La senadora se declaró no merecedora del galardón, aunque su nombre figuró entre los favoritos para obtenerlo. Finalmente, el Premio Nobel de la Paz 2009 recayó en el presidente de los Estados Unidos Barack Obama.

Fuente consultada: es.wikipedia.org/wiki/Piedad_Cordoba

Biografía de Paula Marcela Moreno Zapata

Paula Marcela Moreno Zapata

Paula Marcela Moreno Zapata (Bogotá, Colombia, 11 de noviembre de 1978) es una académica, ingeniera y política, ministra de Cultura de Colombia desde el 2007 hasta agosto del 2010.

Moreno Zapata nació en el hogar de María Zényde Zapata, abogada, y Armando Moreno, ex empleado del Acueducto de Bogotá. La familia Moreno Zapata es originaria del departamento del Cauca, donde aún viven algunos de sus familiares.

Terminó sus estudios secundarios en el Colegio Departamental Silveria Espinosa de Rendón y entonces decidió estudiar Ingeniería Industrial en la Universidad Autónoma de Colombia, graduándose en el año 2001, mientras estudiaba Italiano. Luego se fue a Italia, donde estudió en el

Instituto Instituto Italiano de Cultura. Tras su regreso a Colombia, obtuvo una Beca Colfuturo que le dio la oportunidad de estudiar en la Universidad de Cambridge, graduándose en el 2004 con un máster en Filosofía enfocado en Estudios Administrativos.

Trayectoria

Moreno Zapata ha trabajado en varios campos de investigación y como consultora investigadora asociada del Centro de Estudios Latinoamericanos de la Universidad de Cambridge; consultora para la Organización Panamericana de la Salud; para el Ministerio del Interior y Justicia de Colombia; para la Universidad de Los Andes, la Universidad del Pacífico y la Universidad de Cambridge, entre otras organizaciones. Antes de ser nombrada ministra de Cultura, Moreno Zapata trabajaba como profesora del Departamento de Ingeniería de la Universidad Autónoma de Colombia.

Ministerio de Cultura

Moreno Zapata fue nominada por el presidente Álvaro Uribe Vélez, convirtiéndose en la primera mujer afrocolombiana en ocupar dicho cargo. La prensa colombiana y la oposición al gobierno de Uribe especularon que el nombramiento de Moreno Zapata había sido para los miembros de la Coalición Afroamericana del Partido Demócrata de los Estados Unidos que se oponían a firmar el Tratado de Libre Comercio (TLC) entre Colombia y Estados Unidos. En Colombia, los representantes a la Cámara, Ulises Torres y Silfredo Morales, lo llamaron "una reivindicación con las minorías étnicas de Colombia", mientras que la representante María Isabel Urrutia dijo que el nombramiento era más para apaciguar a los congresistas norteamericanos que a las comunidades étnicas de Colombia.

Fuente consultada: es.wikipedia.org/wiki/Paula_Marcela_Moreno

Biografía de Epsy Campbell Barr

Epsy Campbell Barr

Epsy Campbell Barr (San José, Costa Rica, 4 de julio de 1963) es una política, economista y prominente dirigente afroamericana internacional. Presidió el Partido Acción Ciudadana (PAC), segunda fuerza política costarricense, desde el 2005 hasta febrero del 2009.

Epsy Campbell fue candidata a la primera vicepresidencia de la República de Costa Rica en el año 2006. Fue diputada del PAC para el período 2002-2006, jefa de fracción del 2003 al 2006 y presidenta del PAC del 2005 al 2009. Coordinadora de la Red de Mujeres Afrolatinoamericanas y Afrocaribeñas (1997-2001) y del Foro de Mujeres para la Integración Centroamericana (1996-2001), es también integrante de la Alianza de Pueblos Afrodescendientes de América Latina y el Caribe; integrante fundadora del Centro de Mujeres Afrocostarricenses; consultora nacional e internacional en temas relacionados con empleo, desarrollo de los pueblos, comunidades y mujeres afrodescendientes, derechos humanos de las mujeres, racismo, sexismo y discriminación; y miembro del Parlamento Negro de las Américas.

En varias encuestas, tanto de empresas privadas como de la Universidad de Costa Rica, ha mantenido siempre una alta popularidad y es una de las figuras más populares de la política costarricense.

El 16 de febrero del año 2009, oficializó sus intenciones de ocupar la silla presidencial, pero quedó en segundo lugar de los votos tras Ottón Solís después de la realización de las primarias del Partido Acción Ciudadana el 31 de mayo del 2009.

Fuente consultada: http://es.wikipedia.org/wiki/Epsy_Campbell_Barr

Capítulo V
La diáspora africana

La Diáspora africana y su relación con América

Más que un conjunto de personas de ascendencia africana que vive fuera de África, la Diáspora africana representa una esperanza para el desarrollo del continente. Pero ¿quiénes son estas personas que forman la Diáspora africana? ¿Dónde viven? ¿Cuál es su contribución a África?

Según Ferdinand Mayega, un periodista de la Diáspora africana en Canadá, "la Diáspora africana debe contribuir a promover la ética, la integridad, la responsabilidad, el respeto de las leyes y normas, el respeto de los derechos del resto de los ciudadanos, el amor al trabajo, el esfuerzo de aprender y la inversión en África, el deseo de hacer el bien, la puntualidad, el amor por su continente y el deseo de vivir en paz".

Para comprender mejor las palabras de Mayega, conviene definir antes el término "diáspora". La palabra "diáspora" deriva del griego *sporo*, que significa "semilla", y *speira*, que significa "sembrar". Este término, que se ha utilizado durante mucho tiempo para denominar la dispersión de los judíos en la Antigüedad, hoy en día designa el conjunto de miembros de una comunidad dispersos en varios países.

La Diáspora africana es una de las más grandes de los tiempos premodernos. Designa a la población resultante de la deportación de africanos durante la trata de esclavos desde el siglo XVI hasta el XIX y a sus descendientes en todo el mundo. Sin embargo, las numerosas dificultades socioeconómicas a las que se enfrentan los países africanos y que provocan la fuga de cerebros e intelectuales, la salida de los deportistas, la inmigración ilegal y el exilio de personas cualificadas son otros factores importantes que contribuyen al incremento de la Diáspora.

Los africanos que han sido deportados o han emigrado a diferentes partes del mundo constituyen las denominadas "diásporas africanas". Según las estimaciones de la Unión Africana (UA) en 2007, estas diásporas reúnen aproximadamente 112,6 millones de personas de América del Sur (principalmente Brasil, Colombia y Venezuela), 39,2 millones de personas de América del Norte (Estados Unidos y Canadá), 13,5 millones de personas del Caribe y unos 3,5 millones de personas de Europa (principalmente Francia).

En la definición de la Diáspora africana, la UA destacó la contribución de esta última "en el desarrollo del continente africano y la construcción de la Unión Africana". De hecho, la Diáspora africana desempeña una función vital en África. Según muchos expertos, la ayuda que prestan ciertas diásporas africanas a sus países de origen es considerablemente superior a la ayuda pública para el desarrollo. Según un informe del Banco Mundial en 2005, los africanos residentes fuera del continente inyectan cada año, a través de fondos, de 4 a 6 mil millones de dólares en el África Subsahariana.

En la Conferencia Consultiva Regional de la Diáspora africana en Europa, celebrada en París los días 11 y 12 de septiembre de 2007, el ministro de Relaciones Exteriores de la República de Sudáfrica, el Dr. Nkosazana Dlamini Zuma, se centró en su voluntad de unir África y su Diáspora de la siguiente manera: "Uno de los elementos cruciales en la unificación de África y de su Diáspora es la necesidad de reconocer y aceptar nuestra diversidad como africanos, al igual que podemos unirnos a la búsqueda de una mayor unidad. África es grande y comprende muchos países, naciones, nacionalidades, religiones, tribus y desafíos".

Fuente consultada: www.fesman2009.com/es/component/content/.../186

Biografía de Patrice Lumumba

Patrice Lumumba

Patrice Émery Lumumba (Onalua, Katakokombe, Congo Belga, 2 de julio de 1925 - Lubumbashi, Katanga, 17 de enero de 1961) fue un líder anticolonialista y nacionalista, el primero en ocupar el cargo de primer ministro de la República Democrática del Congo entre junio y septiembre de 1960, tras la independencia de este Estado de la tutela belga. Fue nombrado Héroe Nacional en 1966.

Una educación privilegiada

Patrice Lumumba nació en el Congo Belga (actual República Democrática del Congo). Estudió en la escuela católica de los misioneros y más tarde, brillante estudiante, en una escuela protestante dirigida por suecos. Trabajó como empleado de oficina en una sociedad minera de la provincia de Kivu del Sur hasta 1945, después como periodista en Leopoldville (hoy Kinshasa) y Stanleyville (hoy Kisangani), período durante el cual escribió en varios periódicos.

En septiembre de 1954, recibió su carta "de matriculado", honor raramente concedido por la administración belga a algunos negros (apenas 200 de los 13 millones de habitantes de la época).

En 1955, creó una asociación llamada APIC (Asociación del Personal Indígena de la Colonia) y tuvo la ocasión de entrevistarse con el rey Balduino I de Bélgica en viaje por el Congo, para hablar sobre la situación de los congoleses.

El ministro del Congo de la época, Auguste Buisseret, quería hacer evolucionar al Congo y desarrollar una enseñanza pública. Lumumba se afilió al Partido Liberal con otros notables congoleses y con varios de ellos, acude a Bélgica por invitación del Primer Ministro.

La lucha por la independencia

En 1957, Lumumba es encarcelado durante un año a causa de un asunto de malversación de correo perteneciente a un europeo (miembro de AMORC). Liberado anticipadamente, retoma sus actividades políticas y se convierte en director de ventas de una cervecería.

El gobierno belga emprende algunas medidas de liberalización: los sindicatos y partidos políticos serán autorizados.

En 1958, con ocasión de la Exposición Universal, algunos congoleses son invitados a Bélgica. Indignados por la imagen degradante de su pueblo que muestra la Exposición, Lumumba y algunos compañeros políticos aumentan los contactos con los círculos anticolonialistas. Tras su retorno al Congo, crea el Movimiento Nacional Congolés (MNC), en Leopoldville, el 5 de octubre de 1958, y con tal nombre participa en la Conferencia Panafricana de Accra. Consigue organizar una reunión para dar cuenta de dicha Conferencia, durante la cual reivindica la independencia delante de más de 10.000 personas.

En octubre de 1959 se producen los primeros litigios políticos: el MNC y otros partidos independentistas organizan una reunión en Stanleyville. A pesar de contar con un fuerte respaldo popular, las autoridades belgas intentan detener a Lumumba, y estalla un motín que se cobra 30 muertos.

Lumumba es arrestado algunos días más tarde, juzgado en enero de 1960 y condenado a seis meses de prisión el 21 de enero.

Al mismo tiempo, las autoridades belgas organizan reuniones con los independentistas en las cuales participa finalmente Lumumba, que es liberado de facto el 26 de enero. De modo sorpresivo, Bélgica concede al Congo la independencia, hecha efectiva el 30 de junio de 1960, pronunciando Lumumba un duro discurso en el que condenaba las tropelías cometidas por los belgas.

Una breve carrera política

El MNC y sus aliados ganan las elecciones organizadas en mayo y, el 23 de junio de 1960, Patrice Émery Lumumba se convierte en primer ministro del Congo independiente.

Dado que buena parte de la administración y de los cuadros del Ejército se mantiene belga, Lumumba decreta la africanización del Ejército.

La provincia de Katanga, dirigida por Moïse Kapenda Tschombe, declara su independencia, con el apoyo de Bélgica, interesada en sus ricos yacimientos mineros. A pesar de la intervención de Naciones Unidas, y la negativa norteamericana y belga, Lumumba obtiene apoyo de la URSS, y el conflicto se recrudece.

En septiembre de 1960, el presidente Joseph Kasavubu destituye a Lumumba y a los ministros nacionalistas en un acto de dudosa legalidad. Lumumba declara entonces que se mantendrá en el cargo. Por iniciativa suya, el Parlamento trata de destituir al presidente Kasavubu. Lumumba es puesto bajo arresto domiciliario, y tropas de la ONU se encargan de protegerlo.

Tras un golpe de Estado apoyado por el presidente Kasavubu, el coronel Joseph Desiré Mobutu toma el poder. En diciembre de 1960, Lumumba se escapa de la capital para intentar tomar Stanleyville, región donde cuenta con numerosos seguidores.

Sin embargo, los esbirros de Mobutu le siguen la pista y la ONU se niega a dar nueva protección al evadido después de zafarse de ella.

La CIA mediante "acción ejecutiva" promueve su "neutralización". El encargado en el Congo es Frank Carlucci. Lumumba es arrestado mientras pasaba el río Sankuru en Mweka y enviado al campamento militar de Thysville por orden de Mobutu.

El 17 de enero de 1961, Lumumba, Mpolo y Okito son conducidos en avión a Elisabethville, en Katanga, y entregados a las autoridades locales.

Serán ejecutados esa misma tarde en presencia de Tshombe, Munongo y Kimba, dirigentes del Estado de Kananga, y agentes belgas y norteamericanos. Al día siguiente, se hacen desaparecer los restos de las víctimas.

Varios de sus seguidores serán ejecutados en los días que siguen, al parecer con la participación de militares o mercenarios belgas.

La desaparición de Lumumba fue muy lamentada por toda la comunidad de países No Alineados, incluyendo a uno de sus verdugos, el general Mobutu, que lo nombra Héroe Nacional en 1966. El retorno de Egipto de su mujer Pauline y de sus hijos fue considerado como un acontecimiento nacional.

Fue, hasta las elecciones realizadas en 2006, el único dirigente político libremente elegido de la República Democrática del Congo.

La Guerra Fría y la intervención occidental

Se especuló en su día largamente sobre el papel de las potencias occidentales en general y de los Estados Unidos en particular en la muerte de Lumumba, bajo el pretexto de que cabría temer una deriva del Congo Belga hacia la URSS. En efecto, Lumumba, que siempre negó ser comunista reconociéndose solamente como nacionalista de su país, hizo llamamientos a los soviéticos durante la guerra de Katanga al no responder los Estados Unidos ni la ONU a sus peticiones de ayuda militar para poner fin a la guerra civil. La CIA y el gobierno belga dieron ayuda financiera y técnica a los opositores de Lumumba y suministraron armas a Mobutu.

El gobierno belga reconoció en el año 2002 su responsabilidad en los acontecimientos que condujeron a la muerte de Lumumba.

En la antigua URSS, se creó la Universidad Patrice Lumumba, como un homenaje a este héroe de la independencia del Congo.

Fuente consultada: http://es.wikipedia.org/wiki/Patrice_Lumumba

Biografía de Samora Machel

Samora Machel

Samora Moisés Machel (Xilembena, Mozambique, 29 de septiembre de 1933 - Nkomati, Sudáfrica, 19 de octubre de 1986) fue el presidente de Mozambique entre 1975 y 1986.

En 1951, Mozambique fue declarada provincia exterior de Portugal. En 1962, Eduardo Mondlane crea el Frente para la Liberación de Mozambique (FRELIMO), de inspiración comunista, y se da inicio a la guerra de la independencia.

En 1962, Machel se había exiliado en la vecina Tanzania, donde se unió a las fuerzas del FRELIMO. Luego, fue a Argelia a recibir adiestramiento militar. Allí se destacó como organizador militar, y fue nombrado Comandante en jefe del FRELIMO en 1968.

En 1969, Mondlane fue asesinado y en 1970 Samora Machel y Marcelino Santos asumieron la dirección del FRELIMO.

El FRELIMO llamaba "liberadas" a cualquiera de las zonas afectadas de alguna forma por acciones bélicas, las cuales cubrían cerca del 30% del territorio mozambiqueño. Sin embargo, como el verdadero foco de la guerra estaba confinado en bolsas bien delimitadas de las provincias (que entonces se llamaban "distritos") de Cabo Delgado, Niassa y Tete, y, por lo tanto, las acciones bélicas eran esencialmente potenciales o muy ligeras en la mayoría de los casos, las "zonas liberadas" –o mejor, las zonas efectivamente controladas por el FRELIMO– no tenían la dimensión que este reclamaba.

Tras la revolución del 25 de abril de 1974, conocida como la Revolución de los Claveles, que termina con la dictadura salazarista en Portugal, los nuevos gobernantes portugueses negocian con el FRELIMO la salida del Ejército portugués de Mozambique, cuya independencia se declara para el 25 de junio de 1975.

Fuente consultada: http://es.wikipedia.org/wiki/Samora_Machel

Biografía de Amílcar Cabral

Amílcar Cabral

Amílcar Cabral (Bafatá, Guinea-Bissau, 12 de septiembre de 1924 – Conakry, Guinea, 20 de enero de 1973) fue un ingeniero agrónomo y escritor, máximo dirigente revolucionario de la llamada Guinea Portuguesa, Guinea-Bissau y Cabo Verde.

Fue secretario general del Partido Africano para la Independencia de Guinea y Cabo Verde (PAIGC), que organizó en 1956 y que, con las armas en mano, se enfrentó al colonialismo portugués hasta conseguir la independencia. El 20 de enero de 1973, cuando ya la victoria era inminente, Amílcar Cabral fue asesinado, y los autores fueron a su vez ajusticiados por el pueblo.

El Aeropuerto Internacional situado en la isla de Sal, el único de este tipo de Cabo Verde, lleva el nombre del héroe nacional caboverdiano.

Fuente consultada: http://es.wikipedia.org/wiki/Am%C3%ADlcar_Cabral

Biografía de Sékou Touré

Sékou Touré

Ségou Touré (Faranah, Guinea Francesa, 9 de enero de 1922 - Cleveland, Ohio, Estados Unidos, 26 de marzo de 1984) fue un político guineano que fue el primer presidente de la República de Guinea. Perteneciente a la tribu malinke, fue educado en una escuela coránica y luego estudió en la Escuela Técnica Francesa de Conakry. Fue funcionario del Servicio de Correos colonial desde 1941, puesto desde donde se distinguió como dirigente sindicalista.

En 1946, fundó la Federación de Trabajadores Guineanos, que en calidad de secretario general asoció a la comunista Confederación General de Trabajadores francesa. Aquel año puso también en marcha en Bamako, con F. Houphouët-Boigny, la Asamblea Democrática Africana (RDA), con secciones en Costa de Marfil, Gabón, Malí y Guinea, si bien fue solo en este país donde años después arraigaría como Partido Democrático Guineano (PDG).

En 1955, era presidente de la Confederación General del Trabajo en África (CGTA), alcalde de Conakry y diputado en la Asamblea Nacional Francesa, y un año más tarde fundó la Unión General de Trabajadores del África Negra (UGTAN) y fue elegido secretario general del PDG. Como vicepresidente del Consejo de Gobierno local, se desvinculó de los planes del gobierno francés de integrar a las colonias en una Comunidad Francesa de Naciones y, en un acto de rebeldía contra París absolutamente inédito, hizo proclamar la independencia unilateralmente el 2 de octubre de 1958; de este modo, se convirtió en el primer presidente.

Estrechamente vinculado con Kwame Nkrumah de Ghana y Modibo Keita de Malí, el derrocamiento de ambos en golpes de Estado, en 1966 y 1968 respectivamente, dejó a Sékou Touré (popularmente llamado Silly, *el Gran Elefante*) solo en la defensa de un modelo de socialismo africano, no alineado, rabiosamente antiimperialista y no marxista. Su intransigencia nacionalista no le permitió llegar a grandes acuerdos con los soviéticos, que habrían querido disponer de una base en el país.

Contrarrestó esta influencia con una amistad con China Popular, y, pese a algunos intentos de reconciliación, contó siempre con la hostilidad de los más importantes países francófonos del África Occidental. No obstante, esta orientación evolucionó drásticamente y, para comienzos de los años 80, se convirtió en un servidor sin reservas de los intereses franceses (Chad) y marroquíes (Sahara) en el continente. En 1976, había restablecido con Francia las relaciones diplomáticas rotas en 1965, y el 3 de octubre de 1983 asistió a su primera cumbre de la Francofonía. En este nuevo pragmatismo, que incluyó también a Estados Unidos, tuvieron mucho que ver las necesidades económicas.

No fue hasta después de fallecido y tomado el poder por una junta militar en 1984 cuando se reveló en toda su dimensión la dictadura de Sékou Touré, quien se había hecho elegir sin oposición en 1961, 1968, 1975 y 1982, y había practicado el terrorismo de Estado como método de supresión de todo atisbo de disidencia. A su muerte, el 26 de marzo de 1984, asumió la presidencia con carácter provisional el primer ministro desde 1972, Louis Lansana Beavogui.

Fuente consultada: www.biografiasyvidas.com/biografia/t/toure.htm

Biografía de Wole Soyinka

Wole Soyinka

Wole Soyinka nació en el mes de julio del año 1934 en Abeokuta, Nigeria, y su nombre completo es Akinwande Oluwole Soyinka. Comenzó sus estudios superiores en la Universidad de Ibadán, que culminaría en la Universidad de Leeds, donde retornaría en la década de 1970 para conseguir un doctorado.

Entre 1957 y 1959, trabajó en el Royal Court Theatre de Londres como director y actor. En este período, también escribió tres obras para una pequeña compañía de actores que había reclutado. Si bien muchos escritores africanos rechazaban el uso de las lenguas europeas debido a la asociación entre Europa y la violenta colonización de África, Soyinka optó por desarrollar sus escritos en inglés. Se caracteriza por mezclar las tradiciones africanas con el estilo europeo, utiliza tradiciones y mitos africanos y los narra utilizando formas occidentales. Siempre aprovechó sus obras para difundir su postura social y política, por lo cual están plagadas de simbolismos (algunos sencillos, otros bastante complejos). Este estilo ácido fue la causa de su arresto en 1967.

En la década de 1960, vuelve a Nigeria para estudiar el teatro africano, y ese mismo año funda el Grupo Teatral Las Máscaras de 1960. Sus trabajos en esta época están teñidos de algo de crítica social, pero por lo general esta se hace en un modo ligero y, a veces, humorístico.

En 1964, funda la Compañía de Teatro Orisun. También enseña Teatro y Literatura en las universidades de Lagos e Ibadán. Pero en 1967, es arrestado durante la guerra civil de

Nigeria por haber escrito un artículo en el que abogaba por un armisticio. Acusado de conspiración, es encerrado por más de 20 meses y recién a fines de 1969 es liberado.

Ya en la década de 1970, liberado de la prisión, su obra se torna más oscura y crítica. Ataca al sistema y en ella se refleja el sufrimiento del autor y del pueblo nigeriano.

En 1986, le otorgan el Premio Nobel de Literatura. Es el primer escritor africano que lo recibe.

Fuente consultada: http://es.wikipedia.org/wiki/Wole_Soyinka

Biografía de Desmond Tutu

Desmond Tutu

El reverendo Desmond Mpilo Tutu (Klerksdorp, Transvaal, Sudáfrica, 7 de octubre de 1931) es un clérigo y pacifista sudafricano que adquirió fama internacional durante la década de 1980 a causa de su oposición al *apartheid*. Tutu fue el primer sudafricano negro en ser elegido y ordenado como arzobispo anglicano de Ciudad del Cabo (Sudáfrica) y luego primado de la entonces Iglesia de la Provincia de África Meridional (actualmente, Iglesia Anglicana de África Meridional).

Fue reconocido con el Premio Nobel de la Paz en 1984.

Se le adjudica la acuñación del calificativo Nación del Arco Iris para describir metafóricamente a la Sudáfrica posterior al *apartheid* (en 1994 con el triunfo del ANC). La expresión se ha incorporado desde entonces para describir la diversidad étnica de Sudáfrica.

Nacido el 7 de octubre de 1931 en la población sudafricana de Klerksdorp, emigró con su familia a los 12 años a Johannesburgo. Aunque quería ser médico, orientó su educación a la enseñanza debido a que su familia no podía pagarle estudios más costosos. Se licenció en 1953 en el Colegio Normal Bantú de Pretoria, para luego graduarse en 1954 en la Universidad de Sudáfrica. Posteriormente, fue profesor de secundaria en el Instituto Bantú de Johannesburgo, donde estuvo hasta 1957. Aquel año dimitió de su cargo, denunciando la precariedad de la enseñanza para los jóvenes sudafricanos negros. Continuó sus estudios de Teología en Inglaterra, y en 1960 fue ordenado sacerdote anglicano.

Entre 1962 y 1966, viajó a Londres, donde recibió un máster en Teología, retornando posteriormente a su país. A partir de aquel momento dio conferencias denunciando la precariedad de la situación de los sudafricanos de tez oscura en su propio país, y advirtiendo que la situación de cordialidad entre sudafricanos blancos y los negros (basada en la sumisión de los segundos) podía estallar en cualquier momento. En 1972, fue designado vicedirector del Fondo Teológico de Educación del Consejo Mundial de Iglesias, y a su retorno a Sudáfrica en 1975 fue ordenado obispo de la Iglesia de la Provincia de África Meridional, el primero en toda su historia.

Obra política

En 1976, se realizaron las emblemáticas protestas de Soweto contra la obligación del uso del afrikaans como lengua de instrucción en las escuelas para jóvenes sudafricanos negros, convirtiéndose en una revuelta masiva nacional contra el *apartheid*, revuelta en la cual Tutu tomó parte activa, dando soporte al boicot económico internacional contra su país.

Obispo de Lesotho entre 1976 y 1978, fue nombrado ese último año secretario General del Consejo Sudafricano de Iglesias, continuando así su lucha contra el *apartheid* con el acuerdo de casi todas las iglesias cristianas de Sudáfrica. Tutu abogó constantemente por la reconciliación entre todos los grupos implicados en el *apartheid*, denunció constantemente al gobierno blanco minoritario por su política racista contra la mayoría de la población negra, pero también condenó a los grupos *anti-apartheid* que efectuaban o propiciaban actuaciones violentas y terroristas, como el Congreso Nacional Africano y diversos grupos de extrema izquierda.

El 16 de octubre de 1984, le fue concedido el Premio Nobel de la Paz por su constante lucha contra el *apartheid*.

El 7 de septiembre de 1986, fue ordenado arzobispo de la Iglesia de la Provincia de África Meridional, siendo nuevamente el primer hombre sudafricano de tez oscura en conseguirlo. Ocupó su cargo de arzobispo de Ciudad del Cabo entre aquel año y 1996.

Tras el fin oficial de la política del *apartheid*, Tutu fue nombrado director de la Comisión de Verdad y Reconciliación creada por el recién electo presidente de Sudáfrica, Nelson Mandela.

Actualmente, forma parte de las 18 personalidades mundiales que dan apoyo a la Alianza de Civilizaciones. Es miembro del Comité de Honor de la Coordinación internacional para el Decenio de la No Violencia y de la Paz.

Es también presidente del grupo The Elders.

Fuente consultada: http://es.wikipedia.org/wiki/Desmond_Tutu

Biografía de Kofi Annan

Kofi Atta Annan (Kumasi, Ghana, 8 de abril de 1938) fue el séptimo secretario general de las Naciones Unidas, cargo que ocupó entre 1997 y 2006, y fue galardonado, junto a la ONU, con el Premio Nobel de la Paz de 2001.

Juventud

Su nombre indica el día de la semana que nació; así, en twi y fante (las lenguas de sus padres), Kofi quiere decir "viernes"; Atta quiere decir que es uno de dos gemelos y Annan quiere decir que es el cuarto hijo.

Gracias a la situación privilegiada de su familia, pudo estudiar Economía en la Escuela de Ciencia y Tecnología de Kumasi, y amplió sus estudios en los Estados Unidos y Suiza, consiguiendo diversos posgrados y másters en Economía.

Trabajos en las Naciones Unidas

Kofi Annan

En 1962, entró a trabajar en la Organización Mundial de la Salud, agencia dependiente de la ONU. Entre 1974 y 1976, trabajó como director de Turismo de su propio país.

Posteriormente retornó a su trabajo en las Naciones Unidas como asistente del secretario general en tres etapas distintas: como coordinador de Recursos Humanos y Seguridad entre 1987 y 1990; como controlador del Programa de Planificación y Finanzas entre 1990 y 1992; como coordinador de las Operaciones de las Fuerzas de Paz de la ONU entre marzo de 1993 y febrero de 1994.

Annan fue nombrado subsecretario general en octubre de 1995 y fue enviado como representante especial del secretario general de la ONU a Yugoslavia, retornando a la sede central de la ONU en Nueva York en abril de 1996.

Secretario general de las Naciones Unidas

El 13 de diciembre de 1996, Annan fue escogido por el Consejo de Seguridad de la ONU como secretario general y fue confirmado cuatro días más tarde en la Asamblea General de la ONU, sucediendo al egipcio Butros Butros-Ghali. La elección de Annan, propiciada por los Estados Unidos, rompió así el turno rotativo entre continentes y convirtió a Annan en el primer hombre negro en ocupar la Secretaría General.

Durante su mandato, su prioridad fue la planificación de la reforma de las Naciones Unidas, siendo su primera iniciativa importante la presentación del llamado Plan de Reforma para la Renovación de las Naciones Unidas.

Se pronunció en repetidas ocasiones para luchar activamente contra el sida, convirtiéndose en una gran prioridad de sus gobiernos. Junto con la misma ONU recibió el Premio Nobel de la Paz en 2001 por su trabajo por un mejor mundo organizado y más pacífico.

El 1 de enero de 2002, le fue renovado su mandato por el Consejo de Seguridad, así como por la Asamblea General hasta el 31 de diciembre de 2006. En 2003, se manifestó en contra de la invasión de Irak por parte de los gobiernos de los Estados Unidos y el Reino Unido, y en 2004 la consideró ilegal.

En diciembre de 2004, se vio involucrado en un escándalo junto a su hijo Kojo Annan por sospechas de corrupción en el Programa de Petróleo por Alimentos.

Fuente consultada: es.wikipedia.org/wiki/Kofi_Annan

Biografía de Nelson Mandela

Nelson Mandela

Político sudafricano (Mvezo, El Cabo, Unión de Sudáfrica, 18 de julio de 1918). Renunciando a su derecho hereditario a ser jefe de una tribu xosa, Nelson Mandela se hizo abogado en 1942. En 1944, ingresó en el Congreso Nacional Africano (ANC), un movimiento de lucha contra la opresión de los negros sudafricanos. Mandela fue uno de los líderes de la Liga de la

Juventud del Congreso, que llegaría a constituir el grupo dominante del ANC; su ideología era un socialismo africano: nacionalista, antirracista y antiimperialista.

En 1948, llegó al poder en Sudáfrica el Partido Nacional, que institucionalizó la segregación racial creando el régimen del *apartheid*. Bajo la inspiración de Gandhi, el ANC propugnaba métodos de lucha no violentos: la Liga de la Juventud (presidida por Mandela en 1951-1952) organizó campañas de desobediencia civil contra las leyes segregacionistas.

Transvaal, al tiempo que dirigía a los voluntarios que desafiaban al régimen, se había convertido en el líder de hecho del movimiento. La represión produjo 8.000 detenciones, incluyendo la de Mandela, que fue confinado en Johannesburgo. Allí estableció el primer bufete de abogados negros de Sudáfrica.

En 1955, cumplidas sus condenas, reapareció en público, promoviendo la aprobación de una Carta de la Libertad, en la que se plasmaba la aspiración de un Estado multirracial, igualitario y democrático, una reforma agraria y una política de justicia social en el reparto de la riqueza.

El endurecimiento del régimen racista llegó a su culminación en 1956, con el plan del gobierno de crear siete reservas o bantustanes, territorios marginales supuestamente independientes, en los que podían confinar a la mayoría negra. El ANC respondió con manifestaciones y boicoteos, que condujeron a la detención de la mayor parte de sus dirigentes; Mandela fue acusado de alta traición, juzgado y liberado por falta de pruebas en 1961.

Durante el largo juicio, tuvo lugar la matanza de Sharpeville, en la que la Policía abrió fuego contra una multitud desarmada que protestaba contra las leyes racistas, matando a 69 manifestantes en 1960. La matanza llevó al gobierno a declarar el estado de emergencia, en virtud del cual arrestó a los líderes de la oposición negra: Mandela permaneció detenido varios meses sin juicio.

Aquellos hechos terminaron de convencer a los líderes del ANC de la imposibilidad de seguir luchando con métodos no violentos, que no debilitaban al régimen y que provocaban una represión igualmente sangrienta.

En 1961, Mandela fue elegido secretario honorario del Congreso de Acción Nacional de Toda África, un nuevo movimiento clandestino que adoptó el sabotaje como medio de lucha contra el régimen de la recién proclamada República Sudafricana; y se encargó de dirigir el brazo armado del ANC (la Lanza de la Nación). Su estrategia se centró en atacar instalaciones de importancia económica o de valor simbólico, excluyendo atentar contra vidas humanas.

En 1962, viajó por diversos países africanos recaudando fondos, recibiendo instrucción militar y haciendo propaganda a favor de la causa sudafricana. A su regreso, fue detenido y condenado a cinco años de cárcel. Un juicio posterior contra los dirigentes de la Lanza de la Nación le condenó a cadena perpetua en 1964. Ese mismo año, fue nombrado presidente del ANC.

Prisionero durante veintisiete años en penosas condiciones, el gobierno de Sudáfrica rechazó todas las peticiones de que fuera puesto en libertad. Nelson Mandela se convirtió en símbolo de la lucha contra el *apartheid* dentro y fuera del país, una figura legendaria que representaba la falta de libertad de todos los negros sudafricanos.

En 1984, el gobierno intentó acabar con tan incómodo mito, ofreciéndole la libertad si aceptaba establecerse en uno de los bantustanes a los que el régimen había concedido una ficción de independencia; Mandela rechazó el ofrecimiento. Durante aquellos años, su esposa Winnie simbolizó la continuidad de la lucha, alcanzando importantes posiciones en el ANC.

Finalmente, Frederik De Klerk, presidente de la República por el Partido Nacional, hubo de ceder ante la evidencia y abrir el camino para desmontar la segregación racial, liberando a

Mandela en 1990 y convirtiéndole en su principal interlocutor para negociar el proceso de democratización.

Mandela y De Klerk compartieron el Premio Nobel de la Paz en 1993.

Las elecciones de 1994 convirtieron a Mandela en el primer presidente negro de Sudáfrica; desde ese cargo puso en marcha una política de reconciliación nacional, manteniendo a De Klerk como vicepresidente, y tratando de atraer hacia la participación democrática al díscolo partido Inkhata de mayoría zulú.

Fuente consultada: http://www.biografiasyvidas.com/biografia/m/mandela.htm

Biografía de Jesse Louis Jackson

Jesse Louis Jackson

Jesse Louis Jackson (Greenville, Carolina del Sur, Estados Unidos, 8 de octubre de 1941) es un líder de los derechos civiles, ministro bautista y político, cuya postulación para la presidencia de Estados Unidos (en las nominaciones del Partido Demócrata de 1984 y 1988) fue la más exitosa para un afroamericano hasta 2008, cuando Barack Obama ganó la nominación presidencial demócrata.

La vida de Jackson y su carrera política han estado marcadas tanto por el logro como por la controversia.

Jesse Jackson adoptó el nombre de su padrastro, Charles Jackson, a la edad de 15 años. Fue un buen estudiante en la escuela secundaria, elegido presidente de la clase y más tarde asistió a la Universidad de Illinois (1959-1960) con una beca de fútbol. Luego se trasladó a la Escuela Agrícola para Negros y a la Escuela Técnica Superior de Carolina del

Norte, en Greensboro, y recibió una licenciatura en Sociología en 1964.

Se mudó a Chicago en 1966, hizo estudios de posgrado en el Seminario Teológico de Chicago, y fue ordenado ministro bautista en 1968.

Mientras fue un estudiante, Jackson se involucró en el Movimiento de los Derechos Civiles. En 1965 se fue a Selma, Alabama, para marchar con el Dr. Martin Luther King, y se convirtió en un trabajador en el Sur como miembro de la Conferencia de Liderazgo Cristiano (SCLC). Jackson ayudó a fundar la rama de Chicago de la Operación Canasta de Pan, el brazo económico de la CEP, en 1966, y se desempeñó como director nacional de la organización desde 1967 hasta 1971. Estaba en Memphis, Tennessee, cuando el líder de los derechos civiles fue asesinado el 4 de abril de 1968, aunque su ubicación exacta en el momento en que King recibió un disparo ha sido durante mucho tiempo motivo de controversia.

Acusado de usar la SCLC para obtener beneficios personales, Jackson fue suspendido por la organización, tras lo cual renunció formalmente en 1971 y fundó la Operación PUSH (Pueblo Unido para Salvar a la Humanidad), una organización con sede en Chicago en la que abogaba por la autoayuda del pueblo negro, logrando una amplia audiencia para sus puntos de vista liberales.

En 1984, fundó la Coalición Nacional Arco Iris, que buscaba la igualdad de derechos para los afroamericanos, las mujeres y los homosexuales. Estas dos organizaciones se fusionaron en 1996 para formar la Rainbow/PUSH Coalition.

Jackson comenzó a viajar extensamente en la década de 1970, para mediar o ser centro de atención de los problemas y controversias internacionales. En 1979, visitó Sudáfrica, donde habló en contra del *apartheid*, y más tarde viajó al Oriente Medio, donde inició una campaña para dar a los palestinos su propio Estado. Si bien algunos observadores y funcionarios del gobierno fruncieron el ceño, y en sus misiones diplomáticas lo calificaron como entrometido y autoengrandecido, Jackson ganó elogios por negociar la liberación de los soldados de Estados Unidos y civiles en todo el mundo, incluso en Siria (1984), Irak (1990) y Yugoslavia (1999).

En la década de 1980, Jackson se convirtió en un vocero nacional, líder y defensor de los afroamericanos. Su unidad de registro de votantes fue un factor clave en la elección del primer alcalde afroamericano de Chicago, Harold Washington, en abril de 1983. Al año siguiente, Jackson se inscribió para la nominación presidencial del Partido Demócrata.

Durante la campaña, fue criticado por su relación con Louis Farrakhan de la Nación del Islam y por hacer un comentario despectivo sobre la comunidad judía de Nueva York. Jackson se disculpó más tarde por sus comentarios y se distanció de Farrakhan. Luego, obtuvo el tercer lugar en las votaciones primarias. En 1988, volvió a postularse por la nominación demócrata y quedó en segundo lugar como candidato del Partido, después de Michael Dukakis. La creciente influencia de Jackson en el Partido Demócrata aseguró que los problemas afroamericanos eran una parte importante de la plataforma del Partido. Jesse Jackson fue un orador dinámico, pronunciando discursos memorables en las convenciones demócratas, pero se negó a aspirar de nuevo a la presidencia.

Fuente consultada: http://es.wikipedia.org/wiki/Jesse_Jackson

Biografía de Leonel Fernández

Leonel Antonio Fernández Reyna (Santo Domingo, República Dominicana, 26 de diciembre de 1953) es un destacado intelectual, académico, doctor en Derecho y político. Actualmente es el presidente de la República Dominicana desde el 2004.

Leonel Fernández

Cumple su segundo período consecutivo como presidente de la República, luego de las elecciones presidenciales del 2008, para un período de cuatro años que concluye en el 2012.

Ha servido como presidente de la República Dominicana durante el período 1996-2000 y fue el primer jefe de Estado salido de las filas del Partido de la Liberación Dominicana (PLD), siendo electo en enero del año 2002 como presidente de esa organización política.

Primera etapa

Fernández nace el 26 de diciembre del 1953 en Villa Juana, sector de Santo Domingo en República Dominicana. Es hijo de José Antonio Fernández Collado y Yolanda Reyna Romero. Está casado con Margarita Cedeño de Fernández y tiene tres hijos, Nicole, Omar y Yolanda América, esta última de la unión con Cedeño. Residió durante su niñez y temprana juventud en la ciudad de Nueva York, Estados Unidos, donde cursó sus estudios primarios y secundarios.

A su regreso al país, ingresó a la Universidad Autónoma de Santo Domingo (UASD). En esa época, Fernández se sintió atraído por las ideas más progresistas que se abrían paso en el debate político y que lo llevarían muy temprano a estudiar la obra de quien sería su maestro y guía: el profesor Juan Bosch, a quien acompañó junto al pequeño grupo de dominicanos que fundó en 1973 el Partido de la Liberación Dominicana (de tendencia marxista en sus orígenes), cuando Juan Bosch renuncia al Partido Revolucionario Dominicano (PRD), de carácter socialdemócrata, fundado en Cuba por su amigo Cotubanamá Henríquez mientras estuvo en el exilio en 1939.

Inicios de su vida política y académica

En sus primeros años de universidad, formó parte del movimiento estudiantil de la década de 1970, en el que llegó a ocupar el cargo de secretario general de la Asociación de Estudiantes de la Facultad de Ciencias Jurídicas y Políticas de la UASD, habiendo participado activamente en las jornadas reivindicativas.

En 1978, Fernández obtuvo el título de doctor en Derecho con honores (*magna cum laude*), lo que le valió el Premio J. Humberto Ducoudray, por haber sido el estudiante más sobresaliente de su promoción. Su tesis doctoral *El delito de opinión pública* se refirió al tema de la opinión pública y a las figuras que construyen el delito sobre la emisión del pensamiento.

Su creciente incidencia en los círculos intelectuales a través de conferencias, trabajos periodísticos y debates fue pareja con una progresiva ascendencia en el seno de su partido, que lo llevó a ocupar posiciones de gran responsabilidad política, convirtiéndolo en miembro del Comité Central, en 1985, y del Comité Político, en 1990. En el PLD ha ocupado la Secretaría de Asuntos Internacionales y de Prensa, y fue director de la revista *Política, Teoría y Acción*.

En la vida académica, ha sido profesor de la Universidad Autónoma de Santo Domingo y la Facultad Latinoamericana de Ciencias Sociales (FLACSO), en las áreas de Sociología de la Comunicación, Derecho de Prensa y Relaciones Internacionales.

Fernández fue seleccionado como candidato vicepresidencial junto a Juan Bosch, durante las elecciones presidenciales de 1994, pero resultaron derrotados por el presidente Balaguer que buscaba la reelección.

Sin embargo, las graves evidencias de fraude crearon una crisis política donde Balaguer se vio obligado a adelantar los nuevos comicios en 1996, en los que Fernández fue presentado por su partido para la candidatura presidencial.

En la primera ronda de estas elecciones que se realizaron el 16 de mayo, Fernández obtuvo el 38,9% de los votos, en segundo lugar detrás del socialdemócrata José Francisco Peña Gómez, del Partido Revolucionario Dominicano. En la segunda ronda el 30 de junio, alcanzó el 51%, frente a un 49% que obtuviese Peña Gómez. Para esto se valió del llamado Frente Patriótico, que conformaran Juan Bosch y Joaquín Balaguer (de la nueva denominación de su organización política Partido Reformista Social Cristiano, PRSC), a pesar del antagonismo ideológico de estos.

Primer mandato presidencial (1996-2000)

Fue juramentado presidente el 16 de agosto de 1996, sucediendo a Joaquín Balaguer, para convertirse en el primer jefe de Estado que surge del Partido de la Liberación Dominicana y uno de los más jóvenes estadistas de Latinoamérica en ese entonces. Durante su período de gobierno, la agenda política de Fernández se centró en la reforma económica y judicial. Incentivó la participación en organizaciones políticas y económicas del hemisferio, como la Organización de Estados Americanos (OEA).

Su gobierno se enfocó en la creación de proyectos de infraestructura, que incluían la construcción de elevados viales, túneles y bulevares. Fernández emprendió una dinámica y agresiva política exterior que rescató a la República Dominicana de su aislamiento tradicional y la colocó en el mismo centro de los procesos de integración regional, apertura de mercados y globalización.

Convencido de que el desarrollo de la tecnología de la información y comunicaciones representa el motor más poderoso para el progreso de una nación moderna, dedicó esfuerzos especiales a equipar todas las escuelas públicas secundarias del país de laboratorios de informática. Instauró el Premio a los Estudiantes Meritorios, otorgado mensualmente a nivel nacional; promovió la cultura de la lectura a través de las competencias denominadas Olimpíadas de Lectura y dejó establecida la Feria Internacional del Libro de Santo Domingo. Estableció el desayuno escolar, favoreciendo así a una gran población estudiantil de escasos recursos.

En el plano económico, el gobierno de Leonel Fernández puso en marcha programas para la creación de empleos, dando apoyo financiero a las micro, pequeñas y medianas empresas, construyendo nuevas zonas francas industriales y realizando una activa estrategia para captar capitales extranjeros a través de la Oficina para la Promoción de Inversión, creada a su iniciativa. La economía dominicana experimentó una tasa de crecimiento de un 8,5%, la más alta durante ese período, junto con países como Corea del Sur. La inflación se mantuvo en un solo dígito, entre las más bajas en América Latina. Sin embargo, sectores de la sociedad civil argumentaron que esos logros no se tradujeron en una mejoría en los ingresos o la calidad de vida del pueblo dominicano.

Bajo su mandato se elaboró el Tratado de Libre Comercio con los países de CARICOM y Centroamérica.

Al final de su primer mandato, fue sucedido por Hipólito Mejía, del socialdemócrata PRD. En esa ocasión, no aspiró a un segundo mandato, ya que constitucionalmente estaba prohibido que un presidente gobernase en períodos consecutivos. Luego, fue elegido para un segundo mandato en las elecciones presidenciales del 16 de mayo de 2004, con un 57% de los votos favorables, accediendo a la jefatura del Estado sin necesidad de disputar una segunda vuelta. Esta fue además la más alta votación alcanzada por un candidato dominicano a la presidencia desde 1966.

Segundo mandato presidencial (2004-2008)

Al iniciar su segundo mandato presidencial, Fernández se concentró en combatir la crisis económica heredada del gobierno anterior, fruto del rescate bancario originado por los malos manejos de algunos sectores de la banca privada y que se había estado gestando desde finales de los años 80. Esto trajo consigo un costo para la economía local. Para combatir esta crisis fueron necesarias medidas drásticas como la reducción de la tasa del dólar, medida que provocó la pérdida de más de 120.000 empleos en las zonas francas y un salto impresionante en la deuda interna. Esta deuda, conocida como "déficit cuasi-fiscal", motivó la introducción al Congreso de una ley con el objetivo de desmontarla a diez años.

Fernández ha encaminado esfuerzos para aminorar la brecha digital en el país. Esto comienza a lograrse con la educación informática y el establecimiento de centros informáticos en todo el país, programa que desarrolla con el apoyo logístico de su esposa, la Primera Dama de la República, Margarita Cedeño de Fernández, quien ha construido los denominados Centros Comunitarios. La meta es que existan 155 de estos centros: el equivalente a la totalidad de los municipios de la República Dominicana. Este plan ha encontrado el apoyo de importantes instituciones educativas entre las que se encuentra el Instituto Tecnológico de Monterrey, con el cual se formalizó un acuerdo para mejorar la educación media, niveles de grado y posgrado.

Bajo su dirección, se fundó el Parque Cibernético, zona franca de alta tecnología, en septiembre de 2004, durante su segundo mandato, y creó la Comisión Internacional Asesora de Ciencia y Tecnología (CIACT), una iniciativa novedosa dedicada a enlazar la comunidad científica y tecnológica internacional con la República Dominicana.

Fuente consultada: http://es.wikipedia.org/wiki/Leonel_Fern%C3%A1ndez_Reyna

Los negros de Brasil mostraron su apoyo a Lula al ritmo del *samba*

Por Marcelo Cantelmi

Son 80 millones de personas, casi la mitad de la población. Es uno de los sectores más discriminados. Y también el más golpeado por las calamidades sociales. Para ellos, el líder del PT es una esperanza de vida mejor.

La mujer baila como poseída. Es una mulata tan flaca que parece que los huesos le van a saltar del cuerpo al que ha vestido apenas con un andrajo. Tiene una edad imprecisa. Y se ha adornado con *stickers* de la campaña del PT, ramas y flores. Ella y otros como ella y algunos mucho mejor vestidos danzan frente a un escenario montado en un costado de la Plaza de la República, en pleno centro de San Pablo, donde el *rap* y el *samba* a puro ritmo de tambor tiene la sonoridad de un trueno continuo que brota de 16 gigantescos parlantes colocados a cada lado del tablado.

Son las dos de la tarde en San Pablo. Hace calor y unas nubes ligeras crean una resolana que, combinada con la humedad, empasta el ambiente y se lleva el aire. Pero esta gente baila en medio de banderas rojas con el rostro de Lula que el público hace flamear bajo un cartel del Congreso Nacional Afrobrasileño cada vez más rápido, cuanto más fuerte suenan los tambores.

Este es uno de los actos que la vastísima comunidad negra del país lanzó el jueves en todo Brasil en un ambiente de fiesta y con *escolas de samba* para impulsar la candidatura del petista Luiz Inácio Lula da Silva para el *ballottage* del domingo con la consigna "Brasil, sin discriminación".

En la manifestación hay discursos, pero pocos y muy breves. Hacen política, pero la hacen con música muy estridente, pegadiza y divertida. Artistas, políticos e intelectuales negros armaron esta jornada en base a un manifiesto leído en el acto que llama a la Movilización Negra Pro Lula.

Allí denuncian algo que parece por momentos demasiado evidente en este país de enormes desigualdades que eleva, como se ha dicho, una Suecia sobre decenas de Somalías: "La historia oficial brasileña ha ocultado los maleficios y perversidades de la situación vivida por más de la mitad de la población".

Esa música, esa forma de expresarse, el baile interminable tienen relación con el poderoso legado que la población traída como esclavos del África ha dejado para siempre en este país mestizo. Es su forma de decir presente y la que de mejor manera identifica a Brasil.

Según el Instituto de Encuesta Económica Aplicada, sobre un total de 170 millones de habitantes, hay 80 millones en Brasil que descienden de aquel tronco original de prisioneros sin identidad. Esta enorme presencia se debe a que Brasil fue el último país occidental en abolir la esclavitud, hace ciento catorce años.

"Eso fue formal. La esclavitud no se fue, es otra esclavitud…".

Roberto Casimiro es un cantante lírico, de piel muy oscura, que lleva un gorro de colores adornado con espejos y un cartel contra la discriminación. Habla con este corresponsal mientras sus pies y sus manos se mueven al ritmo de la música que llega desde el foro. "Mis hermanos fueron declarados libres pero debieron irse a los morros. Se convirtieron en otra forma de indeseables".

Casimiro, un hombre culto que canta en el Teatro Municipal de San Pablo, dice que esta jornada no es solo de los negros: es de ellos pero también de los pobres, los desclasados, los homosexuales. "Los gordos, los petisos, los distintos. En Brasil la discriminación es muy grande, pero secreta, no es clara. Solo tú sabes que, aunque tengas la capacidad para un trabajo, posiblemente no te elegirán, no te dirán por qué, solo te dirán 'no'".

Paulino dice que tiene 20 años. Nunca estudió ni tiene empleo. Pero es dueño de un discurso: "Lula debe hacer algo. Los negros debemos tener acceso al mercado de trabajo". Paulino vive a veces en la calle.

Lo comenta sin que le desaparezca la sonrisa que denuncia la ausencia de dos dientes, uno arriba y el otro abajo. Ahora está con un grupo de militantes y regala banderas a la gente. "La bandera no puede estarse quieta, y hay que saltar", le dice al cronista dándole una con esa condición.

A su lado está Eliane, una morena treintañera bellísima que desde que llegó ha ido aliviando su vestimenta y ahora está con un *top* mínimo y *shorts* a rayas. Es sindicalista del gremio de *telemarketing*. "Mi sindicato está con Lula. Yo no sé... Es una esperanza. Ojalá detenga la pobreza, pero ser presidente cambia todo y los negros nunca estuvimos bien".

Durante cuatro siglos a partir de 1500, Brasil recibió desde África 3,6 millones de hombres y mujeres esclavos, el doble del millón y medio repartidos en toda la América hispana, y ocho veces los 427.000 registrados en Estados Unidos.

"Tener esclavos o traficar con ellos no era vergonzoso, sino al contrario, una señal de riqueza, de prestigio y de estatus", explica el manifiesto.

La sociedad brasileña sigue ocultando este problema, en particular sus consecuencias por el impacto que produce la exclusión social originada en cuestiones raciales, asegura la investigación del Instituto de Encuesta Económica Aplicada.

Así, la mayor parte de los más de 50 millones de personas en la mayor pobreza que confronta hoy Brasil pertenecen a esta comunidad. Las calamidades sociales han sido hostiles con los afrobrasileños. Entre los negros mayores de 25 años, el analfabetismo es una epidemia que abarca al 26% de la gente, pero el número cae al 10,4% entre los blancos de igual edad. Y vuelve a trepar al 26% entre los mulatos.

"Los negros no podemos callar...", proclama el manifiesto que a un tiempo apoya y demanda a Lula. Ayer en todo Brasil fue inevitable escucharlos.

La música del *samba* para ellos no es solo un ritmo. Es también un discurso.

Fuente consultada: http://www.samba-choro.com.br/s-c/tribuna/samba-choro.0210/0646.html

Dos servidores públicos emblemáticos de los Estados Unidos

El siglo XXI llegó con grandes preocupaciones de seguridad nacional para los Estados y de inversión social para las comunidades, especialmente las más necesitadas, entre las cuales se encuentra la comunidad afrodescendiente, que fluctúa entre "la lucha contra el terrorismo" y "los objetivos del milenio". En medio de este dilema, se produce el nombramiento de dos funcionarios afroamericanos que se convirtieron en servidores públicos emblemáticos para la política exterior de los Estados Unidos de América, cuyo destacado ejercicio profesional allanó el camino que faltaba para lograr la elección de un individuo afrodescendiente a la presidencia de los Estados Unidos. Ellos son: Colin Powell y Condoleezza Rice.

Biografía de Colin Powell

Colin L. Powell (Nueva York, Estados Unidos, 5 de abril de 1937) es un militar y político norteamericano de origen jamaicano. Fue general en el Ejército de los Estados Unidos y presidente del Estado Mayor Conjunto durante la guerra del Golfo. Ha sido uno de los miembros más destacados de la administración de George W. Bush.

Colin Powell

Powell fue soldado profesional durante treinta y cinco años, desempeñando un sinnúmero de cargos de mando y de plana mayor, y ascendió hasta el rango de general de cuatro estrellas. De diciembre de 1987 a enero de 1989, fue asistente del presidente para Asuntos de Seguridad Nacional.

Del 1 de octubre de 1989 al 30 de septiembre de 1993, fue el 12º presidente del Estado Mayor Conjunto, el cargo militar de más alto rango en las Fuerzas Armadas de los Estados Unidos de América. Durante ese período, supervisó 28 crisis, entre ellas la Operación Tormenta del Desierto en la victoriosa guerra del Golfo Pérsico en 1991.

Después de retirarse del Ejército, el secretario Powell escribió su autobiografía *My American Journey*, libro que se publicó en 1995 y que tuvo un gran éxito de venta. Asimismo, emprendió la carrera oratoria, dirigiéndose a públicos nacionales y extranjeros.

El presidente George W. Bush nombró a Colin L. Powell secretario de Estado el 16 de diciembre de 2000. Fue confirmado unánimemente por el Senado de los Estados Unidos y prestó juramento como 65º secretario de Estado el 20 de enero de 2001. Su cargo adquirió especial notoriedad mediática a raíz de la agresiva política exterior norteamericana desde 2001.

Durante los preparativos de la invasión norteamericana de Irak, el secretario Powell lideró frente al Departamento de Defensa del gobierno estadounidense la vía diplomática en la gestión de la crisis iraquí, basada en el acuerdo en el Consejo de Seguridad de las Naciones Unidas. En tal sentido, los medios norteamericanos le otorgaron la condición de "paloma" dentro del gabinete, en contraposición a los "halcones" de la Vicepresidencia y el Pentágono, partidarios estos últimos del unilateralismo norteamericano.

En su condición de jefe de la diplomacia norteamericana, protagonizó una intervención en el Consejo de Seguridad de las Naciones Unidas que llevó su protagonismo al más alto nivel. Sus debates preludiaron la invasión anglo-estadounidense de Irak, pero la comprobación de que las denunciadas armas de destrucción masiva no existían malparó irremediablemente su historial diplomático. Por esta razón no fue confirmado en el cargo tras la reelección de George W. Bush como presidente de los Estados Unidos.

El general Powell se ha declarado siempre como votante republicano. En 2008, Colin Powell hizo un comunicado oficial en un canal de televisión dando su apoyo oficial al candidato demócrata a la Casa Blanca, Barack Obama. Este último, después de enterarse a través de la prensa de sus elogios hacia él, invitó y aseguró a Colin Powell que ocuparía un cargo público de gran relevancia en su futura y administración.

Antes de su nombramiento, Powell fue presidente de America's Promise-The Alliance for Youth, organización nacional sin fines de lucro dedicada a movilizar a personas de todos los sectores de la sociedad estadounidense para cimentar el carácter y la competencia de los jóvenes.

Powell está casado con Alma Vivian Johnson, de Birmingham (Alabama). Su familia está compuesta por su hijo Michael, sus hijas Linda y Anne, su nuera Jane, su yerno Francis, y sus nietos Jeffrey y Bryan.

Premios y galardones

El secretario Powell ha recibido numerosos premios y condecoraciones militares de los Estados Unidos y de otros países. Entre las condecoraciones civiles figuran dos Medallas Presidenciales por Actos en Pro de la Libertad, la Medalla de Ciudadanía otorgada por el Presidente, la Medalla de Oro otorgada por el Congreso, la Medalla por Servicio Distinguido del Secretario de Estado y la Medalla por Servicio Distinguido del Secretario de Energía. Varias escuelas y otras instituciones han sido nombradas en su honor. Colin Powell ha recibido títulos honoríficos de universidades y colegios estadounidenses.

Fuente consultada: http://es.wikipedia.org/wiki/Colin_Powell

Biografía de Condoleezza Rice

Condoleezza Rice

Condoleezza Rice (Birmingham, Alabama, Estados Unidos, 14 de noviembre de 1954) fue la 66º secretaria de Estado de los Estados Unidos entre 2005 y 2009, y ejerció como asesora de Seguridad Nacional durante el primer período de gobierno del presidente George W. Bush (2001-2005).

Rice se graduó como bachiller *summa cum laude* en Ciencias Políticas y Phi Beta Kappa de la Universidad de Denver en 1974, y obtuvo el grado de máster de la Universidad de Notre Dame en 1975. En 1981, obtuvo el Ph.D. de la Escuela de Estudios Internacionales para Graduados de la Universidad de Denver. Es miembro de la American Academy of Arts and Sciences. En 1994, el Morehouse College de la Universidad de Alabama le confirió el grado de doctora honoraria y recibió igual honor de la Universidad de Notre Dame en el año 1995. Reside en Washington D.C.

Fue miembro de los comités directivos de diversas entidades como la Corporación Chevron, la Corporación Charles Schwab, la Fundación William & Flora Hewlett, la Universidad de Notre Dame, el Consejo de Asesoría Internacional de J. P. Morgan y el Consejo de Gobernadores de la Sinfónica de San Francisco. Fue miembro fundador del Centro por una Nueva Generación, fondo de apoyo a la educación dirigido a escuelas de Palo Alto/Este y Menlo Park/Este, en California, y vicepresidenta del Club de Jóvenes de Península.

Adicionalmente, Condoleezza Rice ha sido miembro de los directorios de organizaciones como Transamerica Corporation, Hewlett-Packard, Carnegie Corporation, Carnegie Endowment for International Peace, Rand Corporation, The National Council for Soviet and East European Studies, The Mid-Peninsula Urban Coalition y KQED, empresa pública de radiodifusión de San Francisco.

Desde 1989 hasta marzo de 1991, período marcado por la reunificación alemana y el final de la Unión Soviética, brindó sus servicios a la administración Bush, primero como directora y luego como directora de alto nivel del Consejo Nacional de Seguridad para Asuntos Soviéticos y de Europa Oriental. También fue asistente especial del presidente para Asuntos de Seguridad Nacional. En 1986, mientras era becaria de Asuntos Internacionales del Consejo de Relaciones Exteriores, trabajó en la planificación de la estrategia nuclear como asistente especial del director del Estado Mayor Conjunto. En el año 1997, fue miembro del Comité Federal de Asesoría en Temas de Género-Programa Integrado de Capacitación de las Fuerzas Armadas.

En Stanford, ha sido miembro del Centro Internacional de Seguridad y Control de Armas, investigadora *senior* del Instituto de Estudios Internacionales y miembro honorario de la Hoover Institution. Sus libros incluyen *Uncertain Allegiance: The Soviet Union and the Czecholovac Army* (1984); *The Gorbachev Era* (1986), con Alexander Dallin; y *Germany Unified and Europe Transformed* (1995), con Philip Zelikow. Asimismo, ha escrito numerosos artículos sobre la política exterior y de defensa de Europa Oriental y ha realizado presentaciones públicas en temas que van desde la residencia del embajador de los Estados Unidos en Moscú y el Club de la Comunidad de las Naciones hasta las convenciones nacionales republicanas de 1992 y el 2000.

Como catedrática de Ciencias Políticas, Condoleezza Rice ha sido miembro de la Facultad de Stanford desde 1981 y se ha hecho acreedora de los más distinguidos reconocimientos: el Premio Walter J. Gores de 1984 por Excelencia en la Enseñanza y el Premio de la Escuela de Humanidades y Ciencias Dean por Enseñanza Distinguida.

En el mes de junio de 1999, concluyó seis años de labor como directora de la Universidad de Stanford, período durante el cual se desempeñó como jefa de presupuesto y funcionaria académica.

En el ejercicio de sus funciones, Rice fue responsable de un presupuesto anual de 1,5 billones de dólares y del programa académico integrado por 1.400 miembros de la Facultad y 14.000 estudiantes.

Fue nombrada asistente del presidente para Asuntos de Seguridad Nacional, cargo conocido bajo el nombre de asesor de Seguridad Nacional, el 22 de enero de 2001.

Fuente consultada: http://es.wikipedia.org/wiki/Condoleezza_Rice

Biografía de Barack Obama

Como síntesis, resumen o corolario de todas las luchas de la comunidad negra, se produjo la postulación, elección y posesión de Barack Obama como el 44º presidente de los Estados Unidos, primer presidente afroamericano, con el propósito de revitalizar el "sueño americano", bajo el lema de "Cambio y esperanza", con el eslogan *"Yes we can"*.

Barack Hussein Obama (Honolulú, Hawai, Estados Unidos, 4 de agosto de 1961) es el actual presidente de los Estados Unidos de América. Obama fue senador por el estado de Illinois desde el 3 de enero de 2005 hasta su renuncia el 16 de noviembre de 2008. Además, es el quinto legislador afroamericano

Barack Obama

en el Senado de los Estados Unidos, tercero desde la era de reconstrucción. También fue el primer candidato afroamericano del Partido Demócrata y es el primero en ejercer el cargo presidencial. Se graduó en la Universidad de Columbia y en la prestigiosa Escuela de Derecho de Harvard, donde fue presidente de la *Harvard Law Review*.

Posteriormente, trabajó como organizador comunitario y ejerció su carrera como abogado en derechos civiles, antes de ser elegido y servir como senador del estado de Illinois desde 1997 hasta 2004. Fue profesor de Derecho Constitucional en la Facultad de Leyes de la Universidad de Chicago desde 1992 hasta 2004.

En el año 2000, perdió la contienda electoral por un puesto en la Cámara de Representantes de los Estados Unidos, y tras ese fracaso, en enero de 2003 anunció su candidatura al Senado estadounidense. En marzo de 2004, venció las elecciones primarias del Partido Demócrata, y en julio del mismo año pronunció el discurso de apertura de la Convención Nacional Demócrata impulsando favorecedoramente su candidatura. Finalmente, resultó elegido como miembro del Senado en noviembre de 2004, con un 70% de los votos a favor. Como representante de la minoría demócrata en el 109º Congreso, copatrocinó la Ley para el Control de Armas Convencionales y para promover una mayor rendición pública de cuentas en el uso de fondos federales. Realizó viajes oficiales a Europa Oriental, Oriente Medio y África. En el 110º Congreso, patrocinó la legislación relacionada con los grupos de presión y con el fraude electoral, el calentamiento global, el terrorismo nuclear y la atención del personal militar que regresa a la Nación de las misiones militares en Irak y Afganistán.

Desde el anuncio de su campaña presidencial en febrero de 2007, Obama ha hecho hincapié en poner fin a la guerra de Irak, el aumento de la independencia energética y la prestación de asistencia sanitaria universal como las grandes prioridades nacionales.

El 10 de febrero de 2007, anunció su candidatura a la presidencia de los Estados Unidos, y el 3 de junio de 2008, se erigió en el virtual candidato del Partido Demócrata. En las elecciones generales del 4 de noviembre de 2008, se convirtió en presidente electo después de vencer al candidato presidencial republicano John McCain y tomó posesión de sus funciones el 20 de enero de 2009.

El 9 de octubre de dicho año le fue concedido el Premio Nobel de la Paz por sus esfuerzos diplomáticos en pro del desarme nuclear, la consecución de un proceso de paz en Oriente Medio y el fomento de la lucha contra el cambio climático.

Fuente consultada: http://es.wikipedia.org/wiki/Barack_Obama

ÍNDICE

Pintor   7
  "Réplica de angelitos negros"   7

Presentación   9

Primera Parte   11
  De la esclavitud a los palenques   13
    Los cimarrones,
      precursores de la independencia   13
        Biografía de Benkos Biohó   14
        Biografía del rey Barule   20
        Biografía de Pedro Romero   22
        Biografía de José Prudencio Padilla   25
        Biografía de José María Córdova Muñoz   27
    El cimarronismo en los Estados Unidos
    de Norteamérica   31
        Biografía de Crispus Attucks   34
    El cimarronismo y los palenques
    en Centroamérica   38
        Biografía del rey Yanga   40
        Biografía de José María Morelos   41
        Biografía de Vicente Ramón
          Guerrero Saldaña   42

Reseña de los negros garifunas	44
Reseña de los misquitos	47
Biografía de Juan Santamaría	50
Biografía del rey Bayano	53
El cimarronismo y la independencia de Haití	55
Biografía de François Toussaint-Louverture	57
Biografía de Jean-Jacques Dessalines	63
Biografía de Henri Christophe	64
Biografía de Alexandre Pétion	66
Haití, Alexandre Pétion y Simón Bolívar	69
En la isla de Cuba	73
Conspiración de Aponte	73
Biografía de Antonio Maceo	74
Biografía de Juan Almeida	82
El cimarronismo y la independencia de Venezuela	85
En Ecuador	87
Dos biografías de Alonso de Illescas	88
Biografía de Juan Otamendi	92
En el Perú	96
Biografía de Bonifacio Pinedo	97
Biografía de José Gil de Castro	98
Biografía de Túpac Amaru II	100
El cimarronismo en el Brasil	106
Biografía de Zumbi dos Palmares	106
El cimarronismo y la independencia en el sur de América	111
Biografía de Juan Valiente	112
Biografía del *Negro* Falucho	114
Los olvidados de la revolución	118
Los soldados de la libertad	118
Santafé de Bogotá,	

20 de julio - 15 de agosto de 1810	121
Epílogo	123
De los palenques a la independencia	125
El Florero de Llorente	126
Participación de las minorías de color en la historia colombiana	128
La Campaña Libertadora: vida y hechos de Simón Bolívar, hasta Jamaica	132
Tres batallas	141
Más sobre la batalla de Boyacá	143
Después de las tres batallas	145
Biografía de Manuel Carlos Piar	147
Biografía de Pedro Camejo	149
Biografía de Leonardo Infante	151
Biografía de Juan José Rondón	155
Otro héroe junto a Simón Bolívar: el negro Juan José Rondón	158
Los otros entre nosotros	161
Dos biografías de José Laurencio Silva	162
Biografía de Ramón Nonato Pérez	167
Las anécdotas de la independencia	169
Crítica a la historia conocida del país	173
Galán y los precursores	175
El grito de independencia	178
La Campaña Libertadora	189
Los negros en la Campaña Libertadora	190
Batalla naval del Lago de Maracaibo	193
El Gran Mariscal de Ayacucho	197
Biografía de José Antonio Páez Herrera	197
Biografía de Juan José Flores	206

De la independencia a la libertad ... 213
   El presidente Nieto ... 220
   Colombia tuvo un presidente negro ... 224
   Biografía de Juan José Nieto Gil, un presidente negro… "blanqueado" por la historia ... 228
      Biografía de Candelario Obeso ... 233
      Biografía de Luis Antonio **el Negro** Robles ... 235
      Biografía de Ramón *el Negro* Marín ... 236
      Así eran las guerrillas en la contienda de los Mil Días: una visita al Negro Marín. El general tolimense descrito por un médico norteamericano ... 236
      Biografía de José Cinecio Mina ... 243
      Biografía de David Peña ... 244
   De los bandidos y políticos caucanos: el general Manuel María Victoria, **el Negro** ... 249
      Biografía de Manuel Saturio Valencia Mena ... 250
   Epílogo ... 253

Segunda Parte ... 255
   Identidad cultural: la segunda independencia ... 257
      En los Estados Unidos ... 258
         Biografía de Frederick Douglass ... 259
         Biografía de Harriet Tubman ... 263
         Biografía de Booker T. Washington ... 264
         Biografía de William Edward Burghardt Du Bois ... 265
         Biografía de Marcus Garvey ... 267
         Biografía de Paul Laurence Dunbar ... 269
         Biografía de Ralph Bunche ... 270
         Biografía de Thurgood Marshall ... 272
      El Renacimiento de Harlem ... 276

Biografía de Langston Hughes	278
Biografía de Zora Neale Hurston	282
Biografía de Richard Wright	286
National Association for the Advancement of Colored People (NAACP)	289
Movimiento de la negritud	292
Biografía de Léopold Sédar Senghor	293
Biografía de Aimé Césaire	295
Biografía de Léon-Gontran Damas	300
Biografía de Frantz Fanon	301
Biografía de Nicolás Guillén	312
Biografía de René Depestre	313
Biografía de Jacques Roumain	313
Biografía de Toni Morrison	314
Biografía de Alex Haley	316
Jorge Artel sigue vivo	317
Biografía de Sofonías Yacup	319
Biografía de Rogerio Velásquez	320
Biografía de Helcías Martán Góngora	323
Biografía de Miguel Ángel Caicedo	326
Biografía de Manuel Zapata Olivella	329
Homenaje al escritor Arnoldo Palacios, autor de ***Las estrellas son negras*** (1949), reeditada en 2007 por Intermedio Editores	331
Las estrellas son negras	331
Movimiento por los Derechos Civiles en Estados Unidos	333
Biografía de Rosa Parks	347
Biografía de Martin Luther King	351
Biografía de Malcolm X	353
El Congressional Black Caucus (CBC)	354
Congresistas afrodescendientes en Colombia	357

Biografía de Diego Luis Córdoba	357
Biografía de Adán Arriaga Andrade	359
Biografía de Manuel Mosquera Garcés	360
Biografía de Eliseo Arango, **el Leopardo**	361
Biografía de Daniel Valois Arce	362
Biografía de Jacobo Pérez Escobar	364
Biografía de Alfonso Gómez Méndez	365
Biografía de Piedad Córdoba Ruiz	369
Biografía de Paula Marcela Moreno Zapata	371
Biografía de Epsy Campbell Barr	373

La diáspora africana 375

    La Diáspora africana
    y su relación con América 375

Biografía de Patrice Lumumba	377
Biografía de Samora Machel	381
Biografía de Amílcar Cabral	382
Biografía de Sékou Touré	383
Biografía de Wole Soyinka	385
Biografía de Desmond Tutu	386
Biografía de Kofi Annan	388
Biografía de Nelson Mandela	390
Biografía de Jesse Louis Jackson	393
Biografía de Leonel Fernández	395

    Los negros de Brasil mostraron
    su apoyo a Lula al ritmo del *samba* 401

    Dos servidores públicos emblemáticos
    de los Estados Unidos 404

Biografía de Colin Powell	404
Biografía de Condoleezza Rice	407
Biografía de Barack Obama	409

Editorial LibrosEnRed

LibrosEnRed es la Editorial Digital más completa en idioma español. Desde junio de 2000 trabajamos en la edición y venta de libros digitales e impresos bajo demanda.

Nuestra misión es facilitar a todos los autores la **edición** de sus obras y ofrecer a los lectores acceso rápido y económico a libros de todo tipo.

Editamos novelas, cuentos, poesías, tesis, investigaciones, manuales, monografías y toda variedad de contenidos. Brindamos la posibilidad de **comercializar** las obras desde Internet para millones de potenciales lectores. De este modo, intentamos fortalecer la difusión de los autores que escriben en español.

Nuestro sistema de atribución de regalías permite que los autores **obtengan una ganancia 300% o 400% mayor** a la que reciben en el circuito tradicional.

Ingrese a www.librosenred.com y conozca nuestro catálogo, compuesto por cientos de títulos clásicos y de autores contemporáneos.

www.ingramcontent.com/pod-product-compliance
Lightning Source LLC
Chambersburg PA
CBHW021814300426
44114CB00009BA/176